回到历史现场

《看历史》杂志 / 主编

成都时代出版社
CHENGDU TIMES PRESS

图书在版编目（CIP）数据

回到历史现场／《看历史》杂志主编.--成都：成都时代
出版社,2018.7
ISBN978-7-5464-2100-1

Ⅰ.①回…Ⅱ.①看…Ⅲ.①中国历史－研究Ⅳ.①K207

中国版本图书馆CIP数据核字(2018)第111159号

回到历史现场
HUIDAO LISHI XIANCHANG

《看历史》杂志／主编

出 品 人	石碧川
责任编辑	兰晓鋈鋈
责任校对	李茜蕾
装帧设计	成都原创动力
图片来源	东方IC、FOTOE图库
责任印制	唐莹莹

出版发行　　成都时代出版社
电　　话　　（028）86742352（编辑部）
　　　　　　（028）86615250（发行部）
网　　址　　www.chengdusd.com
印　　刷　　四川新华印刷有限公司
规　　格　　165mm×240mm
印　　张　　19.75
字　　数　　330千
版　　次　　2018年7月第1版
印　　次　　2018年7月第1次印刷
书　　号　　ISBN 978-7-5464-2100-1
定　　价　　58.00元

目录

中国篇

巴蜀篇

安岳石窟：隐秘的佛息之地

文／萧易（二〇一〇年〇九期）

　　佛教从印度沿着古老的丝绸之路传入中国，一路上留下了诸多精美绝伦的石窟造像，从新疆克孜尔石窟，到敦煌莫高窟、天梯山石窟、榆林石窟、云冈石窟、龙门石窟。安史之乱后，中国北方知名石窟相继衰弱，中国石窟艺术的去向，一度成为学术界争论的焦点，2009年盛夏，我发现中国石窟艺术从中原南渡到了安岳，并在这里走向了大足。

石窟造像　从中原走入四川

　　卧佛沟，没有佛国的安宁，却如同城市的工地一般热闹。村民撬开爬满青苔的青石板，工匠用铁凿与铁锤凿去新石板的棱角，两个光着膀子的汉子抬起百十斤重的石夯。卧佛沟众神的涅槃之梦，在这个闷热的夏日清晨，被一声声清脆的凿石声惊醒。

卧佛沟全长865米，宽约百米，两头窄，中间宽，形如船只，南北两边红色细砂岩壁上，开凿着84窟摩崖造像与15窟佛经，佛像总计有1600余尊之多。卧佛全称"释迦牟尼涅槃图"，"涅槃"是梵语，意味着脱离生死轮回、成佛的最高境界。卧佛侧卧于山腰上，双目微闭，嘴角微微上翘，给人一种安详、恬静之感。清晨，阳光洒满山沟，其中一抹斜斜地射在卧佛上庞上，曲眉丰颐，慈祥端庄，俯视着山沟中忙碌的众生。

卧佛头下，刻有"贞元"二字，贞元是唐德宗李适年号，此时的大唐王朝已经走到了它的晚年。而早在安史之乱中，叛军攻占长安，唐玄宗入蜀避难，大唐帝国陷入一场亘古少见的动乱之中，北方、中原诸如龙门等大型石窟相继衰弱，盛唐以后，中原再无大规模石窟造像。

接过中原石窟接力棒的，则是四川。盛唐后，四川石窟如雨后春笋，出现了广元千佛岩、皇泽寺，巴中南窟、北窟，邛崃石笋山诸多精品。安史之乱中，中原大批官吏、商贾、工匠、诗人、僧侣、画师迁居入蜀，中国经济中心南移，石窟艺术循着金牛道，经广元、巴中、绵阳，再顺涪江流域经遂宁传入安岳、大足。

释迦牟尼涅槃图

四川安岳摩崖经窟绝版佛经石刻

中国最大的摩崖经窟

卧佛沟众多石窟中，有4个空空荡荡，看不到一尊佛像，却终年铁门紧锁。文管员打开锈迹斑斑的铁锁，一个唐代的世界跃入眼帘：唐人娟秀、遒劲的小楷从上而下爬满岩壁，飞天在经文中飞舞，纵然是工匠点着蜡烛，一凿一凿、一字一字雕刻出来，竟如雕版印刷一般精美、工整。当唐写本、唐刻本早已是一书难求的今天，当你置身于一个唐代经窟，满目皆是唐人娟秀飘逸的小楷时，不得不说是一种幸运。

中国石刻佛经始于南北朝年间，主要有摩崖、石柱、经幢、碑版四种形式，北京房山石经历隋、唐、辽、金、元、明六朝，雕有石板一万余块，无论是数量与字数都堪称全国之最。房山石经是标准的碑版佛经，经文雕刻在石板上，藏于藏经洞中；摩崖石经则不同，工匠先开凿石窟，磨平岩壁后刻写经文，相比之下工程量更为巨大，耗时也更为漫长，正因为如此，在中国并不常见。

卧佛沟现存摩崖佛经15窟，计三十余万字，安岳文物局傅成金近年来几乎爬遍了卧佛沟每个山头，他发现，卧佛沟还有39个空窟，岩壁大多已经磨光，唐人刻写经文的计划，显然比今天能看到的更为恢宏。傅成金认为，卧佛沟是迄今中国最大的摩崖经窟。北京房山石经与安岳摩崖石经，一北一南，堪称中国佛教艺术的瑰宝。

在卧佛沟，当地百姓经常自豪地告诉你，唐三藏与孙悟空到西天取的经，就保存在这些经窟中，唐三藏取的经怎么会跑到安岳来了呢？原来，安岳经窟中有一部《檀三藏经》，百姓一传十、十传百，听成了"唐三藏"，以为是《西游记》里的唐僧。据四川省社会科学院胡文和研究员统计，安岳石窟刻有《妙法莲华经》《般若波罗蜜多心经》《大方便佛报恩经》等佛经22种，《檀三藏经》是我国现存佛经中当之无愧的绝版。

1958年土改，4个经窟分给了一个叫吴亭华的当地人住家，猪圈、卧室、厨房、茅厕，恰好够用。吴亭华可能觉得岩壁上的经文不怎么美观，费尽气力铲掉一些；为了方便喂猪，他还在猪圈与卧室间开凿了一扇小门；空荡荡的经窟不能带来安全感，他又在门口的佛龛上凿了几个大洞，装了一扇木门。就这样，吴亭华终于心满意足地搬了进去，这一住就是5年，枕边是唐朝的佛像，就连炒菜，眼睛还能瞥到岩壁上的经文。4座唐朝经窟，就这样毁在了他的居家梦想中。

安岳：留存五代石窟造像的火种

每天天不亮，安岳船形村刘家碧老人便从家里出门，摸黑到后山的罗汉寺，说是寺庙，其实只是座破败的吊脚楼，吊脚楼依山而建，楼内岩壁上干凿有3龛佛像。十多年前，刘家碧用香火钱为3龛佛像上了漆，她有生之年最大的愿望，是为山上所有佛像都上一遍漆。不过，这个愿望可能会就此破灭，因为文物部门发现，罗汉寺石窟大多开凿于五代年间，而大规模五代石窟在中国并不常见，因此加以保护，保持原貌。

在船形村，你会发现，佛与你几乎没有距离。你只要头一转，就能看到那一尊尊早已风化斑驳的佛像；有些石窟甚至在你脚下，需要俯下身子才能一看究竟。西北、中原地区的石窟往往密如蜂房，高高在上，为何安岳石窟竟会在脚下呢？其实，石窟过去也开凿在半山腰，只是两边山体不断剥落，沟底越垫越高，相对高度渐渐缩小，佛像也从山腰走到了古道旁。

刘家碧点燃一支蜡烛，领我到后山，如数家珍地指点着这些陪伴了她数十载的佛像，她拨开岩壁上的藤蔓，告诉我哪里有题刻。微弱的烛光映红古老的石壁，一行斑驳的楷书映入眼帘："天成二年岁次丁亥二月"。天成是后唐明宗李亶年号，就在两年前，后唐兵进成都，皇帝王衍开城投降，在押往洛阳途中被杀，前蜀灭亡。

自公元907年朱温灭唐建立后梁以来，中原战乱频繁，兵连祸结，百姓民不聊生，大规模的石窟造像早已停止，迄今中国的五代造像，大多分布在四川、江苏与浙江，而又以安岳最为丰富。除了船形村，安岳圆觉洞、庵堂寺、千佛寨部分石窟也开凿于五代年间，这些石窟共同点在于：龛不大，进深浅，极少有大型造像，佛像线条也日趋粗犷、简约。

圆觉洞地处安岳云居山上，南坡凿有二十余龛五代佛像，龛颇为袖珍，面积在1.5—3平方米左右，早已失去了唐代佛龛大气磅礴的气势。此时，一种叫"社"的组织在安岳频频出现，圆觉洞33号龛旁的一方天汉元年（公元917年）题记上，就有"社首赵义和、社户陈球、高山贞、庞进琳……"的记载，胡文和认为，晚唐五代年间，安岳民间流行结社造像。石窟造像从云冈、龙门的皇家血统走向了民间。

傅成金提出，五代乱世，四川偏安一隅，相对安宁，但百姓财力已远不如唐，因此龛都不大；历来被民间视为济世菩萨的千手观音在安岳五代造像中大量出现，暗示着百姓对安宁的渴求。安岳五代造像在2000尊上下，在中国独占鳌头，佛像虽然没有唐代的精美、大气，却如实地记录了中国石窟艺术流变的过程，保存了中国石窟的火种，因而意义非凡。

"唐盛宋衰"的历史在安岳被改写

2007年3月，摄影师袁蓉荪与油画家李耘燕第一次来到安岳茗山寺，山上精美的北宋石窟令他们流连忘返，不知不觉天色变暗，下起了大雨，只得在文管员的小屋中借宿。就在几天前，一伙盗佛头的盗贼摸黑上山，锯下一个佛头，幸亏文管员及时报警，盗贼丢下佛头仓皇逃窜。

时隔两年，我和袁蓉荪再次登上茗山寺。当年借宿的小屋仍孤零零地矗立在山脊上，守卫佛像的狼狗的咆哮声依旧在山谷中回荡。茗山寺现存造像97尊，数量虽不多，但规模宏大，诸如高4.5米的观音、大势至菩萨，6米的文殊菩萨，6.3米的毗卢舍那佛，1.8米、并排而立的十二护法神像等都堪称北宋精品。千年的风吹雨打使岩石显现出来的层层肌理，在佛像身上留下了水波型的纹理线条，看起来更有一种沧桑之美，如同年轮，记录下时间的印记。文殊菩萨身后开凿有8个小圆龛，龛内各有佛像1尊，左边5尊正对风口，仅存模糊的轮廓；右边3尊由于岩壁的遮挡形成避风港，几乎完好无损。

宋代石窟存世最少，以致清代学者提出"唐盛宋衰"之说，认为宋代石窟早已衰落，不值一提，大足、安岳石窟的相继发现修正了这种观点，也向后人展示着中国宋代石窟之美。

宋代是安岳石窟的黄金时代，之前的圆觉洞、千佛寨仍在造像，又出现了茗山寺、孔雀洞、华严洞、毗卢洞、宝珠寺、圣寿寺、宝相寺诸多精品，石窟逐渐摆脱了五代的桎梏，佛龛气势恢宏，佛像大多大于真人，他们也早已不是云冈、龙门石窟中印度人、西域人的形象，而是地地道道的中国人。

圆觉洞以北宋飞天闻名，此前中国飞天大多出现在壁画中，石刻飞天寥若晨星。飞天凌空飞舞，衣裙迎风摆动，想在冰冷的石头上雕刻出动感的飞天，其难度可想而知。圆觉洞4尊飞天缀刻于净瓶观音、阿弥陀佛、大势至菩萨左右，颈绕飘带，手托花蕾，轻盈曼妙，静止的佛龛仿佛具有了动感，大有"天衣飞扬、满壁风动"的意蕴。

华严洞地处赤云乡箱盖山，有大小二洞，大洞华严洞高6.2米，宽10.1米，深11.3米，是安岳最大的石窟，正中禅坐毗卢遮那佛、文殊、普贤、圆觉、弥勒、普眼等十大菩萨分列左右，静静聆听佛祖教诲，传说当年石匠在洞内点烛开凿整整80年，历经两代人才得以完工；小洞为"大般若洞"，凿有释迦牟尼、孔子、老子坐像，这也是北宋佛、儒、道三教从对立到共融的见证。

回成都后，我拜访了刚从云冈、龙门石窟考察归来的李耘燕。多年来，李耘燕足迹遍布中国各地的石窟，试图用油画去诠释石窟艺术。在她看来，华严洞是安岳最美的石窟，"佛像的每个线条、衣褶的每个起伏、脸部的每个表情都恰到好处，工匠早已将自己的生命、信仰灌入其中，在你面前的，是雕塑之美，时光之美，也是生命之美"，李耘燕如是说。

安岳：龙门到大足的渡口

周世夏一家可能是中国最有佛缘的家庭了。2007年我和袁蓉荪来孔雀村拜访他时，他正在烧晚饭，灶台透出的火光映红了一旁的佛像，佛像的脸庞早已被灶烟熏得漆黑。

房子是土改时分给周家的，当时灶台旁就有这样一尊孔雀明王佛像，周世夏也没觉得有什么不妥：别人还要求神拜佛，家里有尊佛像不是更好？1979年，妻子戴玉兰嫁进了门，再后来两个儿子也出生了，孩子大了调皮，戴玉兰就嚷道：别在家里乱跑，当心脑壳撞到孔雀上。就这样30年过去了，去年，周家老宅拆除，周世夏把新房建在孔雀明王旁边，他也如愿当上了文管员。

双龙街乡孔雀村与大足县毗邻，开车只需10分钟，村里不少人家亲戚就在大足，三五结伙地来看稀奇，啧啧地称赞：这尊孔雀明王跟咱县北山那个长得像哦？硬是一个模子刻出来的。大足北山孔雀明王，无论造像形态还是神韵都与孔雀村这尊极为相似。大足石刻的历史，一般认为始于晚唐普州刺史韦君靖，历五代至两宋，南宋大足高僧赵智凤在家乡宝顶山营造了纵横五里的石窟群，代表了大足石刻的最高成就。

事实上，大足不少造像都能在安岳找到原型，比如宝顶山大佛湾14窟柳本尊十炼图、2号窟护法神像、29窟圆觉洞，在安岳毗卢洞、华严洞、静慧岩、茗山寺都有类似造像，它们如同父与子一般，传承着一样的手艺与风采。几天的采访中，我发现石窟在安岳的分布其实颇有规律：靠近遂宁、乐至的千佛寨、玄妙观多是盛唐作品，县城中部庵升大佛、塔坡、圆觉洞年代在中晚唐到五代，而宋代茗山寺、孔雀洞、华严洞、毗卢洞无一例外集中在与大足接壤地区，可以清楚地描绘出石窟从安岳到大足的历史脉络。

云冈、龙门往往被誉为中国石窟艺术的早期时代，大足则是晚期石窟的代表，而安岳，无疑是从云冈、龙门到大足的渡口。正如四川省社会科学院刘长久先生在《西南石窟艺术》一书中所言："安岳石窟一方面继承和发扬了广元、巴中石窟中的盛唐之风，另一方面又开创了五代和两宋造像的新局面，使四川石窟进入到中国石窟雕塑发展史上的新阶段。"

南宋年间，大足石刻兴起，不少安岳工匠转投大足，迄今在大足留下姓名的29位石匠，就有18人来自安岳。南宋末年，蒙古入侵四川，安岳也难逃战火，在无止境的王朝更迭与战火过后，安岳石窟逐渐被尘封于枯藤、杂草与青苔中，直到1980年代才重新为世人所知。

2002年，孔雀村到安岳的公路旁，石先佳、石健父子正在雕刻一尊3米高的药师佛，父子俩趴在佛像上，用铁凿仔细打磨着药师佛头上的螺髻。黄昏，安岳迷蒙在一场难得的细雨中，断断续续的凿石声冲破雨帘，重新飘荡在这座古老城市的上空。

百年成都劝业场

文/谢天开（二〇〇九年〇八期）

> 劝业场，一座中西合璧的建筑群，一楼一底的走马转角楼，笔直高大罗马柱，顶着无数的小青瓦，百年前的成都劝业场，于一个内陆盆地，一座封闭的城池，西风东渐的时光，于清末独秀西南，领先神州而进行了一场翻天覆地的城市商业革命。

开场

宣统元年（1909年），中国最后一任皇帝溥仪坐在龙椅上，心不在焉地听取大臣们冗长的奏章时，远隔万水千山的成都，春风和煦，杨柳新萌。在如今总府街一段，龙旗飘飘，锣鼓喧天，商民绅耆，穿着花翎补子长衫短衣，摩肩接踵。劝业场门楼张贴了许多彩色广告：英美烟草公司的巨幅招贴、巴黎香水的广告画……入口处还散发戒烟丸、补脑汁、疗痔药水的传单、说明书和保证书。

这年的三月初三，成都劝业场正式开场。

劝业场，为成都市最早的商业大卖场。清光绪三十三年（1907年），由四川省劝业道周孝怀倡导、成都商务总会樊起鸿筹办，成都著名营造商江建廷设计施工。1908年7月破土，次年3月建成。劝业场是通街式建筑，长近百丈，有店铺一百五十余家，为当时成都最大的新式商场。前场口南向总府街，后场口北向华兴街，中设东西支路。场内店房为一楼一底通廊式建筑，砖木结构，前后设走廊，俗称"走马转角楼"。高敞的建筑风格，系仿西洋风格，拱券大门，罗马柱式，整个建筑高大宽敞。前后场口辟有舆马场地，专备游人停驻车马，并规定"舆马不能入场"。场口设有栅栏，早晚启闭。

署理四川通省劝业道，曾留学东洋日本的朝廷新政能吏周善培（孝怀），快步登上临时高台，发表开场词：中国自古重农不重商，认为农者生活之本源，商者无聊之末路，故秦汉之制，商贾不得衣文绣，盖贱之也，致使国贫民瘠！近观东洋之振兴，实为发展工商致之。愿诸君共振实业，裕国裕民！

周善培的语境虽说以东洋日本为视野，却有相当的穿透力　让在场的成都商民感觉从传统的"士、农、工、商"四民之末，一下子跃为四民之首。

成都的劝业场，与当时中国最早的通商口岸城市广州、宁波、厦门、上海及水陆口岸城市武汉、重庆相比，竟然还有些观念超前。劝业场营造期间，耳目灵通的广东绅商，跟风仿效，组建东兴公司，拟建近代商场；而汉

1911年春，成都第四届劝业会及授奖仪式

口当时商业最发达的汉正街还街道狭窄，多为"木造瓦葺"二层小楼；宣统二年（1910年）五月，重庆商会集资白银20万两，组建开明建筑公司，修建重庆商业场；天津的劝业场延至1928年才开始兴建。

四川曾经开风气之先，发行了中国第一张纸币：宋代的"交子"，而于清末民初举办的"劝业场"，又成为当时全国效法的榜样。

开风气之先

与沿海的商办不同，成都的劝业场的举办，为商办官助的形式，并始终为周善培一人强力推行。他曾留学东洋日本，可以作为留学生与中国近代城市转型的一个典例。

光绪三十三年（1907年），时任四川省劝业道周善培，想开启民智，留名青史。他慧眼独具地看准了成都图书业帮董樊起鸿（孔周），并任命为成都商务总会协董。

当然，凡事皆有大的时代语境。时慈禧太后重启光绪"新政"，实行君主立宪，倡导改良。清廷在各地新设置"劝工局""劝业道"，做出"振兴实业，发展工商"姿态，借以顺应世界大潮流。当时，北京、天津、汉口都由官款筹建"劝业场"，率先垂范全国。

周善培当时也尽快想开办"劝工场"，却苦于成都无官款可以拨付。樊起鸿看出周善培的焦虑，便建言道：借重周孝怀的"劝业道"的威名，由成都商会出面集股商办。

这招果然奏效。樊起鸿以商会名义约集了各商帮商董与热心实业的知名人士多人开会。周怀孝在会上讲："工商业必须尚竞争，与外省竞，外国竞，有竞争才有进步。一年一度的劝业会，还不足以达到这个目的，必须要有常的劝业工场……希群策群力，共襄盛举。"在众人热烈的掌声后，当即决定成立成都建筑公司，公推樊起鸿负责筹备，公司事务所设在商会内。

在樊孔周起草的集股章程十六条，其中特别规定，在场内划出十丈见方之地，另建商品陈列馆，罗列中外制造品，以资参考。不收地租，建馆费用另筹。如此不求营利，显现出商会开启民智的公益作用。

光绪三十四年（1908年），公司暂筹股金白银四万两，全数足收。虽说与当时的经济发达的地区广州的东兴公司集资二百万两相比，简直属于大巫见小巫，但这毕竟是成都历史上第一次民间资本的大规模运作。

资金到位后，公司选定购买总府街与华兴街之间原老盐店一带地支，准备择日开工。当年6月商务总会具文详请商务局转请督宪批示，《四川官报》曾记商务局详请督宪原文：吾蜀调查全省之物品改良，一般之制造交换……不可无劝工场。会员等询查诸商界，众议金同。抑知库帑艰难，不敢遽请官款，先集商股白银四万两，经营建筑……

公文总是繁复的，既是商办官助，在官场的运作就全仰仗周孝怀一人了。商务局转详督宪后，周孝怀即往见护督赵尔丰，于请茶看茶之际，说明成都商会集股商办劝工场，热心公益，实属难得，请护帅允准。赵尔丰从缓濡墨提笔，在呈文上批示："毅力热心，洵堪嘉尚。"

批复下来后，筹建工作进入实质阶段。聘请公司董事、重庆鹿蒿玻璃厂总理何鹿蒿为庶务员；聘请商会科长谢霖为会计员，谢霖时从日本早稻日大学商科学成归来，为中国引进现代会计规则第一人。

全部工程交与成都著名建筑营造商江建廷设计修建，当年7月动工。

不久，周孝怀将商业劝工会（花会）改名为"劝业会"，又将"劝工场"改为"劝业场"，由他亲自题写的颜体榜书："劝业场"。

商会的公司也正式定名为"商办成都劝业场建筑部股份公司"。日后，也挂牌于劝业场。

改变

近代城市新兴，不仅要有商业性，也要具备娱乐性与技术性的市政设施。作为商业的配套设施，劝业场也创造了近代成都水电两项市政建设第一。

其一是电灯。晚清时，上海、汉口、重庆等城市，因长江水运便利，均先后有了供电设备。成都的夜晚，却还依旧朦胧在传统的菜油灯与蜡烛昏暗中。周孝怀与樊起鸿商量后，决定先引进电灯，为省城示范。

樊起鸿即在建筑公司内增设电灯部，另筹股金白银二万两，随后从上海购置40千瓦发电机一台，在场内西北角建厂发电，只供全场照明。为了扩展影响，又在前后场口高悬一只圆形电灯，每日黄昏发电时，挤满了众，观看电球来电，当"铁笛"一响，华光四射，观众欢呼雀跃，笑声雷动。这一"奇观"还吸引了川西各县农民，他们不惜赶数十里路进城，专门为看电灯。

其二是自来水。清末的成都民众饮水，主要为井水。宣统元年（1909年），在劝业道周孝怀倡导下，设立了官商合办的利民自来水公司，从万里桥下取水，通过专用管道输送至城内的蓄水池中，再用人力到蓄水池挑水使用，俗称"人挑自来水"。劝业场特别在华兴街修建了一个蓄水池，专人挑水，供给全场的餐饮店与茶楼，费用另计。劝业场如此创造了成都商业用水的先例。

清末成都商民吴某，在会府东街创办了"可园"，为成都最早的公共剧院，周孝怀认为戏园能繁荣市面，为此力促樊孔周在劝业场近旁开设戏园。于是樊孔周又于1908年8月集商股白银二万两成立悦来公司，在华兴街老郎庙侧购地修建了"悦来茶园"，仿照"可园"，招引各戏班轮流唱戏。

"悦来茶园"1909年修竣后，先后有"复兴班""宝顺和班"的京剧；"翠华班""长乐班""荣泰班"的川戏；"文明班""文化班"的改良川戏等轮流上演。尤其是举办过两次赈灾演出，邀请成都的八大班名角串演，名声大振。"悦来茶园"当时的票价定为：三楼每座三角、普通一角、特别包厢每座五角、包厢每间五元，合按大清龙版计算，非达官贵人不能消费。

悦来公司还在劝业场内偏东处，修建了一所豪华的"悦来旅馆"，于宣统元年五月十八日开张。"悦来旅馆"可接客近百人，风格富丽。前有舆马场地，后有专供商旅客携带眷属住宿的小院，备有浴室、电灯、冷热自来水管等最新设备。旅馆还雇请名厨，分制中西餐品。又有招待员役，分工服务宾客，有专司洒扫，有代客听差。"悦来旅馆"正中还有一座三层洋楼，更为考究，专为达官显宦富商所设，收费高昂，每客竟高达四枚银元一天，非一般商旅所能问津。

劝业场如此的大投入，先前所集的二万银两，早已告罄。樊孔周乃约集股东计议，决定增资，于宣统二年七月增招新股白银一万五千两。"商办成都劝业场建筑部股份公司"最后决算，公司股本金合计白银三万五千两。

风气渐变

周孝怀还一改成都商家买卖喊价还价的旧习，实行每家店铺悬挂出介目牌的做法，统一定价，明码实价。后来相邻的东大街、走马街、署袜街的商家也受影响，悬牌标价。

劝业场共有一百五十余家店铺，劝业场有规定，凡有官办的局厂和在劝业会（花会）比赛得过奖的私家工商户才能入场设售货处所，于是劝业场事务所对接纳商家承租，是要择优选取的，在各行各帮中没有点名气的店家是别想租得一间铺面的。

味虞轩本为新繁县城的京果铺，生产的桃片在劝业会上得过奖，按理可在场内设售货处，可偏有人认为一家外县的小京果铺，没有资格入场。后为周孝怀知晓，拨给其一间小门面，又因作坊远在新繁，劝业道特拨快马一匹，每天飞马运送出炉的新鲜桃片。还有个担担水饺，没有招牌，因其常在望江楼做生意，就呼为"江楼水饺"，周孝怀无意间发现其反子硬，有嚼劲，馅子饱，调味好，就允许其挑担子进场。

川省产品最引人注目的有：鹿蒿玻璃厂的五彩描金玻璃器皿，玲珑剔透的银玻镜、樊孔周办的因利织布厂的各色机织花花布、马正泰和马天裕的水丝浣花巴缎与百子图被面、裕国春的宫粉香胰、松竹轩的刺绣绢扇、卖久身的新衣皮袍、鼎升荣的官帽、熙德隆的靴鞋、桂昌祥的须绦、仁义和的梳篦、醉墨山房的刻磁、三都重的书画、谦益祥的玉器……林林总总，美不胜收。更有京广货铺、苏广货铺所陈设商品五光十色，还有巴黎香水、泰西沙缎、法兰西绢绸、英国自行车、台湾番席、八音钟表、金丝眼镜、广东糖食、福建丝烟、京戏戏匣、北京丸药、广铜烟袋……

"姊妹偕游劝业场，翠鬓低衬海棠香。东楼观置西楼去，软语微闻诿改装。"当时成都竹枝词，是如此唱咏劝业场的。劝业场的开办，让成都妇女出游成风，成为近代成都一道风景。

宣统二年（1910年）三月，成都商务会具文请改劝业场为商业场，经督宪转咨北京农工商部，同年4月17日复照准，5月18日督宪札谕正式改名。

劝业场改名为商业场后，场内商家洋货、广货继续增多。其原因是，当初建场的目的，是比较工艺优劣，谋求进步改良，发展本地产品。暂佳销售洋货本为一时权宜之计，可是开场以来，本地产品仅占销量的百分之十二三，而洋货广货比例很大。因此商会同仁认为必须消除贸易壁垒，更改场名，才能名副其实。宣统元年，全场全年各业交易总额为白银三十三万余两；而宣统二年改名后，全场全年各业交易总额激增至白银四十六万余两。商业场生意火爆，不仅为成都流通领域资本积累的加速器，也成为省会名副其实的商业中心。

时在成都读书的乐山少年郭沫若，也曾为商业场的琳琅所吸引，写道："楼前梭线路难通，龙马高车走不穷。铁笛一声飞过来，大家争看电灯红。"

劝业场的开设，让成都时尚风气为之渐变，这却是当年的周孝怀、樊孔周们始料未及的。

广元千佛崖：佛祖入川前码头

文／萧易（二〇一〇年〇六期）

自佛教石窟艺术传入巴蜀以来，地处四川盆地通往汉中平原金牛道上的广元，与米仓道要冲巴中一起，成为石窟进入四川的前码头。诸如韦抗、苏颋、毕重华等唐朝官吏的入蜀，带来了技艺精湛的石匠、画师，中原地区盛行的开窟祈福之风也在蜀地慢慢延续开来。

一个唐官带来的石窟

2010年初春，当我在一个清晨来到千佛崖时，这里铁门紧锁，见不到一个游客，地面上随处可见长方形的考古探方，露出108国道下的青石板路——古金牛道。由于108国道改道，文物部门将拆除数十年前为开发旅游搭在崖壁上的台阶，清除铁栅栏，对千佛崖进行系统维护。自唐代以来，千佛崖看尽了一千多年的人间浮华，听得了一千多年的车喧马鸣，如今，这里即将回归佛国的宁静。

千佛崖全长380余米，西高东低，最高处84米，状若扁平的直角三角形，现存石窟873窟，造像7000余尊。这个数据，比清人的记载足足少了整整1万尊。千佛崖西临嘉陵江，金牛道依崖而过，再后来，民国川陕公路，现代108国道又从崖下而过。1922年，国民政府修川陕公路，曾将千佛崖南段一部分石窟炸毁，因此，历来也认为千佛崖被毁石窟超过了大半。中国社会科学院学者丁明夷指出，金牛道依崖而过，川陕公路只是在此基础上进行拓宽，工程量不会太大，被毁石窟应该不会超过三成。清人的统计，不无夸大之嫌。

千佛崖石窟大多开凿于唐代，与入蜀上任的唐朝官员渊源颇深。唐开元二年（714年）的一天，太子左庶子韦抗接到唐玄宗上谕，令他即日赴益州出任剑南道按察使、大都督府长史，大都督府长史是唐时的三品官，表面上是幕僚长，事实上却掌握着兵马大权。韦抗不敢有误，不多日即与家人从长安奔赴汉中，沿嘉陵江驿道入蜀，进入利州（今广元）赴任。

在利州的两年中，韦抗凡事谨小慎微，处处与人为善，加之当时蜀地少有战乱，他并无什么特别的功绩。唐朝王室、官吏、商贾多有开窟祈福的传

四川广元千佛崖石窟造像

统　来利州第二年，韦抗找来一个石匠，在千佛崖开龛凿像。这是一个三米多高的马蹄形洞窟，佛祖端坐中央，南北两壁雕满了观音，窟壁上密密麻麻地排列着历代题记，习惯上此窟也称为"韦抗窟"。716年，韦抗匆匆返回长安出任黄门侍郎，他究竟是否看到了石窟完工，尚要打一个大大的问号。

韦抗窟最早的题记为开元十年（722年）："剑南道按察使银青光禄大夫行益州大都督府长史韦抗功德"。藏佛洞题记更早："大唐开元三年，剑南道按察使、银青光禄大夫、行益州大都督府长史、陕西万年县韦抗，凿石为路并凿千佛功德。"这也是迄今千佛崖能找到的最早题记，韦抗窟也往往被认为是千佛崖最早开凿的石窟。

石窟造像进入四川的前站

事实上，早在韦抗入川两百多年前，佛教造像已经进入广元。1983年4月，广元城关豫剧团建筑工地发现了一些佛像，出土时整整齐齐地堆放在一个土坑中。佛像大多残损，佛头早已不存，其中一尊释迦文佛背面刻有"延昌三年"题记，延昌是北魏宣武帝年号，延昌三年即514年。佛像身形瘦削，上身较长，整体风格颇有北魏"秀骨清像"之风。1986年9月，这里又出土了一通刘约造像碑，碑文中有"晋寿郡"字样，北周闵帝元年（557年）后，东晋寿郡始更名为晋寿郡，刘约造像碑的年代也由此被认定在北周时期。

1989年后，中国社会科学院宗教所佛教室的丁明夷、马彦等学者对千佛崖进行了一次系统考察，认定千佛崖石窟造像始于北魏末年。千佛崖第七窟大佛窟，宽5.73米，高5.52米，深4.9米，大佛方脸浓眉，鼻梁粗大，令人想起云冈石窟的佛像。他的模样既不像印度人，也不像中国南方人的相貌，而是地地道道的北方人，此时的广元虽然归属南朝，却屡屡被北朝军队占领，大佛的风格恰恰证明了这段历史。

第二十一窟三圣堂采用北魏年间流行的三壁三龛窟结构，正中与南北两壁皆凿有佛像，龛中均为一坐佛二菩萨，飞天束发直立，着短衫，腰束带，大褶裹足形如羽尾，整体呈现出轻盈飘逸之态，与麦积山石窟、须弥山石窟某些造像尤为相似。

迄今发现的四川石窟造像，大多为唐代以后作品，相比之下，石窟进入广元年代颇早，其造像与北方保持着相当的一致性，这或许与广元特殊的地理位置不无关联。广元北依秦岭，南控剑阁，东北扼秦陇、西南控巴蜀，地处四川盆地通往汉中平原的金牛道之上，战争年代更是兵家必争之地。史载广元十六国时属成汉政权，南北朝大部分时期又归南朝统辖；大同二年（536年），还入南梁，称黎州，北魏闵帝元年（557年）更名为晋寿郡；隋朝初年称绵谷，唐时置利州，武则天之父武士彟或许是首任利州刺史。

广元虽地处巴蜀，却屡屡更名，归属建制也时有变化，而上述这一段时期，正是中国北方开山凿佛的高峰期。甘肃麦积山石窟，始凿于十六国后秦，历北魏、西魏、北周、隋、唐至鼎盛；龙门石窟始凿于北魏孝文帝迁都洛阳之时，北魏、唐朝大规模营建一百四十余年。地处要冲的广元自然深受影响。

蜀道难，石窟艺术只能沿着为数不多的道路向四川盆地腹地慢慢推进，巴蜀之地与中原的交通长期以来唯依赖金牛道、米仓道而已。其中，金牛道是古蜀道主干线，其路线为从汉中兴元府（陕西南郑）以西，经勉县西南烈金坝（金牛驿），南折入五丁峡、五丁关入蜀；米仓道则由南郑南向米仓山，经集州（今四川南江）直抵巴中。广元也就当之无愧地成为了石窟艺术进入四川的前码头，地处米仓道要冲的巴中则成为了四川早期石窟艺术的另一个中心。

唐朝官吏带来开窟祈福之风

有唐一代，官员、文人、商贾或外放为官，或流徙巴蜀，或往来经商，特别是韦抗等来自长安的大员，随行人员中往往不乏中原技艺精湛的石匠、画师，中原地区盛行的开窟祈福之风也在蜀地慢慢延续开来。

开元八年（720年）正月，又一位唐朝名臣自长安赴利州，出任益州大都督府长史，名叫苏颋。

苏颋由长安入蜀，路过千佛崖，写下《利州北佛龛记》："吾见夫山连岷山嶓，水合江沱，山兮水兮，路穷险耶，南望兮此多情。吾观法像住世于岩之阿，千百万亿兮相观我，载琢载追兮吾匪伳……"想来当时的千佛崖是一派热火朝天的景象，工匠在绝壁上往来上下，凿石开龛，远远望去，佛像俨然有"千百万亿"之巨。

到利州不久，苏颋就捐资在千佛崖开窟。第二年，他巡行至利州，石窟已经完工，苏颋大喜，又作下一首《利州北佛龛前重于去年题处作》："重岩载清美，分塔起层标。蜀守经途处，巴人做礼朝。"此时的千佛崖规模更甚，岩壁上到处是清秀隽美的佛像，石窟如同佛塔一般，层层罗列，直云山巅。

幸运的是，苏颋捐资的石窟得以保存至今，石窟不大，雕有一佛二菩萨，是言时最为常见的雕刻题材，南侧有"都督府长史、持节剑南道检校史、上柱国许国公武功苏颋造"题记，习惯上也称为"苏颋窟"。此外，利州刺史毕重华在千佛崖也捐资凿有菩提瑞像窟，窟内雕有毗卢遮那佛与十二弟子。据广元文管所学者陈正鹏统计，除了韦抗、苏颋、毕重华，千佛崖唐代捐资者的身份，尚有利州长史、光禄大夫、御史大夫、东川官吉使、昭武军节度使等官名以及晋国夫人、越国夫人等称号，可见早期造像往往与官宦关系密切。

就在千佛崖凿石声不绝于耳之时，嘉陵江对岸乌龙山绝壁上也是方兴未艾。乌龙山现存石窟52龛，因山上建有皇泽寺，故得名皇泽寺石窟。皇泽寺据传与武则天不无关联，《舆地纪胜》记载："（皇泽寺）在州西告成门外，镌刻武后石像，状比丘尼。"1954年，皇泽寺大殿前曾出土一通石碑，上书"大蜀利州都督府皇泽寺唐则天皇后武氏新庙记"，多少验证了史书记载。

或许是因为武则天的缘故，唐代皇泽寺香火一直颇为旺盛，石窟造像规模与数量也仅次于千佛崖。1908年与1917年，德国建筑师柏石曼与法国探险家色伽兰先后来到皇泽寺，柏石曼用相机第一次拍下了皇泽寺存照，照片发表在1926年出版的《中国建筑与景观》一书中。

照片中的皇泽寺荒芜而落寞，破败的大殿背后，大大小小的石窟层层叠叠，密如蜂巢，即便是再小的石窟，都能清楚地看到菩萨曼妙的身姿与华丽的背光。这也是近代历史上对千佛崖的第一次考察，不过并未在当时的中国产生多少反响，人们熟知的，还是北方的莫高窟、龙门石窟、云冈石窟；而二佛崖，只有民间的不断妆彩与顶礼膜拜。四川石窟第一次震惊国人，还要从1945年顾颉刚、马衡等人在大足大佛湾发现大足石刻说起。

　　大佛窟是皇泽寺规模最大的石窟。对照柏石曼的照片，不难发现此窟民国以后曾有妆彩，窟壁漆成红色，主佛也穿上了棕、青二色彩衣，而当年栩栩如生的力士，如今已风化成一个斑驳的轮廓。据四川省社科院学者胡文和考证，大佛窟佛像体形硕大、浑厚，头与身体不成比例，表情冷漠、僵硬，眼神颇为忧郁，菩萨的璎珞也显得过于硕大，带有隋代石窟的特点。大佛窟的开凿年代，当在隋末唐初。

巴蜀之地俨然佛国

　　沿着石梯一步步登临，佛像在面前次第出现，嘉陵江日复一日的野风磨灭了佛像的脸庞，曼妙的身姿也变得模糊不清。更令人心痛的是，石梯就搭在石窟旁边，无形中加剧了水土流失，游人与佛像没有距离，在窟壁、佛像上随意涂抹、刻画，这使得千佛崖石窟群成为四川最亟需保护的石窟群。

　　千佛崖以大云古洞为中心，大云古洞高3.8米，宽5.3米，深10.6米，是千佛崖最大的一窟，正中中心柱雕有弥勒佛站相，南北各有两个圆形龛，

四川省广元市皇泽寺摩崖造像大佛窟

龛中设坛，这也是天梯山石窟、榆林石窟、须弥山石窟中流行的石窟寺布局，既有造像，又是僧人修行的密所。大云古洞的来历，据学者张司标考证来源于《大云经》。《大云经》本是一部平常的佛教典籍，却因为记载了一个天女以女身当国王的故事，暗合武则天称帝，在公元690年一夜之间身价百倍。不仅朝廷诏令广为刊刻，全国各郡县皆建造大云寺，开凿石窟，以传抄、诵念《大云经》为时尚。难怪广元人说，大云洞中的弥勒佛身材修长，眉如新月，樱桃小口，就是依照武则天的模样刻成的。

围绕大云古洞，千佛崖石窟向南北两段延伸，见缝插针一般布满岩壁，最窄处石窟上下十三层，蔚为壮观。盛唐之后，广元民间造像已极为踊跃，捐资者的身份也是林林总总。比如卢舍那窟，捐资者为"同州吕再兴、刘应，兰州瓷窑户田忠三人"；大佛洞南龛、南下方龛则是一个叫彭景宣的信徒分别为亡女、亡姊捐资开凿。凡此种种，可以清晰地看出石窟造像从官宦走向民间的脉络。

与四川许多隐藏在深山中的石窟不同，由于地处通衢大道，千佛崖绝壁上凿有无数题记，年代从唐延续到民国，如同一部民间史书，记录下佛在千佛崖的历史。就三圣堂而言，唐景龙三年（709年）四月，"弟子王小兰为母乞愿平安，敬造供养"；唐开元七年（719年），有个叫郭奉的女子又为亡女章二娘供养了一尊观音像；五代天成二年（927年），御史大夫李仁矩路过千佛崖，出资将三圣堂装点一新；南宋绍兴八年（1138年），利州转运司主押宫王泽民与妻子亦"装饰此佛一堂"。

晚唐之后，北方知名石窟相继衰落，深受中原影响的千佛崖大规模造像也日益停止。迈过了道路的瓶颈，在邛崃、蒲江、大邑、夹江、丹棱、安岳、资中、乐山，四川唐代石窟如雨后春笋一般兴起，四川接过中国石窟艺术的接力棒，成为中国晚期石窟的代表作。从此，巴蜀俨然佛国。

阆中：
各教共存的风水之镇

文／何贝莉（二〇〇八年十一期）

　　阆中其长年养在四合之势的群山中，地理位置险峻，与外界过往亦不频密，而难以跟上中原文化演进的脚步；但另一方面，相对独立的生活氛围，却催生出当地浓烈的宗教意识。中国的道教、印度的佛教、还有发源于阿拉伯半岛的伊斯兰教，和西方的基督教、天主教，纷纷汇聚于此，圈地建筑，传教论道，在这一相对稳定的地域中，培养出一批批各自相安的信徒。

　　四川阆中是与云南丽江、山西平遥、安徽歙县并称为中国保存最完好的四大古镇之一，也是其中最陌生、最古奥的一个。丽江因其"小桥流水酒吧"的特色荣升为小资集散地；平遥随着每年一度的国际摄影节而大开门户；歙县得益于《卧虎藏龙》的公映一夜扬名；唯有阆中，一不小心，你甚至还会念错它的名字；尽管当地政府使出浑身解数，渴望在时下喧嚣的旅游热浪中分一瓢羹，效果却似乎总不理想。所幸的是，如此尴尬的现实，并没有掩盖阆中丰厚而独特的历史留存。

站在锦屏山的观星楼上，向北眺望，嘉陵江水缓缓流淌，从西北方向绕了一大圈，流向东北，最终汇入长江。而它所环绕的区域，便是曾在清朝初期作为四川的临时省会，长达十年之久的古城阆中。它东靠巴山，西倚剑门，是古代进出四川的重要通道。如今，随着四川政治经济重心的迁移，阆中悄然旁落，成为偏安一隅的发展中城市：林立的广告标牌，宽阔的设有隔离带的马路，以及兴盛于20世纪90年代墙体铺满瓷砖的中高层板楼……和中国任何一处地方的发展中城市没什么区别。然而，就在这白楼灰宇的前端，江的一条狭长地带，你可以看见一片密密匝匝的青砖小瓦，循着传统的建筑格局与风貌，形成一方与"城市"迥异的清秀风景：这才是古镇的真实所在。

风水之镇

阆中的历史，从当地出土文物来看，可追溯到新石器时代。《尚书·禹贡》云 禹分中国为九州，阆中属梁州。至商朝，属巴方；在周朝，属巴子国。公元314年，秦惠文王置八郡，在阆中筑城建县；由此，阆中县载入秦国三十一县的史册里。其中，除隋初避文帝父杨忠之讳，改阆中为阆内县外，二千三百多年来，阆中之名一直未变。然而，时过境迁，如今留存下来的老城区，大部分是明清时期的建筑风貌。

古镇的设计格局规整，以西街、北街交接处为中心，主干向东南西北辐射，正应"天心十道"之喻，穿插其间的是长长短短、肥肥瘦瘦的几十条小巷。街道巧借地势，东西向的多而长，南北向的少而短，但无论身处何方向，抬眼望去，都与远山相对。小巷两侧是顺其而上的古建，高低错落比邻接踵。这别有设计的建筑群落，绝非朝夕得以筑成。据《古今图书集成》597卷载：唐太宗贞观年间，曾有一位观星象的人报告说，西南千里之外有帝王之气。太宗害怕皇位难保，令袁天罡到西南测步王气。袁天罡由长安测步到阆中，果见盘龙山雄伟绵延，山上树木葱郁，云蒸霞蔚，护送龙脉的嘉陵江，汩跃奔腾至此，销声匿迹。此地众山众水汇聚，似万邦纳贡，形成"九龙朝圣"之势。袁天罡于是命人凿断今锯山垭盘龙山的抬头龙脉，据说

四川南充阆中古城的南津关古镇

那里至今还留有"锯痕"。袁天罡完成皇命之后，因留恋这里的山水地象，遂留居于此，在盘龙山建占星台，研究天象。也许，正是得益于这位中国风水学鼻祖的规划，阆中才得以风水之向建镇，历至百年而风貌犹存。劈龙脉虽是野史小传，但阆中还真没有出过惊世骇俗的人物，安居乐业的当地人便将曾驻守过七年而死后安葬于此的张飞作为英雄来祭拜，立庙祭祀，即张桓侯祠（在唐以前称"张飞庙"，明代称"雄威庙"，清嘉庆年间才称"桓侯祠"），时至今日已有一千七百余年的历史。

　　阆中经历的年代固然悠远，但其长年养在凹合之势的群山中，地理位置险塞，与外界过往亦不频密，而难以跟上中原文化演进的脚步；但另一方面，相对独立的生活氛围，却催生出当地浓烈的宗教意识。中国的道教、印度的佛教、还有发源于阿拉伯半岛的伊斯兰教，和西方的基督教、天主教，纷纷汇聚于此，圈地建筑，传教论道，在这一相对稳定的地域中，培养出一批批各自相安的信徒。

多种宗教并存

巫，是古代用歌舞降神的人。巫师、端工跳舞祈禳是一种古老的文化现象。远古时，阆中渝水（嘉陵江）两岸居住着宗贝人，他们是巴人的一个分支，天性劲勇，能歌能舞。他们曾参加武王伐纣，帮助秦昭襄王封杀为害的白虎。《晋书·李特载记》云"宗贝人敬信巫觋，多往奉之。"几百年之后，唐代诗人杜甫于广德六年游阆中南池时，写道："南有汉王祠，终朝走巫觋。歌舞散灵衣，荒哉旧风俗。"可见在唐朝，阆中的巫风遗俗也足以令这位京城文化名人惊诧不已了。时至1949年前，巫风之行依旧广泛流传于民间。

或许是得益于当地独特的民风，在东汉时期，巴蜀孕育出中国最早、最重要的宗教——道教。东汉顺帝时期，张陵（又名张道陵）率家人及弟子等到鹤鸣山（今大邑县境内）修道，创立了五斗米道，于143年立道治统领教民，阆中云台山为二十四治之一。据说，他在云台山传道、炼丹、试法，后偕雍氏夫人及370名弟子在此升真。

云台山海拔704米，从山中一峰独起，山峰陡峭；四周群山环绕，恭敬从客；山体为松萝掩映，云遮雾罩。"紫石如坚云""丹崖临石间"，晋代画家顾恺之曾为之而作画。道教的治点，多选在易守难攻的山地，既是传道的需要，也有军事的考虑。道家修行，行踪诡秘，起居悠然。张陵为何选择云台山作为升真之处？据说是云台山山形是个天然的八卦：山顶一部分高突，一部分低陷，高突与低陷部分呈曲线，恰似一个太极图。突出的是阳鱼，低陷的是阴鱼，云台观正好位于阳鱼鱼眼处。云台山脚也恰巧有八个，其外围更有八座山。山脚构成的里八卦和群山合围的外八卦，组成八八六十四卦。如此巧夺天工的造化，自然给张陵的传教布道增添了几分神秘色彩。

先人仙去，留下后人无限向往，历朝历代许多道家人物都曾到阆中修道云游，留下诗文和足迹。阆中狮子乡的唐福关和云台山，也是葛洪研习道术之所，他在此所著《抱朴子》，提倡神仙道教，为此构造出种种修炼成仙的方法，并建有一整套成仙的理论体系，对后世影响极大。而阆中高道薛道光主张道禅双修，为道教南宋第三祖。如是算来，阆中也可称作中国道教发祥地之一了。

几乎与道教同时演进的，还有从古北印度东传而来的佛教。但阆中佛教的兴盛时期则在唐宋年间，阆中大佛凿成于唐元和四年，比乐山大佛还早。唐宋时建有开元、原觉、东岩、北岩等寺庙。开元寺名僧宣什博通经典，被誉为"中国佛教十派禅宗"之一。如今，我们依然能从现存的唐代大佛摩崖石刻处，想见其当年的辉煌与气度。

较之道教和佛教，伊斯兰教传入阆中，则是相对晚近的事情。明末清初，随着外省回民的迁入，穆斯林信仰也逐渐兴旺起来。古城内的礼拜寺街有清真寺两处，一处建于光绪初年，称"东寺"，在日军侵华时毁于日机轰炸。另一处建于清康熙十一年（1672年），仿西安化觉寺建造，称"老寺"。纯中式的建筑格局，仅在修饰上能够看见精美的穆斯林图案文字和若干象征符号。偌大的礼拜堂，至今仍发挥着作用。古镇的大部分回民傍寺而居，逐渐形成几条热闹的商业集市。大部分居民，因循当地的格局，住在祖传的四合院里。不大的院面，却收拾得干净疏朗。传统的四合院，一方天井，大青石铺地，因为长年潮湿，边角处布满青苔。天井正中，多砌有三层花坛，最下是一圈兰草，中间盆养着蔷薇月季之类的时令花卉，花坛正中种着三两棵月桂，长的枝繁叶茂。待到金秋，即便没有栽种月桂的人家，也会买上几枝置在房中。在那时节，整个古镇都飘散着桂花清幽的淡香。

在当地穆斯林的心中，最负盛名的是盘龙山上的巴巴寺。"巴巴"是阿拉伯语"祖先"或"祖师"之意。该寺原名久照亭，是伊斯兰教噶德勒叶教派中，第一位来中国传教的前清大老师祖哲阿卜董拉希的墓地。清康熙二十三年（1684年），他随川北镇台左都督马子云涉足阆中，遂定居于此，死后，其弟子祁静一在此造"拱北"（墓地），建久照亭。巴巴寺由甘肃河州等地派阿訇轮流守护，至今由此。这里便成为陕西、甘肃、宁夏和四川等地穆斯林的圣地。每年农历三月二十五日，无数信众从四面八方涌向这里，参加盛大的祭奠仪式，这里由此而被誉为"中国的麦加城"。古往今来，各地的穆斯林无不以亲身前往麦加朝圣，作为毕生祈求之心愿，而对于那些相对贫瘠的信徒而言，能够来巴巴寺朝拜，也是一份难得的荣光了。

如今，盘龙山下已修有进园区的入口，沿石级上行，一路经过大大小小的墓碑，他们在山林的掩映下寂静而肃穆。百余步之后，便看见一道随势起

四川阆中古城的清真巴巴寺大门

伏的□塋，圈筑起巴巴寺原有的区域。石阶尽头，是一道山门，踏入其中，方见一庄重檐飞阁别有伊斯兰风格的大建筑群。巴巴寺内古木繁多，环境清幽，大部分建筑借由地势与环境相合，就岗建亭，依势而行。身处其中，这里静默至只听见竹叶在风中的摩挲声，大殿外的两棵金桂花树散发着奇妙的香味，一个守墓人在偏门口晾晒采集来的金桂花花瓣，三两个信徒在大殿前瞻仰，一切都显得平和而安详。

上述宗教都以平和的方式传入阆中，并在此繁衍生息，而天主教的传入则显得粗暴许多。光绪八年（1882年），天主教传入阆中，法国神甫在城内学道街购买土地建教堂。光绪十四年（1888年），中法之战后，由于清政府签订了屈辱的《中法新约》，当地居民出于义愤捣毁了教堂。但在教会的胁迫下，当地政府逮捕了居民萨一腿，还将唐代尹枢和尹极兄弟的状元府赔偿给了教会，从此以后，状元府变成了天主堂。

与天主教的强势传入不同，光绪十四年（1888年）传入阆中的基督教，由刚来乍到的英国人盖士利主持。布道7年后，他在郎家拐街开诊所，那是如今阆中市人民医院的发端；20年后，在那里修建了四川最大的教堂福音堂，并创办华英高等小学。盖士利的传教行为吸引了英、美、法、瑞典、加拿大和澳大利亚等传教士的加入。

时至今日，城市变化已气象万千，我们依然能够找到被高层建筑所围裹的福音堂，当初由传教士亲手种下的小树如今已枝繁叶茂，将这座福音堂悄然与世俗生活隔开。于是乎悠闲的川人在福音堂的院外摆起了茶座和龙门阵，一边是福音声声，另一边则是搓麻阵阵。而身居古巷深处的天主堂，规模已远不及这座福音堂，但其院落宽敞，大树连荫。无论信徒与否，当地的很多老年人都在此消暑纳凉，闲话家常，鲜有人还顾念这座天主堂曲折的来由。享受眼下的稳定生活，或许是对人生最朴实的一种信仰了。

2008年5月12日，四川阆中，唐代佛塔身首各异。距古城两公里之外的滕王阁风景区在地震中遭受重创，一尊国保级文物——唐代佛塔顶层的一火焰纹状圆石在地震中身首各异，被摔得粉碎。佛塔由滕王所建，塔基为刻有四瓣梅花的四方形须弥座，塔身乃一上大下小长圆体，正中开一船形龛，内刻一佛结珈趺坐于莲台。上装塔刹，刹基为一圆形莲瓣石盘，上有八力士托举刹身，刹身为六方柱，各方刻一座佛，刹顶为一火焰纹状圆石，塔身全高8.25米，保存完好，据专家介绍，此塔乃七级佛屠，原有3座，现尚存1座，有较高的文物研究价值。2006年6月，阆中唐代佛塔被国务院公布为全国重点文物保护单位。

李庄：中国学术的临时避难所

文／何贝莉（二〇〇八年十期）

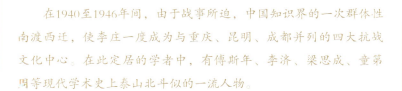

在1940至1946年间，由于战事所迫，中国知识界的一次群体性南渡西迁，使李庄一度成为与重庆、昆明、成都并列的四大抗战文化中心。在此定居的学者中，有傅斯年、李济、梁思成、童第周等现代学术史上泰山北斗似的一流人物。

李庄，一个在中国版图上，用针尖都无法确指的弹丸之地，偏安于四川省南部的群山峻岭之中，坐落在宜宾市郊的长江南岸。得益其便捷的水道交通，李庄历经千年，从一个小渔村变成一座繁盛的集镇，由此而来"万里长江第一镇"之美誉。但在1940年至1946年间，由于战事所迫，中国知识界的一次群体性南渡西迁，使李庄一度成为与重庆、昆明、成都并列的四大抗战文化中心。在此定居的学者中，有傅斯年、李济、梁思成、童第周等现代学术史上泰山北斗似的一流人物。

突忽而来的因缘际会，将这座千年古镇推向其历史的巅峰，她的名字径直和"中国"联系在一起。倘若在信函上写有"中国李庄"四个字，便无论它是从纽约、巴黎、卡萨布兰卡还是伦敦发出，都会准确地投递到位于东经104/47/11-48/11，北纬28/48/9-48/3之间的古镇李庄。

时至1946年的夏天，当载有最后一批学者师生和教育物资的轮船鸣笛起锚，顺江而去，身为临时避难所的李庄，一下子空寂了。从这里走出去的人，或是去了台湾，或是流寓国外，不少学者及其著作因时代所迫未曾流行于世。而古镇李庄，也渐渐淡出这段荣光的历史，重拾其往昔平静的日子。

择水而居：从里桩到李庄

在没有公路、铁路和飞机等现代化交通时，最兴盛的莫过于河运交通。李庄的由来，即与此息息相关。据说，南朝萧梁时期的长江水运，每60华里设有一个里程桩，航船者或岸边拉纤者都用它来计算路程和工钱。自南溪上溯60华里的里程桩就在李庄下游北岸约15华里的一个叫凉亭子的地方。此处前不挨村，后不着店，水流湍急而不便泊船，恰好有一巨型石笋屹立崖岸，为图省事，人们便在上面刻字，用它代替本应人工设置的里程桩。久而久之，人们便将这天然的里程桩唤作"里桩"。

渐渐地，李庄成为长江上游重要的水路驿站：从宜宾经这里，去泸州、重庆，可直抵南京、上海。在李济旧居，就有这么一张老照片，上有一石笋，刻着"里桩"二字。不知是因为它的存在才有了传闻，还是因这传说后人才刻上了文字。当年，学者们来李庄，还依托过水路运输；但如今，这条长线航运已经终止了。

而李庄的存在，最早可以上溯到春秋战国时期。当时，这里即为古僰人聚居地，属古僰国。梁代置戎州，兼置六同郡，辖僰道、南广两县，李庄属南广县。北周时，南广县迁移到李庄镇所在地（后因避讳隋炀帝，南广更名为南溪）。至唐宋，战乱不已，由于李庄地处坪坝，常受侵扰，南溪县治便迁到长江北岸的奋戎城，即现在的南溪县城。

转眼又是数百年过去，李庄于明代设镇，清代设里。康熙初年，四川巡抚张德地从广元入蜀赴任，一路行来，只见满目疮痍、人丁寥落，一幅百废待兴的光景；于是，他上书朝廷，请求川省招流反籍，移民复垦。"湖广填四川"的浩然移民之行，就此拉开了序幕。南方移民多是顺江而上，穿三峡，进重庆，而后分流至川西平原。作为岷江下游的重要码头，李庄一时成为重要的移民口岸。

明清时期的兴建，基本奠定了李庄今日的人文风俗和建筑格局。这里有九宫十八庙、人文胜迹星罗棋布：明朝的旋螺殿，清代的奎星阁，精妙的白鹤窗，清幽的席子巷……斑驳旧迹，承载着李庄贤达荟萃的过往。一代学人傅斯年曾面之心叹："一邑中人文之盛，诗人辈出，先后相踵。"

从李庄镇尾高高挑起的一座临江楼阁奎星阁看去，这座全木结构的三层建筑，曾被梁思成评价为长江上"从上海到宜宾二千公里中，建筑最好的亭阁"。沿此一字排开，则建有东岳庙、王爷庙、张爷庙、天上宫、慧光寺、禹王宫、巧圣宫、川祖寺等数十座寺庙。每日晨钟暮鼓，香火兴盛；每年从旧历三月东皇会开始，便戏剧表演接连不断，庙会市集人声鼎沸。得益于良好的地理经济条件，而李庄这一当时不过三千人口的小镇，其社区生活异常活跃，为此设立的公共设施和建筑也尤其丰富。当时的人们，可曾会想到自己祭祖拜神烧香请愿之所，有朝一日会挪作他用呢？

中国学术的临时避难所

1939年7月，日本借由卢沟桥事变打开了侵略中国的战事。年底，国民政府迁址重庆，随之带动了一系列行政、学术机构的大规模内迁。中央研究院是国民政府的最高学术研究机构，早在"九一八"事变后就化整为零，以所建制，陆续迁徙。北大、清华、南开三所高校也撤到长沙，在傅斯年的倡议下合组为"国立西南联合大学"。上海同济大学的吴淞湾江湾校舍在淞沪会战中夷为平地，惊恐的同济人尚未打点好行装便仓皇大逃离。而收到"东亚共荣协会"请柬的梁思成，为了不当汉奸，只得离开北平，领着全家老小仓促上路。

随着战火硝烟的迫近，撤退到昆明的文教机关也越来越多，然而四季如春的昆明已非久留之地，随着战事进一步迫及内地，其上空的轰炸也日趋繁密。那些西迁的学术逃亡者们，刚刚落定，便又不得不丢开手里的工作，频频躲避空袭。同济大学在昆明的建校计划步履艰辛，不得不考虑再次迁址，并向四川校友发出协助寻找接收之地的函件。

而偏安一隅的李庄，则依旧继续着平和的生活，周遭的境遇时常被当地人拿做茶余饭后的谈资。次年某日，四川南溪县李庄的士绅罗伯希、王云伯在县城吃茶。听茶客们谈起，日本人占领了湘、鄂、桂，云南也开始吃紧，逃难昆明的机构又要转移，先遣人员来川选址；但南溪当地政要和一般士绅拱手婉言拒绝了对方的请求。然而说者无心，听者有意，这两位李庄人或许觉察到这是一个千载难逢的机会，又或是忧国忧民之情顿起；他们谋划着想接纳这群落难的学者，于是回去与众人商议。大家决计邀请同济落户李庄；并拟十六字电文："同大迁川，李庄欢迎，一切需要，地方供给。"

1940年秋，同济大学率先迁入李庄。不久，中央研究院历史语言研究所、社会科学研究所、中央博物院筹备处、中国营造学社、北京大学文科研究所、金陵大学文科研究所也沿着同济大学的车辙相继入川，几经辗转，于1940年冬抵达李庄。

只是罗、王两人当时也未必能料想到，自己的决定将引来1.2万"下江人"长驻于此，而这座小镇才不过三千左右人口。面对着忽如其来的变化，李庄士绅们经过再三商讨，毅然决定将庙宇、祠堂和自家居所让出，供学人们使用。一时间，古镇李庄热闹的如同一座蜂房。真不知，是李庄发现了流离失所的中国学术，并赋予安身之所；还是中国学术发现了李庄，才将之带进了学术史。

在这个战争期间的逃亡之所，众多学者被密集的压缩在长江上游不足五平方公里的逼仄地带；这里几乎成了学者们全部的活动空间，说得浪漫是桃花源地，说得客观是战争囚室。纵然有交流考察的中外学者不绝于途，但也只是雁过留声的访客。与外界唯有的持久联系，恐怕只剩下那一封封写着"中国李庄"的信函。

光荣梦想与贫瘠生活

率先而来的同济大学，搬进了位于镇首的东岳庙。东岳庙坐南朝北，供奉着的东岳大帝，是当地百姓心中很重要的一位神仙，在他的生日之际，镇上都要举办东皇会。那时，人们为东岳大帝穿上新龙袍，浩浩荡荡依次游

四川省宜宾市李庄镇同济大学医学院旧址

街一遭。然而，随着同济师生的到来，李庄人也顾不得东岳大帝了，士绅们将庙内的神像请下神坛，腾空大殿、偏殿和大小不一的套院，摆上简易的课桌——同济大学规模最大的工学院就此开课了。在李庄的5年中，同济大学不仅没有没落，反而迅速发展起来，增设法学院，工学院增办了机械专修班，理学院的数理系扩大为数学和物理两系……这一时期，同济大学逐渐发展为综合大学，到1945年，全校总人数已达2423人。

英国学者李约瑟曾在日记里写下当时工学院的情形，"该院有一座自己的发电厂，学生们花大量时间来组装和架设从下游运来的大量设备。……这里也有同盟国的协助，因为那位研究钢结构的教授就是波兰人。"这位教授，名叫魏特，是二战初期受纳粹迫害的波兰籍犹太人，在祖国被攻占后，他只身来到上海，他是什么时候来的，又是如何来的，没有人知道。魏特凭借一技之长，终于在同济找到托身之所；但在中国全面爆发战争后，便再次沦为难民，与同济一起飘零到李庄。当时，他五十岁左右，一套旧西装，总是笔挺笔挺的；头发梳得光光的，个子高，鼻子长，黄眼珠，在李庄显得格外引人注目。他用德语授课，治学严厉，倘若他这门课不及格，学生就不准升级。据说，他很喜欢中国菜，红烧蹄膀、焖菜花、炒猪肝、狮子头都是他的最爱。李庄饭店曾是他常去的地方，但后来，他去的越来越少了。在波兰，他还有五六个子女，每月得往家里寄钱。战时邮路不通，货币贬值，魏特渐渐被逼得走投无路。抗战结束那年，他在李庄过世，听说是饿死的。但如今，在他的埋葬之所天井山中，已找不到他的墓地。

同样长眠于李庄山坳之中的，还有李济的长女凤徵。"开辟人类学派古史研究之蹊径"的李济教授，在李庄6年，是往返于张家祠和板栗坳之间次数最多、最忙碌的人之一。他既是史语所考古组主任，又是中央博物院筹备处主任，可谓身兼重任。据他的儿子李光谟回忆说，父亲如果在镇上，白天几乎从不离开张家祠那间昏暗的办公室，即便傍晚回到羊街的家中，也很少说话，但每次踏进家门，总会先去老太爷的房间里问安。持久艰苦的工作，固然能给李济带来事业上的荣光，然而却无法掩盖他在李庄生活的不幸。1942年的冬天，读中学的大女儿凤徵因缺医少药而死于风寒，当时年仅17岁。失去爱女的悲痛让李济变得更加沉默了。

虽然时运不济，有人长眠于李庄，但更多的学人则在这里度过了自己的学术生涯高峰期，即便是承受着疾病的折磨，抑或是贫瘠生活的困窘。异族入侵的战争环境，造成了残酷的学术环境，同时也使深处李庄的学者们，在内心充满抗击的能量。他们所从事的学术研究与教学工作，不再是一般意义上的文教科研，而是背负着民族振兴的情结与救国救民的志向。

躺在病榻上，林徽因协助自己的丈夫梁思成完成了第一部由中国人自己编撰的完整系统的《中国建筑史》。深居板栗坳的傅斯年虽没有在学术上留下皇皇巨作，却精心雕琢出在李庄的史语所。1946年1月，在史语所告别李庄之前，在石印馆印行了一套线装集刊外编，名为《六同别录》。这本高品质的学术文集，共收入学术论文28篇，涉及到历史学、考古学、文字学、人类学、民俗学等诸多领域，成为史语所留给李庄的最珍贵的学术成果，亦是这群学者关于这段光阴不可忘却的纪念。

重返李庄

随着最后一批学者的离去，李庄的特殊使命也宣告结束了。当地的居民很快恢复起自己惯有的生活，往常的公共庙宇逐一恢复其本来功用，诸神被重新请进殿堂，得到崇敬与朝拜。租借给学者们的房舍也陆续收归自用，很少有人刻意的去保留学者们的物件，也没有觉得他们待过的地方又有多么不同寻常。下江人特有的生活习惯和学堂中发生的奇闻轶事，则作为闲聊的内容在乡邻和长幼间传诵。被渐渐淡忘的过去，在半个世纪过后，因一位学者的到访，而得以重新梳理：

中国营造学社旧址（梁林旧居）大门

"第一次去李庄，……恰逢2000年的五一大假。邻近的蜀南竹海火爆得不行。车阵一直从江安排到宜宾，隔着长江，横亘在李庄人眼皮底下。然而，就没有一个人改道来李庄看看。

几天采访，我去了上坝的张家大院，寻找中国营造学社的遗址，去了板栗坳的栗峰书院，探访史语所的往事，去了门官田打听社会科学所的旧闻……我在梁思成林徽因住过的房间里徘徊，两间屋已成了鸡舍，一群鸡自由地觅食。在梁思成誉为'颇足傲于当世之作'的省级重点文物保护单位旋螺殿，守门人告诉我，门票尽管只收5毛钱，但一年下来，还卖不到1000张票……

我心戚戚。失落之余，又生出一种责任感。我把此次见闻写成报告文学，在《南方周末》等媒体发表后，几十家网站竞相粘贴。于是众多媒体蜂拥而至。

就这样，李庄不经意地撩开了一段湮没的历史，在沉寂几十年后又一次走进了世人的目光。"（《发现李庄》岱峻）

邛崃石窟：绝壁上的唐代风情

文／萧易（二〇一〇年〇七期）

　　迈过了道路的瓶颈，四川唐代石窟如雨后春笋一般，在涪江、嘉陵江、岷江、沱江、青衣江的岩壁上处处生花，而尤以邛崃龙兴寺、石笋山、花置寺最为精妙。与四川其他石窟比起来，邛崃石窟往往竭尽奢华、繁复之能事，堪称四川石窟艺术一个独特流派。古时的石窟中心往往也是交通孔道，历史上的邛崃地当南方丝绸之路要冲，路与石窟的关联，在这里得到淋漓尽致的体现。

龙兴寺：洪水冲出唐人瑰宝

　　1947年并不算个安定的年头，这年秋天，暴雨连绵，洪水在四川境内泛滥。一场暴雨过后，邛崃措水河河岸一个叫大佛湾的地方露出几个菩萨头，村民对这些残破的佛像并没有太大兴趣，它们一直裸露在荒野之中。

　　几个月后，四川大学博物馆才得知这个消息，先后五次派专人赴大佛湾，在一年多时间中，考古工作者征集、发掘石刻佛头、佛像、经幢、脊兽、经碑、铜佛像等文物两百余件。一件残缺的经碑上刻有"龙兴寺"三个楷体小字，这批佛像遂被统称为邛崃龙兴寺石刻。

当年征集、发掘的文物，如今静静陈列在四川大学博物馆石刻艺术馆中，每一件都是不可多得的珍品。菩萨立像高198厘米，头戴宝冠，周身装饰华丽、繁复的璎珞，上衣通肩，下裙紧贴双腿，出土时已断为四截，虽经修复，双臂已不知去向，故又有"东方维纳斯"美誉；韦陀立像高71.9厘米，身披棱形锁子纹铠甲，饰

邛崃龙兴寺遗址出土的唐代观音菩萨石像

有护膊、护腰、胫当（绑在小腿上的一种防护甲胄），腰间束带悬有法器，凛然有武士之风；比丘头像满额皱纹，双眉紧锁，口角深陷，工匠只用寥寥数笔，便将一个僧人老迈沧桑的形象刻画地淋漓尽致。

云冈石窟、麦积山石窟、敦煌莫高窟中粗犷飘逸的风格到唐代已经衰落，代之以雍容华贵、丰润健美的气质，龙兴寺佛像大多体态丰满，面相温和，佛与菩萨多给人一种和蔼、亲切的人情味，显然更符合中国人的审美情趣。一些经幢、灯台上尚能看到"唐高宗永隆二年（681年）""唐德宗贞元十一年（795年）"以及太和、会昌、大中、咸通等唐代年号。种种迹象表明，龙兴寺应该是唐代建造的一处规模颇大的寺庙。

2005年9月，在龙兴寺佛像出土59年后，成都市考古队进驻大佛湾，试图寻找出关于龙兴寺的更多线索。当年水田密布的大佛湾，如今已被厂房与民宅包围，而发掘从一开始就惊喜不断，修建环绕遗址的围墙时，发现一个大型佛像坑，出土佛像三十余件；遗址东南部发现一个始建于唐代的砖塔，宋代仍在使用。

两次跨越时空的考古，最终使得在地下湮没千余年的龙兴寺逐渐清晰起

来。史料记载，公元705年，武则天还政于中宗，中宗下诏在全国各州创立中兴寺、观，以寓意大唐中兴；公元707年，中宗即位，为了避讳，全国各州中兴寺均更名为龙兴寺。邛崃唐时为邛州，是西南军事重镇，龙兴寺应该就是在这样的背景下建成的，这座有着皇家渊源的寺庙此后香火一直颇为旺盛，并在中、晚唐达到鼎盛。

就在龙兴寺终日香火袅绕之时，邛崃石笋山大佛沟岩壁上，"叮叮当当"的凿石声已不绝于耳。

石笋山：绝壁上的西方乐土

2010年初春的一个清晨，我来到石笋山时，浓雾在山中上下翻腾，远远望去，岩壁上的佛像似在腾云驾雾一般，在褚红色的岩壁与葱郁的藤条中时隐时现。

乡民告诉我，大佛沟过去有座寺庙，从山脚直到山顶，规模很大，至今山腰、山顶都能找到成片的条石垒成的地基，石笋山就在寺庙后山上。虽然龙兴寺有着深厚的皇家渊源，大佛沟这座无名古庙规模比之倒一点也不逊

四川邛崃石笋山的"佛首"

色，石笋山5号龛造型为一佛二僧二菩萨，姿态、衣纹、莲台与龙兴寺53号坐佛几乎完全一样，可见它们之间确有着某种关联。

民国《邛崃县志》记载，"（石笋山）山间有洞，曰仙人洞，土人言洞内有三十六堂，未之详也"，或许就是指这些绝壁上的石窟。此后的石笋山石窟逐渐为荒草与枯藤掩盖，直到20世纪80年代，邛崃文管所进行文物普查才重新发现。然而，这次发现并未改变石笋山的命运，由于地处深山，游人罕至，文管所在石窟前拦上了一排铁栅栏，并一直锁到现在。

大佛沟现存唐代造像33龛，739尊，雕刻在长120余米、高40多米的绝壁上，错落有致，大者如弥勒佛，高逾米，小者如诸天（二一四诸天为佛教护法神），只有手指大小。北段第六龛西方净土便是石笋山颇具代表性的龛窟：阿弥陀佛、观世音菩萨、大势至菩萨端坐中央，七宝莲池黄金、白银、玛瑙、琥珀遍地，龛内雕刻殿宇塔刹、亭台轩榭，重檐、斗拱、勾栏清晰可见，以回廊相连，一百多位天仙或徒步漫游，或挺腹伸腰；后壁雕有"划船图"，船头高昂，船尾隐入桥洞，三个船夫正拼命划船。菩萨、天仙、船工、达官贵人，一百多号人物神态各异，错落有致，与其说是佛龛，还不如说是一幅唐代风情画，传神地再现了唐人的建筑、水运、民俗乃至他们的心灵史，而这一切竟然由工匠在石头上一凿一凿完成，不能不令人惊叹唐人的鬼斧神工。

据四川省社会科学院学者胡文和考证，造像分为南北两段，北段年代稍早于南段，古时开龛大多先在较好的位置开凿大型佛龛，石笋山最早开凿的应当是北段第14龛弥勒佛。弥勒佛手掌早年残损，后世虽有修复，手掌与身体不成比例，早已失去了昔日神韵。

邛崃文管所原所长胡立嘉数十年来一直往来于县城与石笋山之间，进行了细致考察，他提出，与四川其他地区的石刻比起来，石笋山石窟有两个特点：其一，石窟出现了大量楼台、桥池、船舫，虽是直接表现虚幻的佛国，却如同一幅风情画展现了盛唐风采；其二，石笋山石窟往往三壁皆有造像，殿宇塔刹、亭台轩榭，使得整个佛龛连为一体，更具动感，这种风格同样出现在邛崃磐陀寺、花置寺以及岷江流域的乐山、大邑某些石窟中，成为中国唐代石窟一个独特流派。

成都平原最为重要的石窟中心

2002年6月，日本早稻田大学与成都市文物考古研究所、四川大学艺术学院、北京大学考古系合作，对邛崃境内的石笋山、花置寺、盘陀寺等石窟群进行系统调查、编目，并首次运用三维成像技术对石窟进行测绘。调查从2002年一直持续到2004年，石笋山的诸多细节，也在这次调查中水落石出。

在南段第29龛旁岩壁上，研究人员找到一通题刻：石笋山菩提、释迦两像龛并铭……大历二年二月十五日。大历是唐代宗李豫年号，大历二年即公元767年。就在11年前，安史之乱战火波及长安，唐玄宗避难成都，中原大批官吏、商贾、工匠、画师流亡入蜀。广元是佛入四川的第一站，迈过了道路的瓶颈，盛唐之后，中原再无力开凿大型石窟，而石窟艺术自金牛道传入四川以后，却如雨后春笋一般，星星点点地出现在四川岷江、嘉陵江、涪江、沱江、青衣江流域的岩壁上，而尤以邛崃龙兴寺、石笋山、花置寺最为精妙。

与四川其他石窟比起来，邛崃石窟往往竭尽奢华、繁复之能事，堪称四川石窟艺术一个独特流派。为何在邛崃出现石笋山石窟与规格极高的龙兴寺，引起学者诸多关注。古时的石窟中心往往也是交通孔道，历史上的邛崃地当南方丝绸之路要冲，路与石窟的关联，在这里得到淋漓尽致的体现。

历史上，石窟的流传往往与交通不无关联，比如须弥山石窟、敦煌石窟、天梯山石窟、榆林石窟之于北方丝绸之路，广元千佛崖之于金牛道，巴中南龛之于米仓道，而邛崃地当南方丝绸之路要冲，南方丝绸之路从成都出发，经邛崃、雅安、荥经、西昌、德昌、会理进入云南，最晚在汉代就已成为四川联系云南的重要通道；邛崃自古盛产盐、铁、酒、茶叶、天然气，各路商贾接踵而至，百姓富裕，有财力进行造像活动。因而这里成为成都平原最为重要的一处石窟中心。

花置寺正在隐去的唐人面庞

花置寺的石窟造像一般认为与唐朝高僧马采不无关联。马采早年在长安章敬寺讲习佛法，一时间"声驰上国，名重神都"。唐贞元十四年（798

年），马采入邛崃。也就是在这一年，花置寺花石山岩壁上，凿石声再次响起，马采在邛崃开坛讲法几年中，花置寺开凿的石窟据说有"千亿万佛"之巨。

一千多年后，当我在一个黄昏来到花置寺时，当年规模宏大的花石山，如今已是一个水库环绕的孤岛，而唐时的"千亿万佛"，如今仅剩下9龛石窟。第4、5龛合称千佛崖，宽约5.6米，高6米，雕有巴掌大的唐代佛像20排，1745尊。遗憾的是，"文革"时期，当地村民几乎一夜之间就凿去了一千多个佛头，现在的佛头是几年前才用水泥补上去的。

马采在邛崃一直往来于花置寺、磐陀寺之间，磐陀寺石窟大抵也凿于此时。磐陀寺现存石窟3龛，其中一龛为千佛龛，三面龛壁上雕有一千余尊唐代佛像，佛头同样荡然无存。在安岳毗卢洞，我曾看到过一龛宋代的千佛龛，当年捐资造像的僧、尼、供养人都坐进了神龛，享受着人间烟火，造像也是千姿百态；相比之下，磐陀寺千佛龛佛像几乎千篇一律，身着"U"型领通肩长衣，衣褶之间的过渡颇为生硬，这都是唐代佛像常见特点。

在磐陀寺岩壁上，研究人员找到几龛奇怪的石窟，佛像并未雕琢成形，都是些粗坯子，似乎出了什么变故，工匠未能继续雕琢下去。20世纪80年代，大足宝顶山也发现了几龛未完工的石窟，有学者猜测，南宋末年，蒙军入侵四川，双方鏖战长达52年之久，这些未完成的龛窟当与此不无关联。

邛崃地处南方丝绸之路要冲，和平时期是商旅往来的通道，战争时期却往往首当其冲。唐文宗太和三年（829年）十一月，南诏摄政王嵯颠率军攻陷嶲州（治今西昌）、戎州（治今宜宾）后，旋即与西川节度使杜元颖大军战于邛州，"遂陷邛州"，又从邛州引兵攻下成都外城。退兵时，"大掠子民、百工数万人及珍货而去，……自是南诏工巧埒于蜀中"。

胡文和认为，磐陀寺这几龛未完成的石窟，应当与南诏大军入侵有关，覆巢之下，岂有完卵，邛州沦陷后，惊魂未定的工匠随着百工四散逃亡，从此再未回到磐陀寺。同样毁于战火的，还有龙兴寺。2005年的考古发现了大面积的红烧土与瓦砾堆积，夹杂着大量残损的佛像、经版，令考古学家猜测，龙兴寺或许毁于一场大火，可能与南诏入侵有关系。事实上，它们也成了邛崃唐代石窟艺术的终点，此后，邛崃石窟趋于衰落，再无值得一提的佳作。

四川唐代石窟

夹江千佛崖地处夹江青衣江北岸峭壁上，现存162龛，造像始于盛唐，形成于中晚唐时期。

丹棱郑山—刘嘴地处中隆乡地界，郑山在黄金村13组，刘嘴在涂山村2组，相距不足里许。郑山—刘嘴现存160窟，大小造像3100余尊。

仁寿牛角寨位于高家乡鹰头村，现存101窟，佛、道造像1519尊，其中著名的仁寿大佛高16米，宽11米，深米，与乐山大佛极为相似，被誉为"孪生兄弟"。

巴中全县现存造像44处，以北龛、西龛、南龛最为著名，北龛位于玉堂乡北龛村，现存24龛，300余尊；西龛现存59龛，1900余尊；南龛规模最大，现存133龛，3000余尊。

荣县大佛岩以山崖筑成，大佛头与山顶齐，高36米，应该是弥勒佛造像。周围还有一些小型石窟，不过已风化殆尽；荣县二佛岩、千佛岩也有石窟造像，20世纪50年代统计尚有47窟，由于石质疏松，易于风化，石窟如今大多已模糊不清。

蒲江飞仙阁地处蒲江县霖雨乡，又名二郎滩，现存石窟104龛，造像705尊，基本上为初唐、盛唐作品。龙拖湾，地处东北乡长秋山北麓，现存造像10龛，80尊。

文／萧易（二〇〇九年十二期）

寻访最后的汉家陵阙

　　"乐游原上清秋节，咸阳古道音尘绝。音尘绝，西风残照，汉家陵阙。"唐人李白这首《忆秦娥》，残破的汉家陵阙与萧瑟的西风残阳，成为中国古典诗词一幅绝美的意象。谁能想到　中国现存的29座石阙，有20处在四川。2009年初春，我和摄影师驱车至四川渠县，寻访最后的汉家陵阙——最古老的地上建筑、显赫一时的阙主与徘徊不去的汉代风景。

法国人把汉阙带给了世界

　　1914年（民国三年）2月1日，一支法国探险队从京师启程，开始为期8个月的中国西部考察，探险队成员法占、拉狄格、色伽兰是来华的传教士，对考古学与汉学无比精通。一个月后，探险队抵达西安，拉狄格南下南江县与巴县考察，法占与色伽兰则沿着官道进入四川，沿途考察了阆

四川达州渠县赵家村西无铭阙

中、蓬安、渠县，数月后经云南丽江返回法国。

自晚清以来，不计其数的外国探险者穿梭在中国大地上，试图寻找到这个帝国鲜为人知的古迹、文物、物种与风俗，这一次误打误撞的考察，则最终把石阙带给了世界。在《中国西部考古记》一书中，色伽兰这样描述他见到的冯焕阙："此碑为极优美之建物，装饰极简。其各部之设置：下为方座，座上为碑身，整石刻成，上端削锐，其上为碑盖，又上为介石，又上为橡，橡上为顶。"

色伽兰发现，冯焕阙的"扶壁"已不存，而据他所言，他在河南见到的石阙是有"扶壁"的，扶壁是用来巩固主体建筑的辅助措施，石阙的"扶壁"其实叫"耳阙"，形制与阙相似，只不过规模稍小。更令他心痛的是汉阙的生存状态："诸阙多环以稻田是已，阙座浸入水中，不久将为水湮没。渠县有一无名阙，业已倾斜，崩塌之期谅不久矣。即不崩塌，亦必因其障碍农作，占据有限耕地，为人改作磨石，中国古迹因此而毁者甚多。"

1923年，色伽兰首次将石阙照片向世界公布，欧洲人大为惊奇，没想到中国竟然保存着两千年前的汉代建筑，并由此引发了一场探险热；整整7年之后，《中国西部考古记》一书才由商务印书馆在中国出版。1939年，中国营造学社责任研究员、中国古物保管委员会专门委员梁思成和陈明达专程到渠县考察汉阙。

"阙"，《现代汉语词典》的解释是"古代皇宫大门前两边供瞭望的楼"或"神庙、陵墓前竖立的石雕"。《诗经·郑风·子衿》说："佻兮达兮，在城阙兮，一日不见，如三月兮"；左思在《蜀都赋》中描绘成都"华阙双邈，重门洞开"。这些诗词中的"阙"，便是城阙或者宫阙。甘肃张掖郭家沙滩一号汉墓曾出土过一件陶塑楼院模型，四周是城墙，前面双阙与城墙相连，应是汉代城阙、宫阙的真实写照。

"西风残照，汉家陵阙。"李白是在灞桥看到残破的汉家陵阙，写下了这首《忆秦娥》。汉代的宫阙、城阙如今早已不见痕迹，后人看到的石阙，大多是陵阙，立在帝王将相、文武百官陵墓墓道两旁，是墓主身份与地位的象征。两汉时期，石阙曾经遍布大小郡县，而如今中国仅有29处石阙，大多已在漫漫岁月中崩塌损毁。

中国现存29处石阙。河南4处、山东4处、北京1处，其中始建于公元118年的河南登封太室阙是迄今最古老的石阙；另外的20处皆在四川。谁也没有想到，在被中原人视为"蛮夷之地"的西南边陲，竟然侥留着中国绝大部分石阙。石阙广泛分布在绵阳、雅安、梓潼、芦山、重庆、德阳、夹江、忠县、渠县等地，色伽兰分为东部渠县区、中部梓潼与绵州区、西部夹江与雅州区三大区域，又以渠县最为集中，在这里，你能看到中国四分之一的石阙。

二千石，冠冕一时的天堂

土溪镇赵家坪距离渠县县城只有30分钟车程，距离现代社会却有两千年之久，汉代风韵一直在这里徘徊不去。土溪镇到渠县的公路，古代是条官道，路旁分布着6处7座石阙，分别为冯焕阙、沈府君阙、王家坪无名阙、蒲家湾无名阙、赵家村东无名阙和西无名阙。除沈府君阙是双阙外，其他汉阙都已形单影只。

来到赵家坪是一个下午，村上已少见行人，就连拉客的摩的也把车停在村口的茶馆前躲雨。整个赵家坪只能听见淅淅沥沥的雨声和茶馆里的喧哗声。茶馆对面便是冯焕阙。站在围墙外，远远就能看到两排飘逸的汉隶："故尚书侍郎河南京令豫州幽州刺史冯使君神道。"冯焕阙为黄砂石雕刻，这种石料在四川颇为常见，质地较软，易于雕刻。历经千年的风吹雨淋，阙身多处残破，阙基发黑，酷似屋檐的阙顶也已残破，为葱郁的青苔染成了翠绿色，不知何家顽童用粉笔在阙身上涂了几笔稚嫩的小字。自汉代以来，它在这里一站就将近两千年，走完了大半部中国历史。

在四川东汉诸阙中，冯焕阙形体较小，装饰朴素，雕刻也比不上其他石阙精美，却是四川少数能确认主人的石阙之一，又有铭刻，历来为史家与金石家所重，1961年被列为全国重点文物保护单位。阙主冯焕，东汉巴郡宕渠人，汉安帝时官至幽州太守，在任秉公执法、疾恶如仇，得罪了不少官吏、豪强，当时玄菟太守姚光（玄菟，汉武帝灭卫氏朝鲜后在其地设立的一个郡）亦与豪强有过，豪强假托皇上旨意，诏令冯焕、姚光自尽。姚光被杀，冯焕则被收入监中。冯焕忧愤交加，意欲自尽谢罪，其子冯绲觉得此事颇有蹊跷："大人在州，志欲去恶，实无它故，必是凶人妄诈，规肆奸毒。愿以事自上，甘罪无晚。"冯焕上书自讼，果然是豪强对姚光、冯焕怀恨在心，最后竟黔驴技穷，伪造圣旨。后真相大白，冯焕却病死于狱中，汉安帝"怜之，赐焕光钱十万，以子为郎中。绲由是知名……"。公元121年，冯焕归葬宕渠（治今土溪镇一带），部属在墓前为他建立石阙，祭奠这位屈死的忠臣。

像冯焕这样阙主确定无误的石阙，在四川并不多见，且有一个共同点——都曾为官一任。雅安高颐阙阙主高颐为益州太守，芦山樊敏阙主人樊敏官至巴郡太守、汉中太守，德阳司马孟台阙主曾是"汉故上庸长"，渠县沈府君为"汉谒者北屯司马左都侯""新丰令交趾都尉"。史学家冯汉骥认为，汉代只有"二千石"以上的官员，死后才能立石阙，且数目不能超过一对，否则便有僭越之嫌。"二千石"是汉代官名，也就是太守。

为何四川能保留中国绝大部分石阙，一直是史学家颇感兴趣的话题，阙主或许能提供一些线索。汉代四川雅士云集，出现了扬雄、司马相如等著名文学家和一大批以文人仕的士子，成为与鲁地齐名的汉学中心，而阙主正是这些冠冕一时的士子。再者，汉朝提倡厚葬，所谓"汉天子即位一年而为陵，天下贡赋三分之，一供宗庙，一供宾客，一充山陵"，这种情况在"两城财富，甲于全国"的长安与成都尤为兴盛。四川石阙之盛，或许与这两点不无关联。

中国最古老的地上建筑

冯焕阙通高4.6米，由台基、阙身、斗拱、顶盖四部分组成，层层相叠，现存左阙。这些建筑术语未免复杂，通俗点说，台基框当于房屋的地基，阙身如同墙体，顶盖形则如屋顶。石阙的结构，与中国传统建筑并无太大区别，不同的是，传统建筑屡有变迁，古老的石阙却如实保留着汉朝人的建筑观。

冯焕阙台基四周，有一圈突出地表的石柱，芦山樊敏阙也有类似结构，这是气候影响建筑的生动范本。长江流域雨水充沛，成都平原古时更有"卑湿之地"之称，湿气颇重。古人砍伐树木，一端削尖，夯入土中，绑上纵横交错的地梁，铺上木板，这样一来，房间与地面就有了10厘米至30厘米的落差，这种建筑结构，被形象地称为"干栏式"，既可避湿气，又能防御野兽攻击。

直到今天，干栏式建筑依旧在壮族、傣族等少数民族中广为盛行。冯焕阙、樊敏阙的石柱，正是干栏式建筑的体现。

站在石阙下抬头仰望，你会发现顶盖下有一圈形如如意的构造，这便是斗拱。"斗"是斗形的木垫块，"拱"是弓形的短木，拱架在斗上，向外挑出，拱端之上再安斗，形成上大下小的托架，环环相扣，如蟒蛇缠绕。斗拱通常位于大型建筑物柱与梁之间，它的出现，解决了剪应力对梁的破坏问题；不过，它们又是一些艺术品，无论从艺术或技术的角度来看，斗拱都足以象征和代表古典建筑的精神与气质。

中国木结构建筑的历史颇为悠久，柱网结构与榫卯技术在新石器遗址中屡有发现，河南偃师二里头商代宫殿遗址屋顶已采用重檐四坡样式，殷墟妇好墓出土的铜偶方彝上也能看到斗拱雏形。时至汉代，一套完整的建筑模式业已成型。汉代是一个稳定、富庶的时代，也是一个大兴土木的时代，修建于汉高祖时的未央宫与汉武帝时的建章宫是其中的代表作。史载未央宫周回28里，可以考证出名目的宫殿就有八十多座。

汉代的未央宫、建章宫早已在漫漫尘世中化为废墟，难以复原。而石阙以准确比例刻出各种构件的外形，令后人得以管窥汉人的建筑样式、比例与技巧，为复原未央宫、建章宫提供了依据。

从石阙来看，汉代斗拱较后世粗大，其粗壮笃实的风格与汉人雄浑的建筑设计颇为协调，石阙顶盖最长挑出阙身1米以上，可见汉代匠师已解决了大幅度出檐引起的因应力问题。

陈明达在《四川汉代石阙》一书序言中指出，汉阙是中国现存地面之上时代最早、保存最完好的古代建筑，为后人了解乃至复原汉代建筑提供了可靠依据，对研究中国古代木结构建筑具有重要意义，也将古建筑源远流长的历史与美感保存至今。

近年来，四川出土了大量画像砖，诸如出行、播种、农事、采莲、驱雀、采桐等场景将汉人的生活真实地复制下来，石阙精美的雕刻则令我们走进了汉代士大夫的仕宦生活。渠县赵家村无名阙与王家坪无名阙的献礼图，大门半掩，一名侍从在门内接待，门外左右为求见拜谒的献礼者，应该是为了彰显阙主不受贿赂的品质。雅安高颐阙出行图，阙主高颐出行，派头可谓十足：主车驾三马，导从车共七乘，骑吏十二人，伍伯（衙卒古称）八人，步卒十人，侍从一人。《后汉书》记载，二千石出行，车前骑吏四人，伍伯四人，高颐骑吏、伍伯的人数已大大超过了定制，这也是东汉末年汉室衰微，诸侯、太守各自为政，朝廷礼仪早已荡然无存的见证。

几年前，渠县文管所在石阙四周修起了围墙，用锈迹斑斑的铁锁锁住了古老的石阙。我们只能站在围墙外，注视着那些孤独的背影。数千年来，他们就这样屹立在田野中，像一个个沉默寡言的老人，孤独而沉凝。偶尔有撑着雨伞的村民匆匆而过，却再无暇听他们讲述那些远去的汉代风景。

悠游『上帝折鞭』古战场

文／鄢烈山（二〇〇七年十八期）

> 这是一个改写了世界中古史的地方。与全国最有名的三大旧战场相比，你作为一个中国人，在钓鱼城就不会觉得窝囊。

所谓"上帝折鞭"的古战场，是指重庆市今之合川区（原合川县）东郊的"钓鱼城"。

据说，这是一个"改写"了世界中古史的地方。

中国人称之为"元宪宗"的蒙古帝国第三代大可汗蒙哥，御驾亲征，恨恨而死在久攻未克的钓鱼城下。于是，西征两河流域，已经洗劫了巴格达，占领了叙利亚，正拟进军北非的旭烈兀，进攻南宋湖北鄂州（今武昌）城的忽必烈，进攻潭州（今湖南长沙）的塔察儿，纷纷撤调主力军回蒙古高原，在蒙古贵族间展开了争夺大汗宗主地位的长期战争。蒙古帝国对世界的征服从此出现转折，走向颓势。

重庆合川钓鱼城

"上帝折鞭处"

成吉思汗（元太祖）曾越过高加索山脉，深入南俄草原，打败俄罗斯诸侯联军；窝阔台汗（元太宗）的军队征服了除诺夫哥罗德之外的俄罗斯各国，横扫了波兰、匈牙利、南斯拉夫、罗马尼亚等中欧诸国。蒙古铁骑所到之处，抢掠屠戮，一片狼籍，所以教皇格里高厉惊呼为上帝的"罚罪之鞭"。蒙哥大汗的死地钓鱼城，以其延续宋祚20年，缓解了欧亚战祸，流产了蒙古劲旅对非洲的征服，被世人被作"上帝折鞭处"。

1234年，南宋与北蒙联合，夹击灭金后，南宋出兵收复河南失地，遭蒙军伏击而失败。1235年，蒙军在西起川陕、东至淮河下游的数千里战线上同时对南宋发动进攻，宋蒙战争全面爆发。1241年，蒙军攻占南宋大片土地，而四川则是三大战场（另两个为京湖战场——今湖北和河南一带，两淮战场——今淮河流域一带）中遭蒙军蹂躏最严重的一个地区。1242年，宋理宗派遣在两淮抗蒙战争中战绩颇著的余玠任四川安抚制置史兼重庆知府，入蜀主政，以扭转四川的颓势。余玠采取了一系列政治、经济和军事措施，包括在四川的主要江河沿岸及交通要道上，选择险峻的山隘筑城结寨，星罗棋布，互为救援，构成一完整的战略防御体系。

1243年，余玠采纳他招徕的播州（今遵义）贤士冉琎、冉璞兄弟建议，遣冉氏兄弟筑钓鱼城，移合州州治、石照县治于其中。钓鱼城筑于今合阳镇嘉陵江南岸钓鱼山上，嘉陵江、涪江、渠江三面环绕，城分内、外，外城筑在悬崖峭壁之上，城墙系条石垒成，俨然兵家雄关。城约2.5平方公里，有大片田地和丰富的水源，周围山麓也有许多可耕田地，这使钓鱼城具备了长期坚守的必要地理条件以及易守难攻的特点。（导游介绍说，当时城内守军有四五千人，军民共两万左右，"春则出屯田野，以耕以耘；秋则运粮运薪，以战以守。"）钓鱼城因此成为四川整个防御体系的一个节点和最为坚固的堡垒。

1257年，蒙哥大汗决定发动大规模的灭宋战争，亲率蒙军主力攻四川，意欲发挥蒙古骑兵长于陆地野战而短于水战的特点，夺取四川后再顺江东下，与诸路蒙军会师，直捣宋都临安（今杭州）。

1258年秋，蒙军四万人分三道入蜀，相继占据剑门苦竹隘、长宁山城、蓬州运山城、阆州大获城、广安大良城等，迫近合州。蒙哥遣南宋降臣晋国宝至钓鱼城招降，为合州守将王坚所杀。

1259年（宋开庆元年）2月2日，蒙哥汗率诸军从鸡爪滩渡过渠汇，进至石子山扎营。3日，蒙哥亲督诸军战于钓鱼城下。7日，蒙军攻"一字城墙"（又叫横城墙，其作用在于阻碍城外敌军运动，同时城内守军又可通过外城墙运动至一字城墙拒敌，与外城墙形成夹角交叉攻击点。钓鱼城的城南、城北各筑有一道一字城墙。今天我们所看到的城墙、城楼多为旅游公司的仿制品，唯"一字墙"和"水军码头"故垒萧萧，隐然可见当日景象）。9日，蒙军猛攻镇西门，不克。这一天，蒙古东路军史天泽部也到了钓鱼城参战。

蒙军于4月22日重点进攻护国门。24日夜，蒙军登上外城，与守城宋军展开激战。《元史·宪宗纪》称"杀宋兵甚众"，但蒙军的攻势终被宋军打退……

五十多年来，蒙古铁骑在亚欧大陆如秋风扫落叶一般所向披靡。蒙哥大汗入蜀以来，所经沿途各山城寨堡，多有南宋守将投降而轻易得手。不期这个钓鱼城却久攻不下，蒙哥命诸将"议进取之计"。术速忽里认为，屯兵坚城之下不如留少量军队围困之，而以主力沿长江水陆东下。一向骄横自负的众将领却不肯示弱，反以术速忽里之言为迂。蒙哥终未采纳术速忽里的建议，决意继续攻城。

6月，蒙军前锋总师、骁将汪德臣率兵乘夜攻上外城马军寨，守将王坚率兵拒战。天将亮时，下起雨来，蒙军攻城云梯又被折断，被迫撤退。亡金降将汪德臣，不知是立功心切，还是仗着身经百战的智与福，单骑至钓鱼城下劝降，为城中射出的飞石击伤，旋即不治而死。钓鱼城久攻不下，又折其大将，使蒙哥不胜其忿。

蒙军久屯于坚城之下，又值酷暑季节，水土不服，致军中暑热、疟疠、霍乱等疾病流行，情况相当严重。据《元史》记载，蒙哥大汗于6月也患上了病，而拉施特《史集》更明确说是得了痢疾。另《马可波罗游记》和明万历《合州志》等书则称蒙哥是负了伤（西南师范大学出版社出版的画册《合川钓鱼城》自然取此说，并作有"蒙哥汗中炮图"）。

7月，蒙军自钓鱼城撤退，行至金剑山温汤峡（今重庆北温泉），蒙哥逝世。蒙军被迫撤军，护送大汗灵柩北还。率东路军突破长江天险，包围了

重庆合川钓鱼城护国门

鄂州的忽必烈，为与其弟阿里不哥争夺汗位，也不得不撤军北返……世界历史的长河因此转了弯。

从1243年二冉筑城钓鱼山，到1279年守将王立开城降元，合州5县17万军民以钓鱼城为据点，历经宝祐初年、开庆元年、景定和咸淳年间等大小两百余场鏖战，成为所向无敌的蒙古铁骑的噩梦，"以一柱支半壁"，坚持抵抗强敌36年，确是中外战争史上的奇迹。

难怪抗战期间，蒋介石要在此地办中央军校的高级干部培训班，借以激励将军们御寇的气节和胆略！讲了那么多，无非想说明钓鱼城在历史上的重要地位，隐含着这块地方能拒强敌于门外那么多年，必是江山形胜、大有可观的意思。

人生几回伤往事

事实上，钓鱼城不仅是"全国重点文物保护单位"，还是1982年国务院公布的第一批"国家级风景名胜区"。其山水风物之典雅优美，与全国最有名的三大旧战场（威海刘公岛中日旧战场，旅顺日俄旧战场，福州马尾港中法旧战场）相比，有过之而无不及；尤其是在那三个地方，你作为一个中国人会觉得很窝囊，而在钓鱼城就不会有这种压抑感。

作为古战场遗址，这里的主要景观有城门、城墙、皇宫、武道衙门、步军营、水军码头等。我印象最深的有两处：一是城墙旁炮

重庆合川钓鱼城千手观音摩崖造像

台不远处，有一碾炸药的石碾，似可闻到火药味；石碾真假难说，碾盘、碾道应该是古人所凿。二是兵工作坊"九口锅"，铁灰色的一大片，占地约三千多平方米，圆型的柱础和制造火器的锅状凹坑清晰可见，坑中积水如镜，倒映天光云团，似有雷电孕育，并无飞鸟留影，启人遐思。不难想象，36年攻守之间，既有楚大夫屈原《国殇》中描写的那种短兵相接的悲壮，也有唐人李华《吊古战场文》所描述的"主客相搏，山川震眩""无贵无贱，同为枯骨"的那种惨烈。

对于这些血风腥雨的争战史，我们应该怎么看呢？钓鱼山的摩崖石刻给了我们三种回答。

一种是入世的"现实主义"的。如前面提到的蒋介石的题词；还有此前1927年春陈毅游钓鱼城的题诗，后两句为"壮烈英雄气，千秋尚凛然"；此后1946年，沪淞抗日时的名将孙元良将军在此题壁，留句"伟哉我先烈，雄风播万世"。

第二种是出世的。这个地方本是渝州名胜，早在唐代，合州名僧石头和尚就在钓鱼山创建了护国寺和悬空卧佛、千佛石窟等摩崖造像，从而留下众多僧侣的行迹和文人骚客的墨宝。其中栩栩如生的悬空卧佛上方，有南宋著名学者王休题写的"一卧千古"，颇得看破红尘、无视人间鸡虫得失的禅韵。

第三种在入世出世之间，是隐士的心态。导游小姐讲，有人做打油诗批评"一卧千古"的佛爷说，"都学你睡大觉，江山谁来保？"但在离卧佛不到10米的地方，就有明代嘉靖年间合州人李尚德的摩崖诗，中有"山属大明蠲宋愤，水仍巴字叹川流"。他中了进士，将北上为官，实无意仕进，"登途已拟归来赋"。这样的人对"易姓改号"中的政治变迁是不大在意的。这种心境与刘禹锡的名句"人生几回伤往事，山形依旧枕寒流"，韦庄的名句"无情最是台城柳，依旧烟笼十里堤"等，是一脉相承的。既有人生苦短的慨叹，也有功业无凭的觉悟。

对于我来说，第三种比较合口味。我一直赞赏顾炎武的人本主义立场："有亡国，有亡天下。亡国与亡天下奚（怎么）辨？曰：易姓改号，谓之亡国；仁义充塞，而至于率兽食人，人将相食，谓之亡天下。"在这个意义上，"天下兴亡，匹夫有责"。上街不用担心有人抢手机或电脑，吃饭不用担心米和菜有毒，小孩上学不用担心路上被人拐走，这些比谁来当市长和总理都重要得多。

正是这种心态使然吧，游钓鱼城，我最喜爱的是两栏。一是大水池中的睡莲花，朵儿大，颜色还特别鲜艳，不是一般的红、白两种，还有金色，紫色，好多种簇拥于田田绿叶之上，煞是可爱。二是护国寺里的一株古桂树，高耸入云，据介绍高达二十一米多，是南宋绍兴二十五年（1125年）所植，却郁郁葱葱，枝繁叶茂；要是金秋丹桂飘香的时节来此，芳香定然如醇酒般诱人。

忠义祠里的『叛臣降将』

文／鄢烈山（二○○七年十九期）

众人的生命高于对一朝一姓的尽忠死节。对人性有这样的认知，就不会苛责那些苟全性命于乱世的人，也会更敬佩那些为保全众人的生命而甘忍污名的大仁大德者。

重庆市合川区（原合川县）东郊有个古战场遗址"钓鱼城"。据说，这是一个"改写"了世界中古史的地方。

中国人称之为"元宪宗"的蒙古帝国第三代大可汗蒙哥，率4万精锐御驾亲征，久攻未克钓鱼城。军中疾疫流行，蒙哥亦染病，恨恨而死。蒙哥死后，蒙古贵族间展开了争夺大汗宗主地位的长期战争。蒙古帝国对世界的征服从此出现转折，走向颓势。蒙哥大汗的死地钓鱼城，以其延续宋祚20年，缓解了欧亚战祸，流产了蒙古劲旅对非洲的征服，被世人被作"上帝折鞭处"。

重庆市合川钓鱼城忠义祠牌坊

忠义祠的由来

钓鱼城古战场博物馆内，护国寺右侧有个"忠义祠"。现在纪念的是对钓鱼城的修筑和保卫战贡献最大的五个人。他们是：

决策构筑钓鱼城的巴蜀军政首长，1242年以"权兵部侍郎"联衔，任四川安抚制置使兼知重庆府的余玠；

余玠入蜀设招贤馆所纳播州（今遵义）布衣冉琎、冉璞兄弟。两人事迹附于《宋史》卷四百十六余玠的传略。此两人的主要功绩是提出了筑城的建议，并负责实施；

开庆元年（1259年）大战蒙哥大汗时的都统制兼合州知州，钓鱼城守军的主帅王坚；

1259年战役结束王坚奉命入朝，继任中军都统制兼知合州，坚守钓鱼城直至1275年升任重庆知府的战将张珏。

最初建祠时，奉祀的只有守将王坚和张珏，就叫"王张祠"。乃明代弘治年间合州籍的京官王玺，上报朝廷派员实地查勘，由明孝宗批准后所建。

可知多么郑重其事。

清兵入关，王张祠被毁。这在情理之中：征服者当然不愿提倡拼死抵抗。

乾隆二十四年（1759年），知州王采倡议重建"王张祠"。此时，满清的江山已经稳固，便要提倡忠孝节义了。

王采增立了余玠、二冉的牌位，共祭本文开头所列的五人，易名为"忠义祠"。

挑战传统的忠义观

"忠义祠"建成不久，知州陈大文在祠内增祀了李德辉、熊耳夫人和王立三人。此三人何功何德？

这李德辉乃通州潞县人，1278年元世祖忽必烈授任他为西川行枢密院副使兼王相。熊耳夫人是李德辉之妹。王立乃继张珏任合州知州的钓鱼城守将。1278年底，南宋临安朝廷已经覆亡，元东川行院正加紧围攻，钓鱼城危在旦夕。熊耳夫人于是策动王立请降于其兄。为保全一城军民生命，王立派人潜赴成都致书李德辉。年逾花甲的李德辉亲率数百人抵钓鱼城，于次年正月接受王立献城。李德辉这样做不论是"有好生之德"怜恤人命，还是不愿元世祖时代再出现屠城的血腥场面，抑或为了争功，都是有政治和军事风险的。这王立并非贪生怕死之辈。他是张珏的部将，一向奋勇杀敌视死如归；1276年继任守城主将后，曾四面出击元军；他当然明白开城降元对个人历史名誉的影响。

"郡守吴门陈大文"也是读书人，他撰写碑文阐述了自己这样做的理由。这块碑如今尚保存完好。上刻"或以（王）立降为失计"，而"所全实大哉"；并称李德辉与熊耳夫人使钓鱼城军民免于蒙元将士的寻仇报冤屠戮，"实有再造之恩"，云云。他预感此举会有争议。

这种"争议"其实是陈大文挑起的，他在挑战传统的忠义观。当初王采为王坚张珏立祠，就是感念二将的"忠烈"不在唐朝"安史之乱"中坚守睢阳城的名将张巡、许远之下。张巡其人，为了守城，杀了爱姬给士兵充饥，危城中的军民饿死战死被杀死在他看来都是死的光荣，唯独不能投降。张珏于临安失陷后拒绝招降，派人到沿海地区寻访宋王室，图谋重振；1278年重庆城破时被俘，后自缢而死。张巡曾杀死六名劝降的将官以明其心志。而王坚颇得张巡遗风，他将蒙哥派到钓鱼城劝降的南宋降臣晋国宝，从其归途峡口追回，处决于钓鱼城阅武场。这种恣意践踏"两国交兵不斩来使"惯例的决绝行为，令傲慢的蒙哥大怒，必欲灭之而后快。

叛宋降臣被请出忠义祠

133年之后，即光绪十八年（1892年），华国英知合州，募资修忠义祠廊舍，将李德辉兄妹移祀别室，将王立牌位清出忠义祠，并刻碑撰文申斥王立"为宋之叛臣，元之降人"，并对陈大文上纲上线说，他不报奏朝廷而私请王立三人入祀是"不知何心"。幸亏华、陈二人不同朝，相隔逾百年之遥，否则，陈大文政治生命危乎哉！

颇堪玩味的是，133年间，三年一轮，合州知州换了数十个，他们不可能不履及钓鱼城，为何直到华国英才对奉祀王立三人提出指责？显然，他们如果不是认同陈大文的观念，至少是不以为有什么大逆不道。这个观念是什么？是众人的生命高于对一朝一姓的尽忠死节。明末思想家李贽曾在他的著作中，明确地表达了类似的观点。他痛斥张巡的非人道；赞赏三国时邓艾破蜀后，蜀国大臣谯周开城降魏，保全了成都军民免于无谓的牺牲；赞赏五代时的名臣冯道，不顾个人名节周旋于乱世的大军阀间，尽力使老百姓减轻生灵涂炭的悲惨。他的闪烁着人本主义光辉的思想，虽与正统的"文死谏，武死战"忠义观相悖，以其符合人性，其实更为大家所认同，包括饱读诗书的官员士子。

而那些满口忠孝节烈大义的人，平时一脸正气，大义凛然，却未必比别人更敢于舍生取义。众所周知，满人入关后，一些平时慷慨激昂作"汉贼不两立"状的东林党人，如钱谦益、方以智、吴伟业等名教大佬，纷纷做了贰臣。"千古艰难唯一死，伤心岂独息夫人"，不是讥讽，是人心的写实。对人性有这样的认知，就不会苛责那些苟全性命于乱世的人，也会更敬佩那些为保全众人的生命而甘忍污名的大仁大德者。

"尽忠"不必"死节"

中国人其实一向更相信"尽人事，听天命"；"尽忠"又何必"死节"呢？比如，吕文焕守襄阳，与元军对抗五年，"每一巡城，南望恸哭而下，告急于朝，（权奸）贾似道不督列阃赴援"。待樊城陷落，元主谕文焕曰："尔等拒守孤城，于今五年，宣力尔主，固其宜也；然势穷援绝，其如数万生灵何？"文焕乃降。元主用以打动吕文焕的，一是"数万生灵"毁存系其战降一念间；二是"势"，南宋小朝廷腐朽糜烂，奸佞当道，"天命"所弃，大势去矣。

钓鱼城守将王立对朝政的黑暗，对赵宋王朝气数将尽难道没有感觉吗？肯定有。主修钓鱼城的余玠及第一任守将王坚，都是为朝中权奸所嫉为皇上所猜疑，受打压而含恨早逝。王立固守危城，恐怕主要不是为了尽忠赵宋王室，而是因为自己心志不肯屈人，是为了"江南"百姓不被蒙古铁骑蹂躏。待到南宋社稷倾覆，恭帝北迁，元兵扫荡江南，1278年的钓鱼城如大海中的一叶孤舟，加之以合州两年大旱，守城军民陷于饥馁，可谓"人事"已尽，只能听从"天命"了。

这样的一个王立，可算是勇气和仁德的双重英雄。我想，133年间的那些合州知州心底都会这样赞叹王立的。

华国英何独不以为然？是他观念陈腐僵化吗？也许。但更可能是时势使然。1892年的中国，中日甲午之战前夕的中国，列强环伺，风雨飘摇，民族主义兴起是很自然的；在忠君与爱国不分的旧式文人心中反感王立这样的人，也是很自然的。

无独有偶，比华国英更激烈地痛恨王立与陈大文的，还有当代文人郭沫若。1942年6月，郭专程参观钓鱼城，随即写成《钓鱼城访古·华国英撰重建忠义祠碑文》，中有诗云："卅载孤撑天一线，千秋共仰宋三卿。贰臣妖妇同祠宇，遗恨分明未可平！"一副恨不能食肉寝皮的"愤青"状。这既是时代语境使然，也是此公一贯的风格。20世纪60年代他作《看孙悟空三打白骨精》，有"人妖颠倒是非淆，对敌慈悲对友刁……千刀当剐唐僧肉，一拔何亏大圣毛"的句子，连毛主席也觉得他对唐僧说得太过分。

然而，如今我们这个时代，是人本主义还是"民族主义"（或曰"爱国主义"，或曰"忠义"）占上风呢？

忠义祠的楹柱上刻的还是华国英撰写的对联："持竿以钓中戹，二三人尽瘁鞠躬，直拼得蒙哥一命；把盏而浇故垒，十万众披肝沥胆，竟不图王立贰心"，忠奸对立，爱憎分明。重修者是一仍旧贯，还是真的赞赏华知州的说法"正气凛然"？大约是后者吧。

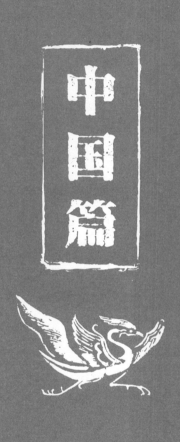
中国篇

百年老街王府井

文／崔岱远（二〇一四年〇三期）

20世纪初，有两件事催生了王府井的繁荣。南面使馆区的设立让北京的胡同出现了许多洋人和洋行；北面的练兵场被改造成东安市场，热闹非凡，"逛市场"成为北京人新的生活内容。东安市场像是个迷宫，能让头一次来的人走迷了路……

王府井的繁荣得益于发生在20世纪初的两件事。两件事前后脚儿，而且一北一南把住王府井大街的两头儿，让这条紧挨着皇城的幽静老街一下子热闹非凡，迅速变成京城里最具诱惑力的繁华闹市。南面那件是在王府井南东交民巷附近设立了占地千余亩的使馆区。北面那件则是在王府井北口路东侧形成了东安市场。

清朝的时候，北京的内城里原本是不许外国人随便走动的。可到了庚子年，无奈八国联军的铁骑踏碎了天朝的虚荣心，东交民巷使馆区一带反倒成了不许中国人进入的"国中之国"。原来住在那里的住户从王爷到平民一律被轰了出来，连衙署都拆了盖起了洋行。使馆区的周围还建起了驻扎洋兵的兵营。形形色色的洋人则可以大摇大摆穿行于京城的大街小巷。

也就是那时候，有两个法国人在使馆区的兵营外开了家不大的酒馆，卖起了葡萄酒和西餐。大概是生意不错，没过多久就在兵营路北买了个四合院，除了餐饮还提供客房，起了个名字叫"北京饭店"。一年之后，饭店转给了一个意大利人，搬到王府井南口的一座红砖楼里，这就是现在北京饭店的前身了。再后来，中法实业银行成了饭店股东，盖起了当时北京城里最高的西式洋楼，装上了暖气、冷热水和卫生设施。在相当长的时间里，这里成了京城最奢华的酒店和娱乐中心，接待过众多社会名流，举办过太多次盛大的舞会和晚宴。有一架曾经令无数顾客如醉如痴的蓓森朵芙钢琴在这里鸣响了将近一个世纪，现在依然陈列在20世纪70年代建成的北京饭店东楼大厅里。伫立于长安街上的北京饭店东楼也成了王府井大街南口的标志。

使馆区的洋人、时髦的北京饭店给一墙之隔的王府井带来了不少洋气。陆陆续续，不少外国洋行也把店铺开了进来。有专营钟表、宝石的利威洋行，有经营机械设备和化学药品的西门子洋行，还有著名的美孚洋行……清王朝垮台之后，曾经住在这条街上的王爷甚至把祖传的家产也卖给了洋人。1916年，豫亲王府归了美国石油大王洛克菲勒，建起了协和医学院和协和医院。也就是这一年，王府井南口戳起来一块扎眼的路牌——这里改名叫莫理循大街了。因为这个叫莫理循的洋人为袁世凯称帝立下了汗马功劳。

不过，京城的老百姓可叫不惯这个绕口的名字。在他们嘴里，这里一直就叫王府井。协和医院对他们来说只意味着多了几个穿着新奇的洋大夫，那些洋行似乎也和他们关系不大，而北京饭店就更显得遥远了。对于他们来说，所谓王府井更多的是意味着逛北面的东安市场。

《辛丑条约》签订后，慈禧回銮，实行了几项粉饰太平的所谓"新政"。这其中之一就是把王府井北头一片早已荒废的八旗兵练兵场打开，让东安门外街道两旁的小商贩迁进去摆摊做买卖，以显示朝廷重视商政。高墙环绕、铁门紧锁的练兵场改造成了大市场。反正大清也不打算练兵了。东安市场就这么诞生了。

经过了最初争抢地盘的混乱和妥协调整，市场里商铺的经营很快规范起来。从北门往南建起了一条正街，两边是格局相似的铺面房，主要经营百货、布匹和各色食品。东面一条街上有杂耍场子，还有供顾客休息的小吃摊位。靠近王府井大街的西街则是卖古玩和旧货的领地。东西走向有头道街、二道街和三道街，刻字、理发、镶牙等等摊位散落其间。整个市场有四座大门，每天从早到晚迎接着八方客人。

早先，北京人买东西都是习惯赶庙会。庙会不是天天有，所以要"赶"，而且地点也分散在相对偏远的寺庙附近。忽然间在皇城根儿底下开了一个全天候的大集市，而且是从日杂用品、京广百货到古玩旧书、小吃杂耍样样齐全，那还真是一件得人心的大事。很快，四九城的居民就被这个集吃喝玩乐于一体的大卖场吸引过来。于是，北京生活里多了一项重要的内容叫"逛市场"。

所谓"逛"就不是直眉瞪眼地去买东西，而是有一种休闲娱乐的情调儿在里头，同时又暗含着些邂逅某种惊喜的期盼。东安市场是个雅俗共赏的好去处，可以让各个阶层的人都逛出兴致。有钱人可以到亚美丽首饰店定制新颖别致的首饰，甚至可以根据自己的喜好单独开钢模。没钱的可以来买针头线脑甚至瓜子。这里既有老式的绸布店像华兴蔚，也有可以定做西装的服装店如文信成。东升玉百货店里既可以买到巴黎产的香水、瑞士造的手表，也可以为顾客定做毛衣和蚊帐。美华利花鞋店并不是仅卖绣花鞋，而是从布鞋、皮鞋、缎子鞋到冬天穿的老头儿乐样样齐全。这里的伙计专门研究什么衣裳配什么鞋"秀气"，什么身材穿什么鞋"精神"。凡有顾客进门，必是先让座后放下垫毯，再用布掸子轻轻掸过样鞋上的浮尘，解开鞋带递给您试穿，有时还要蹲下来帮您测试是否合脚……东安市场里的店铺并不显得特别奢华，但朴素里却透着一股让人踏实的稳重气。

玩儿的地方这里也是少不了的。时髦人士可以到球社去打台球和乒乓球，在那里可以碰到附近美术专科学校徐悲鸿的学生们和协和医院的大夫。周围胡同里的孩子们则有专门看变戏法和拉洋片的场子。《东京梦华录》里说的"集四海之珍奇皆归市易"在这里变成了现实。

逛累了，也玩儿够了，您可以随时坐下来吃点什么。从东来顺里"呱啦呱啦"开着的涮锅子到小小酒家带鳞吃的清蒸鲥鱼；从五芳斋薄片透亮的蟹黄汤包、鲜美的过桥面到吉士林嘶嘶作响的铁扒杂拌和香甜甘美的奶油栗子粉……东安市场里几乎聚齐了天南海北的美味，真称得上是"会万区之异味，悉在庖厨"。特别值得一提的是春华斋的蜜饯，那是把小枣、金橘、红果、海棠、桃干等等果品用糖浆煮透了，带着汤汁分别盛在粉彩大瓷碗里，用玻璃罩盖了，整齐码放在架阁上，在锃光瓦亮的灯光照耀下艳丽夺目，勾引得每一个经过的人都免不了垂涎欲滴。这叫作"八大碗"，是属于东安市场独有的蜜饯"门派"。夏天，春华斋的伙计会用冰盏儿打出清脆的节奏招揽顾客进门吃上一碗用莲子、菱角、脆藕和鸡头米做出的冰镇河鲜；冬天，这里有二十多种糖葫芦供顾客挑选……很多人对东安市场的记忆正是和这些蜜饯、时鲜和一串串漂亮的糖葫芦联系在一起的。

好乐呵的北京人喜欢锦上添花。市场开业没两三年，在北门里竟开了城里第一家戏园子。练兵场都改成市场了，内城里不许有戏园子的大清祖制也就去他的了。只是还不敢就叫作戏园子，而是起了个雅号叫"吉祥茶园"，反正是不出城就能听上戏了。戏迷们并不在意叫什么，索性就把这儿叫作"吉祥"。"吉祥"，听着就喜庆。到"吉祥"，当然是奔着戏来的。

最初的吉祥不卖戏票，客人落座后茶坊过来沏茶倒水，开了戏以后收茶钱。聊天的、卖零食的、飞手巾板儿的那叫一乱。直到1920年东安市场着了一把大火之后，吉祥茶园才盖起了能容纳800人的两层楼，成了一座真正的剧院。开始是逛东安市场的顾客捧红了吉祥，可后来吉祥也带火了东安市场。很多人是奔着戏台上的名角儿来的，可听完戏之后，自然要在市场里吃喝，也自然捎带着逛一逛市场了。

吉祥是东安市场的一部分，更是北京文化生活的一部分。在这里，梅兰芳首演了《黛玉散花》和《嫦娥奔月》；在这里，谭鑫培、杨小楼、马连良、侯喜瑞等等大师曾轮番献艺；也是在这里，1938年抗日力量曾刺杀大汉奸缪斌未遂，却牵连了正在唱《玉堂春》的新艳秋，而这一情节又被老舍先生当作素材写进了小说《四世同堂》里。吉祥的皮黄之声影响了北京人将近一百年。直到1993年建新东安市场时，这个老北京的文化坐标永远消失了。

东安市场不光有热闹的戏园子，还有雅气的书铺。从西门进去不多远，就是一条专门经营旧书的长廊。书整齐地码放在那里，读者可以随意翻阅。和琉璃厂有所不同，东安市场的旧书不仅有古旧线装版，还有铅印的洋版。更独特的是，这里有很多使馆区流出来的外文书和旧杂志，英文、法文、德文、俄文样样俱全。很多新派学者和大学教授就是在这里淘到了自己梦寐以求的作品。那别样的书香给嘈杂的市场提升了品位，也平添了几分悠然。店主们也许从没想过，正是他们无形中所缔造的这个京城里最大的外文书集散地给古老的京城带来了许多新思想。

老北京说东安市场就是一个迷人的"万宝全"。那里是迷宫，能让头一次来的人走迷了路，而老主顾们则会迷醉在似曾相识的独特香气里。老东安市场的近千家错落有致的商铺各具性格，电灯、汽灯交相辉映，和终日里川流不息的顾客共同构成了一个北京社会的缩影。

成立于晚清的老东安从来不让人感觉到奢侈与花俏。它就那么本色地伫立在那里，眼见着王府井大街上的店铺一茬换了一茬，从低矮铺面房到林立的高楼；顾客们一批换了一批，从穿长袍马褂到西装革履、中山装……东安市场像一棵不老松，朴素中透着务实，带着古都特有的雍容气韵，却从来都是摩肩接踵，从来也不曾萧条过。

1956年公私合营以后，东安市场进行了调整改建，甚至名字也一度改成"东风市场"。独立经营的店铺没有了，代之以集中的收银台。缺少了店

20世纪50年代北京东安市场一角

20世纪50年代北京王府井百货大楼内景

铺的个性和特色，却还没有完全褪去传承下来的那股子令人亲近的人情味儿。在高高收银台上的是密密麻麻的用钢线拉成的空中滑索，井然有序地通向各个柜台。柜台里的售货员会把收到的钱和布票用小票整齐地卷起来，用挂在滑索上的铁夹子夹好后，"嗖"的一声飞传过去等待算账。柜台前相互簇拥着排队的顾客们也就不用跑来跑去的，只要等在那里就好。不一会儿，找零和小票一起从收银台飞传回来，再由售货员递到顾客手里。这里的商品种类依然繁杂，百货、餐饮依然并举，吉祥剧院里也依然唱着戏。尽管冰碗儿和西餐已然不在，但北门小吃部里喷香的奶油炸糕和清凉的杏仁豆腐还是让很多人回味不尽……东风市场依旧是很多人心目中的丰腴圣地。

现在建起来的新东安真是透着一个新，新到了与其他大商厦没有什么两样，新到了难见一丝旧时的光影，也找不到一点儿属于自己的韵味儿和东安市场独特的凡俗气。就像一个老北京人站在王府井大街上，却一时闹不清自己究竟是在哪儿。

百年前的『特区』：
商埠济南

文／牛国栋（二〇一五年〇八期）

自1863年至1898年，山东的烟台、青岛两地相继开埠，这两座原以渔业为主的村镇迅速崛起，发展成为通商口岸城市。这也深深地影响着相距不过几百公里的省城济南。

　　1875年，山东巡抚丁宝桢在济南城北泺口以东的新城创建了山东机器局，购买外国机器造起了洋枪洋炮。1898年，济南设立了洋务局，专办教案和洋务事宜。1901年，袁世凯在城内创办山东大学堂，1904年又在西关圩子城外新建校舍。早已觊觎山东腹地的洋人也打起了自己的算盘。1901年，强占胶州湾并取得胶济铁路修筑权的德国，在济南圩子城西擅自修建了商务代表处（后为领事馆）和德华银行。1904年，胶济铁路修至济南，全线通车，德国人在这一年还开办了邮局。这些都打破了济南素以老城为中心，在内城和圩子墙里打转转儿的传统。一位在济南任职仅27个月的山东巡抚，却对这座古老城市的变迁与发展产生了深远影响，他就是周馥。

济南的开埠与开拓者周馥

周馥（1837年—1921年），字玉山，号兰溪，安徽建德（今东至县）人。年少时聪颖过人，家里省吃俭用供他读书。17岁时，他离开家乡到安庆谋生，以为人代写书信、测八字算卦为业。同治元年（1862年）春，经人介绍，周馥凭借一手好字和一笔好文，赢得了李鸿章赏识，应募在其手下担任文书。他跟随李鸿章近四十年，历任道员、盐运使、按察使、布政使、巡抚和总督等职，是清末政坛上一位重要的地方大员。1895年5月，他请辞回了老家，赋闲在家三年半。李鸿章请其出山，协助治理黄河水患。

1901年11月，李鸿章离世后，袁世凯从山东巡抚升迁至直隶总督兼北洋大臣。周馥与袁世凯同为李鸿章幕僚，两人素来交往甚密，意气相投。袁小周22岁，周是袁的叔叔袁保庆的至交，算是长辈，后来两人便好上加亲，成了儿女亲家。周馥最小的女儿瑞珠，幼年时就与袁世凯的第8个儿子克轸订了婚，袁世凯去世后两人正式成亲。周馥的第4个儿子周学熙曾任袁世凯创办的山东大学堂的总办，相当于校长。周学熙主持订立的《山东大学堂章程》，成为那个时代全国大学堂管理制度的范本。此后经袁世凯相邀，周学熙还曾两任民国财政总长。

1902年5月28日，周馥任山东巡抚，并加兵部尚书衔。8月初他刚抵济南，就遇上黄河利津等多处河堤决口之危情，他一面组织官民修筑堤防，一面备有大量堵漏用的石块以防不测，同时沿黄河大堤架设电报通信线路，以及时掌握汛情。他还定期雇用沿河住户居民巡查保护堤坝，以防破坏。这些措施使黄河山东段在此后的十余年间，再没有发生决口的情况。

他入主山东后发现，济南过往的施政作为多用在兴学、修庙、治河等方面，世间弥漫着浓厚的"重儒轻商"之民风，每年的贸易额仅有数百万两，其经济地位在省内非但比不上烟台、青岛等"约开商埠"城市，甚至也不及周村、潍县、济宁等地。因此他极力赞成袁世凯提出的"新政"，力主除旧布新，扶持农桑和手工业。他在济南设立了工艺局、树艺公司、桑蚕总局、缫丝厂、染织厂、志诚砖瓦厂、金启泰铁工厂、济和机器公司以及一家银行。1903年，他以官商合办名义，在府城东郊七里堡以北购地12公顷，创办山东农事试验场，聘日本人谷井恭吉教习农桑，试种日本谷类蔬菜瓜果、美国豆类棉花及本地谷物和蔬菜等，并在南郊燕子山、马鞍山、千佛山南麓辟林场3处，栽植树木。

尽管周馥一生没有取得科举功名，但他勤奋好学，笔耕不辍，留下大量诗文专著，并十分重视新式教育。1902年10月，为选送京师、直隶保定及留学日本的师范生，在他的提议下，山东大学堂附设师范馆，首批招生104名，成为全国地方官办师范教育之滥觞。翌年秋，选派50人赴日本宏文书院留学。1903年10月，师范馆与山东大学堂分设，改称山东师范学堂。周馥将全省71个县的旧式书院，改为新式学堂，以借鉴日本和西方的办学理念。1903年6月25日，他创办了济南乃至山东第一家报纸《济南汇报》，作为地方政府官报，每5天刊出1次，"分政、事、文、学四纲"，页数不定，没有广告。

在对待洋人的态度上，周馥也和袁世凯惊人的相似。他俩主张一方面抵制外国对山东的影响和经济侵略，一方面又为寻求解决山东存在的各种问题与洋人接触和沟通。周馥来济南之前便与英国传教士李提摩太结下了友谊，并表示出对基督教义的浓厚兴趣。他来济南后，向来访的李提摩太及其4个女儿提供了轿子、游船和茶点，供他们畅游大明湖，并举行了丰盛的晚宴。李提摩太在其《亲历晚清四十五年》的书中高兴地写道，周馥"在所有的中国政府官员中，是最令人感到亲切的一个"。1902年12月，周馥提出访问胶澳（即青岛）的要求，令胶澳总督德国人特鲁泊深感意外。在此之前，山东和胶澳的联系，都是在非正常状态下进行的。按照当时在青岛的德国传教士、汉学家卫礼贤所著《中国心灵》的说法，特鲁泊在"采取了一些秘密的防备措施"后，接受了周馥的访问请求。周馥在青岛访问期间，亲眼目睹了这块被洋人强行租借之地的迅猛发展，也看到了中国人在租界内所受到的不公正待遇。他在与特鲁泊的几次会晤中，不仅表达了中国想要收回丧失的权利，结束殖民统治的基本意图，而且也表现了他对时局的关心。周曾对特鲁泊说："即使青岛已租借给德国，它仍属于山东地盘。"如卫礼贤所说："他那率真坦诚和健康的幽默感立刻扫去了人们心中的疑云。"这无疑显示了周馥在外交上的才华。

周馥成为继袁世凯之后第二位到青岛访问的清廷高官。他的这次访问在当时朝野上下饱受诟病，甚至被晚清李宝嘉所著的"谴责小说"《官场现形记》讽刺得不轻。虽然没有详细证据表明他的青岛之行与济南开埠有直接关系，但他这次"破冰之旅"，从一定意义上增强了他对山东寻求变革的决心。

在济南开埠动议上，袁世凯与周馥更是一拍即合。1904年4月4日，离胶济铁路通车不足两个月，袁世凯和周馥联名上奏，请求济南、周村、潍县三地自开辟为"华洋公共通商之埠""借堵洋人寻衅滋事之口""以期中外咸受利益"。不日即获清廷外务部照准，当年即勘定界址。

为将新开之埠建成精心规划、文明有序的新城区，袁世凯和周馥等人进行了周密安排。先是成立商埠总局统一协调管理商埠事务，下设工程局，掌管界址内工程建筑、房地产、工商行政、税务、治安管理，并制定相关的规划与规章。袁世凯还邀请其亲信、原任上海道台的袁树勋参与济南商埠开办筹备工作，主要是打造规划管理体系。袁树勋带来了上海相关的法律规章，作为济南新建商埠的样板。同时还参照岳州、秦皇岛等地开埠章程，对济南商埠开发建设与管理做好制度安排。袁树勋因此与济南结缘，于1907年再次来济南，做了22个月的山东巡抚，为商埠建设继续发力。

1904年11月，周馥被调任两江总督兼南洋大臣。1906年1月10日，济南举行了隆重的开埠典礼，周馥的继任杨士骧出尽了风头，而人们没有在此见到周馥的身影。

辛亥革命后，一大批前清遗老遗少移居青岛德国租界寻求庇护，周馥更是熟门熟路，近水楼台，在青岛购建了前清官吏中最大的宅第，并在那里生活了一段时间。周馥还被推举为由苏、皖、赣、浙四省籍人士在青岛成立的三江同乡会会长。后来他去了天津。1921年8月21日，做了许多年寓公的周馥病逝在天津寓所，终年84岁。尽管周馥生前很少提及自己在济南开埠时所做的一切，甚至他从济南卸任后很少再回济南，但今天的济南人应该记住他。

精心打造一个济南城

济南商埠的范围在今天看来也是颇具规模的，其设定也富有远见，在西关外东起馆驿街西首的十王殿（今纬一路），西至大槐树村，南沿长清大街

（今经七路），北以胶济铁路为限，东西长约5里，南北约2里，共4000亩土地，约2.5平方公里，同老城面积大致相当。商埠内规划有洋行贸易处、华商贸易处、堆货处、西人住家处、领事驻地以及公园、花园、菜市、营房等，城市功能较为齐全，很受投资者的欢迎。1905年10月23日《东方杂志》载："济南开办商埠，设局勘界，均将就绪，近闻商贾铺户陆续注册者已多至千余家。"同时还保留了北岗子、五里沟、魏家庄、大槐树庄、官扎营等原有村庄的"原生态"，保护了原住民的生存空间。在街区划分上也是因地制宜，布局严谨，主次分明，开发有序。确定主要道路东西为经，南北为纬，路面宽度7米至17米不等。棋盘式纵横的道路布局，将土地划分成若干小方块，路网间距在两百米左右，既遵循了周代《考工记》中所谓"九经九纬"的道路布局，又展示了近代流行的小网格城市的别样风采。街区深处则是里弄（济南称里分）、别墅或宅院。这种便于功能分区的布局，无疑借鉴了西方近代城市建设中的惯用手法。

清廷在开埠事宜上"吃一堑，长一智"。虽然受当时历史条件局限，商埠规划仅是划地租赁和扩建的方案，尚缺乏近代城建规划的理论指导。但他们无疑借鉴了其他"约开口岸"及国外城市的建设经验，突显主权意识和公平公正之精神。如《济南商埠租建章程》第一节规定，"埠与条约所载各处约开口岸不同，准各国洋商并华商于规定界内租地杂居"。要求中国人与洋商共同遵守。第十节规定，"济南城外既开商埠，所有洋商在此规定界内可任意往来，携眷居住、贸易。但在济南城关内外，以及附近各处，仍按中国内地章程办理"。这一章程还进一步强调，商埠中不准划分租界。这就保证了国家对土地的所有权。土地租价则是按照中国传统的"福、禄、寿、喜"的称谓确定了四个阶梯租价，以火车站附近最贵，由东至西逐次递减。租建章程中对工程建造也有着详细的规定。如在商埠内严禁搭盖草屋。建造计划须事先报工程处和警察局审查批复。所有建筑物必须安装污水管道，引入建设局统一建设的水道排出等等。而且邮政、电话、电报等经营权和司法权由中国人自理，"外人不得干预"。

当时，商埠已具有今天"特区"的某些特点，洋商在埠内有了"市场准入"和"国民待遇"，外国资本纷纷从东部沿海涌入这里，仅1905年以后的三四年的时间里，洋行就达二十多个，其中德、日、美、英居多。德国

民国初年山东济南商埠街景

一战战败后，日本趁机掠夺胶济铁路经营权，在经济上控制山东。在"五三惨案"发生之前，日本在济南的侨民达两千余人，日资商号约一百七十家，都集中在商埠。济南也成为东三省之外，日本洋行最多的城市。德国、美国、日本、英国和瑞士的领事机构也在商埠设立。同时，采取了免除土货出口税、裁减厘金、投入官款扶持实业开发等通商惠工政策，以扶持本国贸易，并鼓励国人投资工商业与外商竞争，极大地刺激了国内工商业者的资本注入。人们在此开办商号、银行和工厂，从此掀开了济南历史上规模空前的"成建制"的开发建设的序幕。

在短短的十几年间，商埠区逐步形成了以老火车站为轴心，以此向东南西三面辐射，以经二路为东西主线，以纬二路和纬四路为南北支架的新城区格局，使济南这座典型的单一的封闭型内陆城市，逐步发展成为老城与商埠并重，政治、文化和交通、商贸并举的现代"双核"城市。辛亥革命后，济南的城市人口由开埠前的12万增加到25万。尤其是1912年津浦铁路修至济南与胶济铁路交汇后，济南遂成为华北地区仅次于京、津的商业集散地和交通枢纽，成为"各州商贾辐辏之处"。据《山东各地乡土调查》记载，当时济南已有杂货铺、绸缎庄、钱庄、银行、药铺、铁器铺、钟表行、漆行、洋货铺等商行32种，达1995家之多。

1918年和1925年，伴随着商埠区内商业的繁荣和人口的增加，商埠又先后两次拓界。泺口以南，津浦铁路以西，官扎营以北辟为"北商埠"，从而形成了济南城北面积广袤的大型轻工、化工、造纸、纺织为主的工业区，工商业门类更加齐全。济南沦陷后，日伪政权在老城和商埠内加紧推行殖民化统治，不但从商埠内德、美、英等国的洋商中抢夺利益，而且还将大部分银行、商场和工矿企业"接管"。1939年日伪政权划齐鲁大学以西，四里山以北，岔路街以东，经七路以南约一千五百亩土地为南郊新市区，与北商埠遥相对应。1942年，日伪济南市公署又将北商埠南端开辟东、西部工业区，还陆续将原来保留的魏家庄以及官扎营、北坦、南大槐树、营市街等处划归商埠，使商埠总面积总计12943.344亩。

商埠的建立，对济南百姓的日常生活也产生了深刻的影响。济南的商业中心也从城里的芙蓉街、院西大街和西关、普利门一带逐步西移到了商埠一带。在很长一段时间里，商埠引领济南时尚潮流。那时，城里人买东西要到商埠，因为这里商店多，商品种类齐全，质量也好。外地人来济南，商埠成为他们看街景、购商品的必到之地。

从占地面积、目标设计和财政支出等方面来看，济南商埠及其潍县、周村两附属地属于清王朝最后几年向世界开放的最大商业区。清廷显然想把这种"自开商埠"的中国模式与外国人控制的"约开口岸"分庭抗礼。因此，济南商埠也成为近代史上山东乃至黄河流域，最早按照精心规划建立发展起来的商业化区域，为其他内陆城市提供了范例。

商埠的设计者不再沉醉于老城内"荷香柳影""山色湖光"的浪漫诗意中，也不再拘泥于拥挤的老城圈子里，而是另起炉灶，打造一番新的天地，向城西大片的荒地、坟茔和少量的农田寻求发展空间，从而也减轻了老城因发展而带来的各种压力。商埠的建立，对于济南这座古城无疑具有划时代作用，可以说没有商埠的济南是难以想象的。由于商埠和老城分置，虽然济南近现代工商业不断繁荣，但老城却依然保留着完整的格局，直到改革开放初期。这种"双核"或者说是"二元合一"的城市格局，在我国近代城市中虽不能算是孤例，却也是今天很多城市旧城改造时应该学习借鉴的样板。

北京记忆：门钹上的历史

文／沈继光（二〇一四年〇二期）

沈继光，平民，谋生之余，从1984年到2006年断断续续在古城北京流连，拍摄了大约五千多幅片子，他称之为"残片"。这些残片是北京城的九牛一毛，却保存了有关北京的记忆。北京留给人的记忆正变得越来越简单，高楼大厦取代了老房子和老院子，一同消失的还有那些过去的低矮、肃穆、庄严……

若要简单，任何人生都是可以删减到只剩下吃喝拉撒睡的，任何小说也都可以删减到只剩下几行梗概，任何历史都可以删减到只留几个符号式的伟人，任何壮举和怯逃都可以删减成一份光荣和一份耻辱……但是这不行，你不可能满足于像孩子那样只盼结局，你要看过程，从复杂的过程看生命艰巨的处境，以享隆重与壮美。其实人间的事，更多的都是可以删减但不容删减的。不信去想吧。比如足球，若单为决个胜负，原是可以一上来就踢点球的，满场奔跑倒为了什么呢？

——史铁生《复杂的必要》

门钹有啥讲的？不就是北京四合院儿大门的门板上，钉着一对为叫门用的钹形的铜玩意儿吗？是的。许多人见过，也叫得出名儿来。

但我经历过的关于门钹的一件事，使我体会到的，却是具体生动的历史。历史是活着的啊。

那是1983年。我刚刚开始在胡同里拍摄，并以此为素材搞些油画创作。

有一天，走到西城小酱坊胡同，我搜索，像是寻找猎物。突然，见到一个院门，老门原漆剥落，门板的筋理尽露，一对儿铜门钹还留在门上。细看，发现门钹并不是一对儿，形状和细微的色泽差异都证明它们不是原来的一对儿。我暗自惊喜……于是迅速端起相机，拍摄下来。

过些天，我依据这素材，创作了一幅油画，名为"变迁"。为了有更强的表现力，更富于超级写实风格，我又去了小酱坊胡同，直接对着老门的门钹做最后的修改，以突出其丰富浑厚的感觉。

我支起三条腿的俄式油画箱，开始对着实物丰富画面。这时，门开了，从院里走出一位老太太，满头白发，步履艰难，看上去该有八十多岁了。她

北京南池子大街红门上的门钹

见我摆弄带着支架的物件，又看又画，以为我是为拆迁盖楼在勘测地形，就问："嗬，我们这儿要拆迁吗？"

我忙说："我不是管这个的，不知道。"其实我更关心的是这门板的历史，就随口问："大妈，您在这儿住多少年了？"

"嗨，打我结婚，嫁到这儿，就一直住这儿。我是老住户了。"

"那这院门呢？来的时候就是这门么？"

"是的，是的。我一七八岁

来这儿，就是这个门。"

我想这门的年龄应该不小于这位老太太吧。

老太太分不出油画箱支架和勘测仪，看不出画油画的和测量员的区别，是可以理解的。她关心的问题主要是家人的安居，是搬迁到何处，是小院里她亲自护养的那株大枣树的着落，是那左邻右舍的伴儿，这是她的大事。

我继续画。为了完整观察那半锈半蚀、形状不一的门钹，我又走上几步，把刚才被推开的门又合上。

过了一会儿，门又开了。这回出来的是个小伙子，刚探出头，就自语道："嗬！画画儿的。"显然，他知道支起的是画箱。他走近我，看着即将完成的画儿，又是一句："嗬！真像，都快能摸着了。你够厉害的，是美院的吧？"他一边赞叹着，一边走回大门，把门合上，显得善解人意。等回到我旁边，再看画，他又有话了："你画得不对。这敲门的铜扣儿怎么不一样？"他不知道门钹的正名儿，也没细看过自己这院门。我说："你去仔细看看，门上的是不是一对儿。"

他又回到门前，盯住门钹看。突然他回头发问："嘿！你怎么看出它不是一对儿的？我在这院儿住，快三十年了，愣没发现这不是一对儿。敢情有一个是后来配上的。绝啦！你又不在这儿住，怎么一下子就看出这不是原配的一对儿？""你看，我在这胡同老门老屋附近走来串去，就想找点儿什么，说明点儿什么，寻摸出点儿有意思的东西来。所以一下子就能看出这对儿门钹不是原配，而且这里有文章。"

"什么文章？"

"你想，当初，比如百年前的某一天，刚做好这扇门的时候，工匠们拿着铜钉，把一对儿新门钹结结实实地铆在这两寸厚的门板上，一切都是新的，都那么结实，谁也不会想到会变成今天这样儿。但时间厉害啊，风吹雨淋日头晒，年复一年。你看，原来的漆皮、麻刀不都剥落了吗？再看那门钹，院儿里的人家每天出出进进，迎来送往，上班下班，上学下学，谁不推门敲门？人的性格脾气不一样，有人推得轻敲得轻，有人推得重敲得重，有人有事儿没事儿也敲两下，小孩子更有敲着玩儿的。几年，十几年，几十年下来，门钹就磨损了，铆钉就松动了，豁开了，就失落了。终有一天，也许是个晚上，一阵大风使劲摔打那门，一个门钹被震掉了，被一个路人拾走；

或是一次兵变，一次浩劫，一次抄家，一次上缴铜器，50年代不就有过'献铜运动'吗？反正是以往的日子里，发生了一些事儿，那个铜钹就没了。后来呢，不知又过了多长时间，院儿里的人又找来一个黄铜的门钹，弄了几个钉子，钉在了老地方。虽不是原配的一对儿，一大一小，颜色也不一样，但凑起来两个对称，远看好多了。这样，又开始了年复一年的敲打。亲朋好友，远亲近邻，老老少少，敲打了无数遍。院儿里的住户，几代生存，几代繁衍，进门出门都触摸它，留下了故事，留下了油渍，留下了人们生活的喜怒悲欢，留下了事变，留下了历史。这老门钹就是见证，就浓缩着这小酱坊胡同22号院的历史。什么是人，什么是历史，什么是变迁，你看懂了这不是原配的一对儿门钹，就知道了。对于人类来讲，时间是永恒的绝唱。我非常想画出时间的流动不居的感觉，这门钹就是一个象征。谁都可以看到这门钹，或者其他什么，关键是要能翻译出其中包含的历史来。"

小伙子笑了，说："您，看得深，想得也多。虽然您不在这院儿住，偶然来一下，但您好像给我们这院儿写了一部院史似的。看来我也要学着点儿，培养培养自己的眼力，看东西看到里面去，看出个子丑寅卯来。"

我默默点头。完成了画儿，离开了这胡同。

过了大约七八年光景，1991年吧，我又一次拍摄古城胡同，又走到了小酱坊胡同。上次拍摄是用黑白胶卷，这次用彩色的，打算再拍一遍22号院门上的门钹。待我走到，发现原来不是原配但还是一对儿的门钹，只剩下一个了。另一个不知失落何方。

才几年工夫，历史似乎又重演了一次。那次还能再捡一个旧门钹重新装上，凑成一对儿，又延续了几十年。现在呢？哪里去捡那门钹呢？我按下快门，把这只有一个门钹的老门收进了彩色胶卷，有了新的记录。

讲了门钹，究其实，是讲了自己的一个故事。虽平凡，但它对我的经历已构成了影响。由此推想：人，倘有自己的故事，那故事又被人们所传说，所议论，所引证，所激发，所乐道，大约证明那创造着自己故事的人，进入了感觉警醒、理性开启、生命搏跃的状态，或者说，起码也是在一个时期，拥有了这样的状态，这是多么值得振奋的啊！我又推想，大约持了这样的生命状态，我们才有可能面对眼前的世界，真正地走过时间，走过生活，走过一点儿活的历史。

门钹，叫门用的，却不是一对儿

1983年西城西长安街小酱坊胡同22号

摸摸那斑驳锈蚀的青铜门钹，再摸摸那裸露的原木门板，油灰麻刀和鳞片一样的漆皮，好像明白了一点"门与人"或"人与门"。门钹，不是原配的一对儿，我阅读大城正是从这里开始的。百年前，刚刚做好这门，铆上一对儿青铜门钹，结结实实的。但时间厉害啊，风吹雨淋日头晒，院里的人家每天出出进进，迎来送往，上班下班，上学下学……几十年下来，门钹磨损了，铆钉松动了，豁开了，终有一个夜晚，在大风摔打的日子或一次抄家浩劫中，一个门钹失落了……不知又过了多久，有人捡来了另一门钹，钉在了老地方……几代生存，几代繁衍，在上面留下了印痕，留下了院子的历史。再低头看那圆浑的门墩，颓缺的砖石……你可以抚摸时光了。岂止是时光？那不正是我们经历的生命么？几年之后，偶然又走过这里，门钹只剩一个了。历史，仿佛在重演着。真有轮回么？

车子营甲80号的老门牌

宣武广安门内宣外大街车子营（胡同）

门牌，薄铁板搪瓷面，蓝底白字。牌左竖字：外四区；牌右竖字：车子营；中间：上80甲；下暗码（也称"苏州码"）表示80。民国期间这里属外四区。门牌儿是院子的身份证吧。过去，胡同门牌的排列方式，是从胡同口开头1号起，一顺边排过去，2、3、4……以此类推，到头了，呈"U"字形绕回来，最后回到胡同口则是最后的号码。后来，门牌改成分单双号，分左右两边排列，也许这是为邮递人员方便，一趟串过去就不用回头了。这是个横门牌，还有竖门牌，分别标明了"旁门"，"后门"和"车门"。《燕都丛考》记：校场口之南是辘轳把胡同（又称"辘轳湾"），车子营，三和店，有晓市。晓市迤南为广安市场，门亦在广安门大街。稍东即菜市口……我在这院子附近还找到了一座铁具铺作坊的旧址，老人说那铁铺的名字叫三盛合。

上马石，门前的无常

1997年西城福绥境西四北八条（武安侯胡同）58号

胡同东起西四北大街，西至赵登禹路，因明代武安侯府在此而名。武安侯，史称郑亨（1356—1434），合肥人，出身将门。郑于洪武二十五年（1392年）"应募持檄宣谕鞑靼，至斡难河。还，迁密云卫指军金事"。后附归燕王，战功卓著，封武安侯。仁宗即位后，郑亨佩征西前将军印，移镇大同。他在边镇垦田积谷，守备坚固，卒于守边之任。史称其"严肃重厚，善抚士卒"。郑及其后裔凡八代九侯，皆居京城此胡同内的家府。清代讹为五王侯胡同，近年始改称西四北八条。唯因年代久远，仅能断其府在胡同路北，无法定其门户。残断的上马石，让我们似乎找到与明代宅邸相联系的一点感觉。

春凳，上面躺着门槛

1985年西城西四北五条（石老娘胡同）13号

这是清末有相当官品的家宅才可以使用的广亮大门。门道口，常摆两条巨木做成的长凳，称为"春凳"，也叫"懒凳"，供男佣人小坐司门的。门洞形成风口，常有过堂风，夏日在这凳上乘凉歇脚也很舒服。凳上的门槛儿，上面铁环系着链条，是供随时将门槛从地上摘取或再放回的提把儿。此地原名石老娘胡同，东起西四北大街，西至赵登禹路。老娘，即旧时的接生婆。石姓老娘接生有术，显于市井，遂有石老娘胡同的称谓。1960年代改名西四北五条。改名，无形中抹去一段相传已久的故事，实在是多此一举，您以为如何？

挡门石！从没见过呀

西城福绥境小茶叶胡同33号

拍摄胡同20年，只撞见了这一个挡门石！真是挡门石么？只能大约肯定它是。我这上了花甲之年的老头，用手抠住石左右的半圆窝窝，抬了抬，挺吃力，挪一挪，还可以。不管正放、背放、斜放，都能挡住门。再观，石顶部的高正适合于门底部的高，石阶级的高正适合于门底出脚的高，它，一定是与此门配对儿而设制打凿的，专做的。那它和门槛是怎么个关系？门槛，俗称门槛儿，它是一块很厚的长木板，平时两端放入门枕石与抱鼓石中间的凹槽，走车时可以拨去放在一边。门越大越讲究，往往门槛就越高。有句北京的俏皮话："您家的门槛那么高，我们哪儿敢去呀！"观此大门，广亮大门也，除了王府大门就属它档次最高了。现在成了大杂院，大人小孩、自行车、三轮车……出出进进自然不能让高门槛挡道，干脆扔了那门槛，光用这挡门石就行了。

文／黄艾禾（二〇一〇年〇九期）

崇文宣武：平民之城

> 从北京南城——崇文和宣武的数百年走过的历程中，我们可以这样说：北京南城并非穷人之城，而是一块与官僚官邸相对的平民之地，也是北京的平民文化之源。

一纸北京市行政区划的重新调整，将北京市中心区的四个区变成了两个，崇文区和宣武区分别被它们北边的东城区和西城区给兼并了。崇文和宣武，那么富有文化底蕴的两个区名消失了，剩下的是东城西城两个庸常的地名。

打开北京市的地图，可以看到，市中心区原来只有东城、西城、崇文、宣武这四个区，它们都处在原来北京城的城墙之内。东城西城，方方正正，以贯通天安门钟鼓楼的中轴线为界，而崇文宣武，却像是垫在东城西城下面的一座基石，东西宽，南北窄，呈扁方形，或者也可以把它比喻成东城西城的一付厚底靴。

人们通常也将崇文、宣武这两个区称为"南城"，将其合并进东城、西城的原因，按政府和规划专家们的说法，是因为这两个区"经济发展落后"。早在2005年时，北京市社会科学院城市问题研究所已经向市有关部门提出城区合并建议，他们建议干脆把四个区合为一个区。他们提供的数据是：2003年南城地区人均生产总值和东城区、西城区相比，崇文区落后6至7年，宣武区落后1至2年；……1999年至2004年大型公共设施项目在北城的投资是南城的28倍。

其实亲身到南城走走，不用了解这些数据也可以体验到南城的发展落后。这里的房子更多平房，也更破烂，到了晚上连街道的灯光都比东城西城更暗淡，这里住的人，除了北京"土著"，更有很多在北京打拼漂泊的"蚁族"，因为南城的房租便宜。这让人不禁想起那句形容北京城的老话：北京城历来是"东贵西富，北贫南贱"。

这句话的历史渊源可以上溯到明朝乃至更早。

内城，外城

北京成为都城很早，战国时燕国的首都蓟城就在今北京城的西南隅。不过真正从建都之初就非常有规划，按设计图来把北京城建得齐整而又周全的，是元大都。到了明朝在北京建都，整个城市往南移，城市中心即皇城到了今天故宫的位置，德胜门和安定门为北京城墙的北界，而它的南部城墙，是在今天崇文门、正阳门（前门）与宣武门一线修起来。明朝的正统四年（1439年），新城墙的九座城门楼完工，遂改称原来的丽正门为正阳门，文明门为崇文门，顺承门为宣武门。这就是崇文和宣武两个地名的由来。

今天的北京人，习惯将正阳门、崇文门和宣武门称为"前三门"。

在元代时，"前三门"以南即今天的北京南城一带，属于城外，没能住到城里的居民多在此安家，当时已经是比较繁华的商业区和居民区。但是到明朝初年时，因战乱使得北京城商业凋零，政府只好招商引资进城。当时建的商业区城内城外都有：在内城的钟鼓楼、东四牌楼、西四牌楼以及大城各城门附近，修建了几千间民房和店房，规定一部分"招民居住"，一部分"招商居货"，叫作"廊房"，前门外的廊房头条到廊房四条那四条街巷就

1943年北京崇文门

是这样来的。到明永乐帝朱棣定都北京时，特意从南京迁来的商户达2.7万。

在明朝建都一百多年之后，明世宗朱厚熜采纳大臣们的建议，决定加筑外郭城，以增强北京城的防卫，抵御蒙古骑兵的袭扰。这道外城城墙所圈进去的扁方形土地范围，就是"外城"，它与前三门以北的内城相对。它也即今天我们所说的北京南城。北京城特有的凸字形轮廓，就这样定型。

不过，这片"外城"，所包入的居民区与内城不同，它从未经过规划，因而多是曲折狭窄的街巷相互交错，并且形成一些自西南而东北走向正阳门前的斜街，即使是后来的老北京人，初到这里也很容易辨不清方向。

"明朝时外城城墙的修建，很大程度也是为了保护天坛和山川坛"，鲁迅文学院副院长，《北京微观地理笔记》一书的作者王彬说，"当时的外城，很多地方还是荒野和坟地，只是靠近正阳门一带才比较繁华。"

这个时期的北京内城外城，并没有后来清代时那样大的贫富差别，但还是有微妙的不同：官宦人家的大宅基本都修在内城。很直接的原因是，那里离皇宫近，上朝方便。而且由于皇城南面的正门承天门只有大朝会才开启，平时关闭，平常官员上朝皆需走东安门和东华门入紫禁城，所以，中央官署机构多安排在东城，在东城的勋贵宅第也盛过西城。

满城，汉城

1644年，满清的军队开进北京，将这里定为新的国都。这是北京城发展历史上一个转折点。如果说，此前的北京城还比较像一个典型的政治和商业中心，此后的北京城则呈现出一种畸形的官、商分头发展的独特局面。

清朝人全盘继承了明代的北京城格局，但做了一件与前任统治者截然不同的事：将汉族居民驱除出北京内城。

移城令是在清初顺治五年（1648年）颁布的，它规定：除寺院庙宇中居住僧道勿动，八旗投充汉人不令迁移外，凡汉官及商民人等，尽徙南城居住。同时还规定，汉人可出入内城，但不得夜宿，而旗人领俸，不事生产，皆分配内城原明代遗留下来的宅院居住。这种民族隔离政策直到清朝中叶（道光）以后才逐渐松弛。因此，后来人们也用满城（北城）和汉城（南城）来称谓清京师城内的行政区划分。

在满城里，实际住进了32万满州八旗、蒙古八旗和汉军八旗的官兵及其家属。满州、蒙古和汉军八旗虽都能住到内城，但所被分配到的居住区也不同，纯粹的满州八旗人，拱卫在皇宫的周围，外面的一圈，住的是与满族人关系密切的蒙古八旗，再往外一圈，才是汉族中归顺满清比较早的汉军八旗。亲疏远近，分得清清楚楚。

此时的北京内城处处军营。而军人们的家眷也都带进了城，视官阶的高低分配住房。王爷一级的，多是占用前朝重臣留下的宅院，后来再慢慢新建一些王府，各级将领分配到大小不同的四合院，普通兵丁，大约能分到一至三间房屋。原来明朝时北京的官邸就以在东城居多，到清代时沿循下来，更是偏重东城。

在今天来看，这种民族隔离与民族歧视政策造成了一个很畸形的城市形态。住在内城的满族官兵靠俸禄过活，不允许从事生产性工作，纯粹是一个消费阶层，但他们的生活区周围偏偏没有提供消费的吃喝玩乐场所，这些需求，只能到汉人们居住的外城去解决。

而这时的外城，即今天的北京南城，慢慢地形成了一个繁荣兴旺的集商业、娱乐和汉人士大夫文化为一体的独特城区。

今天的人一提到北京的南城，都会提到这样几个名字：大栅栏、宣南会馆、天桥、八大胡同。这确实是北京南城的几个标志。

既然北京这样一个政治与文化中心，一个纯粹的消费之都有这样大的需求，既然大栅栏一直又有商业区的基础，又恰好地处内外城之间的要冲之道，十数万的汉民迁到这里，这片商业区不繁荣发达都不可能。

大栅栏里的众多北京老字号商铺非常出名。康熙八年（1669年），同仁堂药店开张；嘉庆十六年（1811年），马聚源帽店开业；随后是内联陞鞋店、瑞蚨祥绸缎庄、厚德福饭庄……生活需求的方方面面这里无所不包，到清末，这条街的繁荣发展到顶峰。但大栅栏不光是商业中心，这里还有许多的铸造银子的炉房，及钱庄、银号等，它也是一个金融中心。

南城不穷

从大栅栏往西，在后来的宣武区界内，是北京的会馆最为集中的地方。会馆，最早在明初就有了。开始是为进京赶考的外地学子们提供食宿而修建起来的，后来有外地来京赴任或述职的官员、经商的商人也多在此留宿，各地在北京建起的会馆就越来越多，这里先后建过四百余处，有的地方一条窄窄的胡同里就分布有十几座会馆。为什么会馆多会建在北京的外城？

侯仁之先生有过一个论述："最初，会馆总是选择城市中交通便利的城门内外，并且多与商业街区为邻。这与会馆拥有较多的流动人口以及行商坐贾、手工业者有关。"而且，明、清两朝的贡院一直位于东单牌楼东边，殿试在紫禁城内的保和殿，都距离前门不远。"清朝初期的满、汉分治和移城令更迫使会馆只能在南城择地，但又避免距离前三门和商业闹市过远，所以，几百座会馆主要集中在天坛、先农坛以北，前门、崇文门和宣武门外大街两侧的地段内。"

特别引人注意的是，侯仁之在这里又补充了一句：会馆所在地区"形成清朝末年北京城人口密度最高、也是最富裕的地区。"也就是说，与一般人印象中北京南城之"穷"不同，当时的前门外是北京最富的地区。

进京来的学子从这里去考场方便，而客商们从这里去听戏、逛商铺更

1946年北平市的宣武门箭楼

方便。

　　"过去所说的'北贫南贱'，我认为'贱'这个字是一个比较准的说法。也就是说，当时人们对南城的印象并不是它穷，而是地位低下，看不起。因为这里有那么多戏园，人们那时是看不起唱戏的人的。"王彬说道。

　　戏园、戏班子多，这也是旧时北京南城的一大特征。早在清康熙十年（1671年），清政府就下令"京师内城永行禁止设戏园"，目的在于防止八旗子弟耽迷其中，流于浮荡。但是却禁而不止，内城的戏园反而日见增多。到嘉庆四年（1799年），政府再次下令将内城所有戏园全部迁到外城。此后的百余年时间，前门外聚集起了广德楼、三庆园、庆乐园、广和园等数十家著名戏园，夜夜锣鼓喧天笙歌不绝，而享誉京城的"四大徽班"也多在这些戏园演出，为了方便，他们就寓居在附近的街巷：韩家潭、陕西巷、百顺胡同等处。

　　这些胡同名，今天的人听了可能已经生疏，但当年的老北京人都知道，那是著名的"八大胡同"所在地，即旧时北京妓院最集中的地段，最红火时，那里的妓院达到两百多家。

由是，前门外的北京南城，既有繁华商铺，又有梨园戏班，还有青楼艳妓，不光是内城的八旗子弟在这里声色犬马，这里也是汉官、文人、客商们流连忘返的地方。那些建在宣武门外的会馆，规模大一点的都会建一个自己的戏台，在节庆假日请戏班来唱戏，有的会馆比如湖广会馆，在本身没落以后，戏台变成专业戏园，即后来的"湖广会馆大戏楼"。

侯仁之先生根据史料做过一个统计。在民国元年（1912年）时，居住在北京外城的居民所从事的职业，做农、渔业的占2.8％，从事工业的占10.7％，属于第三产业商业、服务、文化卫生等业的占86.5％。"相比之下，大概可以判定，外城的确是一个满足北京城市消费者需要的商业服务区。"也就是说，住在北京南城的"北京土著人口"，大多是以服务业为生的下层市民：商铺伙计、手工业者、商贩走卒或如骆驼祥子那样的人力车夫。

民国之后，随着科举制度的取消，会馆也开始没落。会馆的房子逐渐出售给周围的居民，遂演变成大杂院。侯仁之特别指出：通常人们从文艺作品或宣传材料中得到的那种邻里之间声气相合的印象，不过是在民国以后的大杂院里才逐渐出现，并不是随着四合院的出现而产生的社会现象。

现在回想一下我们通常对老北京文化的印象，多是来自老舍的一部文艺作品：《骆驼祥子》《龙须沟》《四世同堂》等等，里面描写的四合院，其实已经大都是大杂院，住的人也都是下层市民，这些作品有的直接就是取材于南城（如《龙须沟》，该地后来成为南城的金鱼池大街），而这种北京大杂院（四合院）文化，它应该发端于北京南城，也具有最典型的北京平民阶层的特征。

这里就必须说到南城的天桥市场。它在前门大栅栏的南边。那旦是为下层市民提供娱乐的场所。里面的相声、杂耍、戏曲与吃喝玩乐混杂在一起，全部露天，有点类似后来人们看到的北京春节庙会。它的蓬勃生命活力，孕育出了北京相声大师侯宝林这样的民间艺术家，它也是各种社会污垢的沉积之地。有一位老北京的灯谜专家翟鸿起，曾撰文回忆他小时候跑到天桥看露天电影，"回家被父亲得知，将我痛打一顿，并严厉嘱咐我，以后绝对不许再去。母亲事后对我说：'这么点的孩子就去天桥玩儿去，能学出什么好来？'"

这就是人们所说的"南贱北贫"的"贱"。在普通北京市民的意识中，南城这地方，好玩，得享受，却没有地位，下贱。

平民之城

从北京南城——崇文和宣武的数百年走过的历程中，我们可以这样说：北京的南城，是一块与官僚官邸相对的平民之地，也是北京的平民文化之源。

不过，崇文和宣武作为地名虽然时间悠久，但作为区的名字，还是在中华人民共和国成立之后。1952年，北京市政府将用数字命名的原来的20个区调整为13个区，开始用地名命名，设东单区、西单区、东四区、西四区、前门区、崇文区、宣武区等。到1958年，东单、东四区合并为东城区。西单、西四区合并为西城区，而前门区并入了崇文、宣武两区。这就有了今天北京城区区划的基本模样。

有一件事还是令人疑惑：为什么中华人民共和国成立这六十余年，北京南城就一直没发展起来？

在民国时期，政府曾经有过振兴南城的努力，在香厂路一带建设新市区，并在香厂路与万明路交界处建起当时最为时尚的四层的新世界商场（陈独秀在五四运动后因散发传单被捕，就是在这个商场），后来又在今天友谊医院的地方建起了城南游艺园。但是，随着1928年民国政府在南京建都，这些热闹一时的场所又归于消寂。

"中华人民共和国成立后，政府机关大都搬入到东城西城留下的王府，因为当时那里空出很多这样的房子，顺理成章就搬进去了。后来在三里河一带兴建了新的办公楼群和住宅楼群。从客观上说，还是沿袭了官宦人家聚集在东城西城的旧例。"王彬指出。

这样，当政府在考虑城市发展时，很自然地会对政府机关云集的地方优先，第一批的新式宾馆、大型商场，都是建在东城和西城，特别是东城。比如，北京饭店（现代化改造）、赛特大厦、燕莎商城、建国饭店……基本都建在东城。

　　后来，西城兴建了金融一条街，海淀有了中关村电子一条街，而南城则一直默默无闻。昔日的商业繁华渐渐被新兴的西单、王府井和更新兴的东部商业区取代，戏剧艺术家们成为国家干部也不再专属前门大栅栏，会馆们因失去了历史功能而渐渐消失，留在南城的，只有下层的市民们和他们的破旧平房。

　　城区合并之后，北京市政府陆续开始宣布改造计划：王府井将南延至祈年大街，永定门至钟鼓楼、银街至崇外商圈将南北贯通。

　　崇文和宣武将会怎样？有时候，历史的步伐就是这样，它似乎僵持不动，那些古旧的街景仿佛凝固在那里亘古不变；有时候，它又快得让人猝不及防，一夜之间，几百年留下的东西就全不见了。

丹丹乌里克：流沙中的维纳斯

文／南香红（二〇一〇年十一期）

由于整体的坍塌，丹丹乌里克最好的壁画就侥幸地留存了下来。拂去沙土，公元8世纪的佛的笑容灿烂于沙漠的晴空下，历史就在这一刻迅速后退到大唐时代的西域，让人们看到了那个赫赫有名的佛国于阗的景象。

越野车不得不停了下来，再好的车也只能望沙山兴叹，不能前行走半步了。输入数据，GPS定位，结果很快出来：到达丹丹乌里克古城的直线距离是35公里。向北方的35公里前路，全部是连绵起伏的沙山，这是塔克拉玛干沙漠的腹心地带，对付这样的路，只有骆驼。

骆驼日行的速度是15公里左右，需要两天才能到达。于是40峰骆驼驮着食品、水和设备，串成长长的一串，蜿蜒于沙山的高耸与低沉之间。2002年10月，由新疆文物局、新疆考古研究所、日本佛教大学尼雅遗迹学术研究机构共同组成考察队，行进在克里雅河与和田河之间的沙山中，首次探索那座消失了千年的唐代古城丹丹乌里克（《2002年丹丹乌里克遗址佛寺清理简报》，《新疆文物》2005年第3期）。

塔克拉玛干大沙漠

沙漠里的巨大沙子堆成的坟冢下，是死亡了的城市，在这座死亡的城里，有无数的珍宝。每当人们在沙漠边的绿洲里，喝着冰凉的雪山之水遥望远方的一片死亡之海的时候，都会萌生出一种强烈的冲动——到沙漠里，挖宝去。

从1896年开始，到2002年的一百多年间，无数的挖宝人、探险者和考古者光顾了这里。

探险

1998年的10月，瑞士人鲍默组成的所谓"中瑞探险队"，横扫了丹丹乌里克的所有遗迹，并违反中国考古发掘的有关禁令，私自进行了发掘，石膏佛像、于阗语佛典、陶罐和壁画，灿烂的文明再一次被翻了出来。更让人担心的是，在一处遗址中发现大量的石膏佛像残片。100年前的斯坦因在丹丹乌里克挖掘之后，大量的文物无法运出沙漠，便将它们集中埋了起来，准备有条件时再来取。鲍默是否挖开了斯坦因的藏宝处？这是个让人非常焦灼的消息，如果是真的，那么100年前侥幸没有被运到大英博物馆里的东西，将面临再一次的毁坏和遗失。

1900年的圣诞节前夕，斯坦因徒步11天才到达了塔克拉玛干沙漠中的"环境特殊，充满着死亡与荒凉的丹丹乌里克"。斯坦因雇佣的向导兼总管吐尔地就是当地赫赫有名的挖宝人，他到丹丹乌里克跟到了自己的"家"一样，一眼就能认出他曾经"访问过"的地方。

"低矮的沙丘之间，分布着一群规模不大，但显然十分古老的建筑遗迹……沙土已被吹走的地方，露出来的残垣断壁都是木料框架上抹上了一层厚厚的灰泥所构成，断壁都只有几英尺高"（斯坦因：《沙埋和阗废墟记》，新疆美术摄影出版社，1994年，179页）。

斯坦因决定在这儿挖掘。对于初次到塔克拉玛干沙漠考古的斯坦因，他把丹丹乌里克当作是一座课堂。他在这里研究如何在沙漠里进行考古，因为似水的沙子的流速之快非常惊人，挖掘人刚把沙子抛出来，它就又流进去了，在这方面斯坦因没有先例可循。另外他还得学习沙漠里的房屋和佛教寺院建筑的基础知识：它们典型的场地设计、建筑和装点，以及佛教文化艺术所包含的一切。

这个遗址的发现远远出乎斯坦因的预料。他将这座古城里佛寺遗址的一百五十多件浮雕运往了大英博物馆；还有写在古老的纸上的文书，斯坦因说，他发掘了一个完整的图书馆。

最让人感叹的是，这里珍藏的佛教经典，竟比玄奘历经千辛万苦从印度取回的"真经"还要早几百年。玄奘到达印度的时候，丹丹乌里克念的佛经已经在印度消亡很久了，谁都不会想到它们会在遥远的塔克拉玛干保存下来。它们重现于世的时候，玄奘去世已经1200年了。

因为有了这些发现，也因为有了一百多年中外学者的研究，丹丹乌里克的面目逐渐清晰。在距离今天有人类居住的绿洲120公里的沙漠里，在克里

在民国时期第二次进入中亚探险的英国考古学家斯坦因带着他的队伍在沙漠中行进

雅河与和田河两条大河之间，就是丹丹乌里克遗址。这块今天看起来孤悬于沙漠的绝地，曾经在公元4世纪就开始营造，直到公元8世纪仍很繁盛，大约到公元9世纪才被人类放弃，演绎了五百多年的文明（张玉忠："丹丹乌里克遗址中日共同考察研究项目的缘起与收获"，《新疆文物》2009年3-4期，5页）。

百年后的再探

2002年，中日联合考察队在100年后一走进这座古城，立即被巨大的惊喜撞击。曾经被人翻拣过无数遍的倒塌的佛寺，在风的作用下，再次暴露出它的五彩斑斓的原貌：原来被沙子埋没几千年的佛寺壁画，还是那样的鲜艳，就像是佛寺仍然香火鼎盛时期一样，而更多的仍然埋于沙子中。

保留有壁画的佛寺位于遗址区北片西区，佛寺基本坍塌，有的地方还保持着20～100厘米的残墙，壁画就保留在那些脆弱的残墙上。

或许在1000年前的某一时刻，佛寺的东墙在一个巨大的外力下，整体向外坍塌了，坍塌后不久，沙子就掩埋了它们。正是由于那整体的坍塌，丹丹乌里克保留最好的壁画就这样侥幸地留存了下来。拂去沙土，公元8世纪的佛的笑容灿烂于沙漠的晴空下，历史就在这一刻迅速后退到大唐时代的西域，让人们看到了那个赫赫有名的佛国于阗的景象。

佛寺的墙倒塌之后，上面的浮雕的佛像一起倒塌了下来，埋进了土里。所以，当拂去沙子，这些佛像色彩保持得很鲜艳。根据这些残片，可以推断出，原来的这座佛寺的顶部、四檐和四壁者装饰都是浮雕和壁画。佛像的恣容都很正统，呈现出"受古典艺术影响而发展起来的印度佛教艺术风格"。但由于壁画是直接绘在细草泥墙壁上的，很酥脆，加上墙体的倒塌，震动伤到了墙体的骨里，整个壁画不仅表面有细裂纹，里面也有纵横贯穿整个泥灰层的大裂痕。

这个发现实在出乎中日联合考察队的意料。他们没有想到的是丹丹乌里克仍然是一座宝库，而让考察队尴尬的是，他们的准备不够，没有能力将这些壁画保护下来并运出沙漠。所能做的只有再用沙子将它们埋起来，这是最原始的，也是最佳的保护方式。

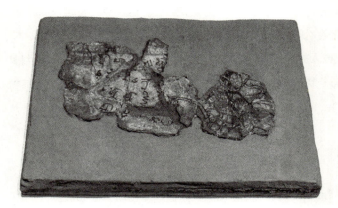

和田策勒县丹丹乌里克遗址出土的壁画

　　100年前，斯坦因在丹丹乌里克也面临着同样的困扰。面对脆弱而美丽的壁画，他用尽了所有可以想的办法，切割下了结实的可以带出沙漠的，把那些酥脆的扔在了沙漠里，包括那个荷花池中出浴的美丽的裸体女子，那是丹丹乌里克最美的壁画。斯坦因在他的笔记里写道，他从这里"获得了150片适合于运往欧洲的灰泥浮雕，"把那些又美丽又带不出去的挖洞集中埋了起来，只有他自己知道这些宝贝埋在什么地方，他设想着有一天他可以回来把它们再弄出去。

　　2005年、2006年秋冬季，考古队又两次进入，这一次专家们采取了很多的办法，先是用特殊的溶液对壁画进行封护，再用镜头纸做一个表面贴面，连泥土一起进行揭取，然后再用特殊溶液进行背面加固，由骆驼驮着出了沙漠。

东方的蒙娜丽莎

　　走出沙漠的丹丹乌里克再一次震惊了世界。日本人看到这些壁画首先激动地大叫了起来：这不是日本奈良法隆寺壁画技法的源头吗？！［安藤佳香（日本佛教大学）"关于西域南道新聘壁画的若干问题"《新疆文物》2009年3-4期，59页］

从上个世纪初年开始，日本的学者就提出，初建于公元607年的仿唐式木结构佛教寺庙法隆寺的壁画风格，因袭的并不是长安的画风，而是包含了西方文明的因素，应该是来自于西域。但近100年来，这种学说也只限于推断，因为人们一直找不到直接的证据。而西方的学者惊讶于西方的神为何会绘制在这座东方沙漠城的墙壁上，那些神像都有着两条对接在一起的弯曲上挑的长眉、黑色的头发和高耸的鼻子，分明是一副波斯人的形象。中国的学者则从那壁画的线条间一眼就发现了盛唐流行的"曲铁盘丝"技法，而这一技法正是由于阗国的尉迟乙僧带到长安的。

　　出生于于阗王族的尉迟乙僧与吴道子、阎立本一起并称为唐代三大画家，曾于7世纪至8世纪初在长安和洛阳的多处寺院创作壁画，所画《降魔变》《佛图》等"人物姿态，千怪万状，被称为奇踪"。唐人窦蒙评价他："澄思用笔，虽与中华道殊，然气正迹高，可与顾（恺之）陆（探微）为友，"然而长期以来人们只能从历代画评中看到对其画的文字描述，看不到画本身。仅存于世的几幅作品则流落海外，如《胡僧图》《天王像》在美国，《番君国》《龟兹舞女》藏于比利时。

　　尉迟乙僧有一个哥哥叫尉迟甲僧一直留在于阗国，也是一个著名画家，那么丹丹乌里克的壁画是不是他画的呢？就算不是本人亲自所画，但显然有大量的画家掌握并能熟练运用这一技法，将这些寺院装饰得彩墨丹青，华彩烁烁。

　　最美的是一个佛的脸部形象，这个佛的躯体整个都残缺得无法拼接了，以至于我们无法知道她是什么样的姿式，穿着什么样式的袈裟，但这都不要紧，最重要的是她的脸神奇地完好无损。这是一张如满月一般的脸，神采奕奕，你能看出她很年轻，有一种非神性光艳。她的眉长而弯，是那种饱满的弯，如一个圆的半部，而她的眼却如小鱼般细长，仿佛在弯眉下游动。她的上唇薄下唇厚，因此小小的嘴是向上翘着的。看到这张壁画的人不得不感叹，不赞叹。因为很少有如此画佛的。我们所熟悉的佛都是双目微垂，以眼睛缝里的光来俯视众生，那是庄严的、神圣的、慈悲的，同时也是人神分明的。

　　但这个佛只要看她一眼你就会喜欢上她。你看她的眼睛，墨点睛瞳，黑白分明，眼角内以石青色淡淡晕染，更加使向左方斜视的眼睛活泼灵动。整个描绘佛像脸部、包括身后背光的线条都是连贯而浑圆的，仿佛画家胸有成竹，一笔勾成，笔势没有哪怕是一秒钟的断续，整个画面甚至可以一笔一笔的数出共享了多少条线条。笔势绵劲圆润，轻拂丹青，敷彩简约淡雅，这不正是在中国绘画史上产生重大影响的于阗画法吗？

还有画家是以3/4的侧面展现她的脸庞的，这是人类脸部最美的角度。西方到了文艺复兴时期，艺术家们才发掘出这源于古希腊的美学基本原则并把它推向极致。3/4侧面的脸部是用于展现美的，而不是表现神性的。这个侧面佛的脸上不仅仅美，而且有一种似隐似现的微笑——东方的蒙娜丽莎！日本学者如此叫响了这幅壁画。

龙女传奇

丹丹乌里克佛教寺院壁画所绘的神、佛形象，多有奇异者，有的难以分清楚是来自印度的佛教内容，还是来自于于阗塞人古老的萨满教信仰。

在一个开满莲花的水池边，一个全身赤裸的女子似乎刚刚从水中出来，她的身上，除了颈上、手臂、手腕和臀部装饰着珠络之外，全身赤裸。浓密的头发高高地在头顶堆起来，以一根轻薄的丝绸纱巾束起，纱巾恰到好处地垂下一角，在额前飘飘荡荡。她的身姿充分地显示了女性"S"形曲线的优美。这就是斯坦因扔在沙漠里的"那个荷花池中出浴的美丽的裸体女子"，丹丹乌里克最美的壁画。

丹丹乌里克的"S"形美女让人首先联想到的就是维纳斯，也让人联想到曹植的《洛神赋》里那个"其形也，翩若惊鸿，婉若游龙"凌波而行的女子，但相比而言，丹丹乌里克的这个女子更性感。

佛寺的墙上大多是为神留的位置，她显然不像是神，她没有常见的印度菩萨饱满的面庞和深长的眼睛。她长眉入鬓眼角微挑，并非古典的西方美女也不似东方女子，似乎更多的结合了两者的美。我们在今天的沙漠绿洲里还能找到这样的美丽女子。

最让人遗憾的是，这幅美丽的壁画已经不存于世了。斯坦因在他的报告里说，由于壁画的泥灰层很容易碎裂，他没有完成他惯常的壁画录取工作，并且彩色退损得很厉害。他熟练的照相技术也不能帮助他拍下满意的照片。

所幸的是，他的艺术家好友临摹了它，我们现在看到的刊印在斯坦因的报告中的画片，就是这些临摹的作品。尽管它们和原来在刚刚拂去沙土展现于世的样子相去甚远，但那经千年而不曾黯淡的光芒，依然照亮所有看到她的人的眼睛。

那么她是谁？她讲述的是一个什么样的故事？她的身份成了一个谜。斯坦因甚至说她更像一个早期印度雕塑艺术中的舞女。还说她可能是唐玄奘《大唐西域记》里记载的、一个有点荒诞的"龙女求夫"的故事里的龙女。因为在水池前面画着一匹没有骑者的马和其他一些人物。

她如果真是出水索夫的龙女，那么这个故事又起源于那里？为什么会画在佛寺的墙上？这座斯坦因编号D.II的遗址东墙上发现的是一组泥塑与壁画结合的造像，内容是于阗佛教护法神——毗沙门天王泥塑，脚踏着小鬼。在毗沙门天王塑像的身后是一幅壁画，左侧是释迦牟尼和大弟子迦叶，右则便是这个身姿呈"S"状的裸体女子。根据这些佛教内容的主题，有专家否定斯坦因的龙女索夫传说，而认为是佛教中的鬼子母形象（林梅村："于阗花马考——兼论北宋与于阗之间的绢马贸易"，《新疆文物》2009年3－4期，11页）。

这个裸女身体"S"形曲线的出现，似乎包含着一个故事：她的脚步似行非行，身体似前非前，就在她要向前移动脚步之时，突然的一个信号阻止了已经抬起的脚步，她不得不向那个阻止她前行的事物回眸低头侧望。两条纤纤手臂环抱着身体，右手护着丰满的胸部，左手轻抚腰部，使本来扭着的腰更加不足一掬的纤细。一个赤身的童子抱着她的腿，似乎要留下她前行的脚步，她们的眼神交流在一起，于是世上妇人最优美的姿态便定格在墙壁上。这个童子便被认作是嫔伽罗，而裸女便是鬼子母。

裸女的腰臀上，仅仅左右各挂了四串珠子，私处只有一片疑似葡萄叶的遮蔽。她很妖冶，但妖冶之中含着某种宁静，她很妩媚，但又很温柔；她很媚惑，但又很纯洁。总之，她身上混杂了很多东西，牢牢吸引着你，让你看一眼后很难将目光从她身上挪开，很难将她忘记。

无论哪一种解释都不是最终的、最后的解释。裸女的身世，就如经过多种文明淘洗的丹丹乌里克文明一样，不再有纯粹的颜色。

告别丹丹乌里克

"在我向那些沙丘告别的时候，我的心情是复杂的。在这些沙丘保留下来的许多奇异的废墟里，已经挖出了许多东西，这样它们都回答了有关这方面所提出的大多数问题。同时，我多次走过这些隆起的沙浪时，我对它们那种单调的景色发生了喜爱。在我到此之前，丹丹乌里克一直陷入孤单寂静之中，无人过问。在我走之后，它仍将一如往昔，默默无闻。"当年斯坦因离开这座沙漠遗址时略带伤感地写道。

这的确是一座让人不舍同时又充满伤感的遗址。1006年前后，于阗国轰然崩溃，佛教寺院、壁画在战火和鲜血的辉映下闪亮了最后一次，然后便黯然失色。

不知道丹丹乌里克最后失落于哪一年哪一天的哪一个时刻，在它坍塌的时候，沙漠和大地承接住了佛的笑容并把它深藏了起来，直到千年以后。

福建土楼：家族之城

文／何书彬（二〇〇八期十二期）

这引人怀念，动人肺腑的土楼，与其说是一栋庞大的住宅，不如说是整个家族的城寨——即家族之城。

1985年的一天，美国总统里根看到一份秘密报告后大吃一惊：卫星照片显示中国福建西南部有多座不明性质的建筑物，呈巨型蘑菇状，疑似核设施。

此时的世界仍处于冷战时期。当年年底，一对美方谍报人员就化装为摄影师来到了闽西南。他们发现，所谓的"核设施"，不过是当地的普通民居，它们中有许多都已经在山坳里存在了几百年了。

这是曾刊登在《中国国防报》上的一个故事，至今它仍在闽西南地区广泛流传。当地居民津津乐道于这个故事别无他意，主要是表现当地民居——土楼的巨大和奇特。外界人提到这个故事，则多是想传达土楼的"神秘"感。

"神秘的东方古堡"

土楼是一个约定俗成的名字。名字里包含着这一类型民居的主要特征，那就是夯土筑成的规模巨大的群体式楼房住宅。土楼又分为圆楼、方楼、五凤楼等类型，其中以圆楼最为著称。

从20世纪起80年代起，随着一批批专家学者慕名前往闽西南考察土楼，同时电视等传媒开始普及，人们开始从电视上、报纸上和画册上不断看到土楼那如城墙般宏伟的外观，似城堡一样庞大复杂的结构。从此土楼在世界范围内引起关注，并被称为"人类建筑史上的奇葩""世界上独一无二的神话般山村民居建筑"以及"神秘的东方古堡"……

1986年，日本东京艺术大学教授茂木计一郎考察后写道："山麓的环形土楼……真是不可思议的景象……"

2001年，国务院正式批准闽西南土楼向联合国教科文组织申报"世界文化遗产"；今年7月中旬，以"福建土楼"为统称的闽西南土楼群将提交联合国教科文组织世界文化遗产委员会大会表决。

土楼的"神秘"首先来自于它的外形。中国民居大多是单门独院式的，

福建土楼（田螺坑土楼群）

而土楼是如此高大宏伟并且造型"古怪"，黄色的巨大墙体大都有三四层楼那么高，楼顶覆以黑瓦。映着蓝天白云、衬着青山绿水，占地面积动辄五六千平方米的土楼丝毫不显得突兀，人工建成的它们好像天然就是环境的一部分，并给本来不算秀丽的闽西南山水增加了灵动。

据不完全统计，仅在永定县境内，现存的土楼就有近20000座，与永定接壤的南靖县内现存有土楼15000多座。平和、诏安、漳浦、华安等县内还都各有数百座土楼。多座经典土楼先后被立为国家级重点文物保护单位。

不管是单环楼、双环路、三环楼还是特大型的四环楼，大多数圆土楼都只有一个大门，用厚厚的木板作成，外裹以铁皮，火烧不坏；门内紧挨着大门的是门厅，两条廊道在门厅两侧边分向两边展开，把土楼里大小一致的各个房间环抱为一个圆形的整体；门厅再往前，就是天井，妇女在这里洗菜，小孩们在这里打闹，成就土楼里最热闹的地方；祖堂则位于楼内一层最重要的位置，正对着大门，里面供奉着祖先牌位，是家族祭祖和议事的地方。

现存的最古老土楼是华安县内的齐云楼，它建于明洪武四年（1371年），至今已历尽了637年的风雨沧桑。

据永定当地民俗学者江剑锋的研究，早期的土楼在宋末元初就已出现，原因在于低矮的民居建筑缺乏防御力度，容易受到攻击，迁居现永定行政区域的客家人从熟悉的中原大地来到陌生的环境里后，为久住长安，就开始寻找既适合起居，又能确保安全的建筑方式。此间又经过了逐渐从方楼到圆楼的过渡，最终形成了神奇的圆土楼。

这也很适合闽西南一带的地形，因为这一带几乎全是大山，因为平地极少且都是小块状，所以这一带叫作"某某坑"的地名非常多，圆形土楼可以尽可能地节约耕地。

建筑是文化的载体，在土楼研究专家胡大新看来，圆形更能体现天、地、人和谐统一的理念，这和中国传统文化的取向一致，每座楼里的住户都是同一个家族，各户的门口都因圆形的向心性指向同一点，平日大家的生活脚步又交织在一起，这都是家族团结、包容和美满的体现。此外，圆楼在美化建筑形态、去掉死角以观察敌情等方面也都有更好的实际功用。

家族之城

在永定话里，圆土楼被称为"圆寨"——茂木计一郎等在《福建客家土楼》一书里也有相似的说法："这引人怀念，动人肺腑的土楼，与其说是一栋庞大的住宅，不如说是整个家族的城寨——即家族之城"。

有"土楼王"之称的承启楼就是这样一座家族之城。

它是一座特大型的四环楼，坐落在永定县高北村，于明末清初积3代人之力建成，直径为73米，走廊周长229.34米，全楼为三圈一中心，共有400个房间，3个大门，2口水井，整个建筑占地面积5376.17平方米。

高北村《江姓家族》里记载着，兴建承启楼的江集成是个勤俭农民，他大约生于1635年，死于1719年，享年80余岁，其亲传五代内的男丁即达456人，丁众之盛位居乡里前列。现在在高北村，人们还能讲出和江集成有关的不少故事，比如他不但聪明能干，还非常节俭，农闲时都在忙着拾粪，吃红薯都不剥皮。

承启楼依照八卦图为主体设计。大门上的楹联为江集成生前请人所撰："承前祖德勤和俭；启后孙谋读于耕。"

承启楼厅堂里的对联则写着："一本所生，亲疏无多，何须待分你我；共楼居住，出入相见，最宜注重人伦。"

中国人历来重视家族生活，这一点在土楼里体现得更为突出。像承启楼一样，楼里不但有大量的公共空间，以使大家朝夕相处，而且在居住房间的划分上也是要住户们"加强往来"——每户住一个开间（所有开间大小都一样），即每户人家的厨房、谷仓和卧室都是分别分布在一楼、二楼和三四楼，大家上下楼都要经过公共楼梯，几乎时时刻刻都要"抬头不见低头见"。

现在承启楼内仍住着近300口人，其中老年人比较多。最热闹的时候，里面住了80多户人家共600多人。一到傍晚时分，劳作了一天的人们纷纷回家，大人们聊天，小孩们耍闹，妇女忙着在灶间做饭，土楼里就呈现出一片热闹又祥和的生活景象。

楼里还会不断有新人进来。永定流传着一个"姑嫂夸楼"的故事，说得就是承启楼，以前因为里面住的人多，新媳妇嫁进来要过上两三年才能把人

福建土楼和昌楼

认全。

被称为"土楼王子"的振成楼在洪坑村，距离承启楼约4公里，为永定林氏家族十九代林在亭的后裔林氏三兄弟在清末民初兴建。与承启楼一样，振成楼也是按照八卦图式兴建的，核心是祖堂。和大多数土楼不一样的是，振成楼的祖堂是中西合璧的，门口两边树着四根西式石立柱。

振成楼这个名字取"振纲立纪，成德达才"之意，楼中后厅还有一幅脍炙人口的长联："振作那有闲时，少时、壮时、老年时，时时需努力；成名原非易事，家事、国事、天下事，事事要关心"。楼内的林氏子孙就在这样的氛围里长大，先后从振成楼内走出了40多位专家学者，还有一位中科院院士。

在洪坑村还有一座最小的土楼，那就是如升楼。此楼直径为17米，高3层，只开十六间，为内通廊式的单圈圆楼，楼名寄托着楼主的美好祈愿——如日东升、光明万年。

除了广为人知的圆楼，在洪坑村，人们还可以看到五凤楼"福裕楼"，即府第式土楼。方形土楼古老，圆形土楼吸引眼球，五凤楼则犹如一片壮观的府第，内部装饰又极讲究，看起来简直不像普通民宅了。

传统与嬗变

清晨的阳光温柔地洒下来，土楼里的一天开始了。在回廊下，老人在刷牙，妇女逗着小孩，还有人打着哈欠……

由于年轻人大多数都出去打工了，并且他们大多都不再愿意住在土楼里，和以前比起来，土楼里的生活还是冷清了许多。

老人们住惯了土楼，也就很少愿意搬出去，他们在土楼里养成的生活习惯已经很难改变了。面对外界快速变化的生活，他们还是选择了土楼里那舒缓、带着温情的节奏。

每个土楼的门廊里都会摆上两条长凳，整天都有老人坐在上面，时间久了，凳子表面磨得非常光滑。此外，门堂、天井、厅堂、楼梯、回廊、禾坪、池塘，无处不是公共空间，还有米臼、风柜等也都是公共财产，大家又同在一个祖宗面前磕头，这就形成了一种极为密切的关系，把一个人的生命和一栋楼紧紧联系在一起。同样，乡亲在评价一个人时，也经常把这个人和他居住的土楼联系起来："某某楼的人不行"；"某某楼的人真行"——一个人就"代表"了全楼人，这使得土楼居民都很有"集体荣誉感"。

随着"洋楼"越建越多，土楼里千百年来形成的稳固生活正被打破。年轻妇女阿才以前住在承启楼里，在和丈夫建起一栋四层的"洋楼"后，他们就搬出去住了。"洋楼"里每层都很宽敞，比每间房只有9平方米又没有卫生间的土楼住起来舒服多了。阿才的公公白天在"洋楼"里待着，带孙子孙女，晚上还是回到土楼里睡觉。

搬进"洋楼"里的人们依然保留了一些以前的习惯，比如每有钢筋混凝土的新楼落成，人们也往往像以前给土楼取名一样，给单门独户的新居刻上"某某楼"三个字。在游客们看来，这"显得很有文化"。

随着旅游热起，越来越多的土楼开始向专门接待游客方向发展，比如振成楼的一楼就摆满了旅游纪念品摊点，而土楼的数量不再增加，永定县最后一座土楼建成于二十多年前，此后便无人再建。

永定是侨乡，在鸦片战争后的"下南洋"时代，就有大批乡民外出谋生，但是那时偏僻家乡的步调并未因此受到冲击。20世纪80年代以来，市场经济的发展伴随着现代化交通路网和通讯手段的发展开始全方位地冲击传统生活，人们生活的重心逐渐由家族合力偏向职业分工。

阿才指着门前的公路说："你看现在去厦门多方便，天天都有好多班车路过，顶多三个小时就到厦门了"。

老苏是永定坪洋人，他以前也住在土楼里，后来搬出来了。"现在亲兄弟们都忙着分家，谁还建土楼、住土楼啊？"一年里的大多数时间，老苏都在厦门打工，在他看来，厦门的生活比土楼里"现代化"多了，代表着便捷、舒适——虽然那未必归他所有，大多数像他一样的打工者，仍然不过是现代都市生活的观众而已。

不过，传统生活总有其生命力在，不会全部消失，很多时候是换了一种形式继续发力。以前每座土楼的居民都有公田，众人出力同耕，收入用以祭祖、节庆或楼内公益事业。阿才说，现在承启楼作为旅游景点发包出去了，原有住户每年可分到25元承包费，大部分承包费都留下来了，作为"公田"用以祭祖、节庆等。

土楼"转身"

土楼热起之后，其价值便日益突显，同时，一系列的谜仍像笼罩着面纱一样，没有公认的答案：为什么数百人聚居，不论辈分大小一律均等，都是同样大小的房间，同样大小的居住单元？为什么闽南人也有住圆楼的？有人说圆楼是处于防御需要才出现的，但是世界上屡有战乱、匪患的地方那么多，为什么只在福建这么小的一块地区出现圆楼？

各路研究者为这些问题争论不已，这使得福建土楼奇上加奇。

撇开这些争论，在土楼们身上表现出来的，一些超越时空的东西越来越引起世人的关注。

土楼的建筑工艺很是让许多专家学者着迷。据宋《营造工法》，"筑墙之制，每墙厚三尺，则高九尺"，福建土楼显然超越了这一建筑标准，它们往往高近20米，而底墙厚度只有1到2米。

如今经过长时间风雨侵蚀的土楼墙体变得斑驳，其中会露出墙体中间的竹片或杉树树干，它们就是当年被当作产生拉力的建材，夯进墙体的。

圆形土楼有很强的抗震能力。土楼建筑者都是当地的木匠师傅、泥匠师傅，动工之前，他们要先来上一套完整的仪式，烧香化纸，安符出煞。开工后，把"严打""出水"等每一环节都进行得一丝不苟。他们没有留下名字，他们留下的是屹立数百年都坚如磐石的作品。

1918年2月，永定发生7级地震，当时已有二百多年历史的环极楼虽然被震出一个20厘米宽的裂缝，地震过后，由于圆楼的向心力和架构的牵引作用，裂缝竟奇迹般地慢慢合拢，整个楼体安然无恙、巍然屹立。

现在人们常谈及环保节能住宅，在此方面土楼可为典范。土楼所需建材全部为地产。土是闽西南乡见最常见的红壤土、瓦砾土和田岬泥；木是本地杉木。整座土楼除了门环门锁和包门的铁皮，不再使用任何金属材料。楼内木料全部采用木隼结构拼接，一个铁钉都不用。

这样在土楼建成后，不但和周围景观极其融洽，而且调温效果很好，冬暖夏凉自不必说，"可呼吸"的生土墙还能自动调节室内湿度，因为土性温和，外面潮湿时，土能吸水，外面干燥时，土又能放潮。

即便土楼被废弃，它们也不会留下建筑垃圾，造成环境破坏。构成它们的材料本来就出于泥土，最后也是回归泥土。

阿才搬出土楼后所住的"洋楼"就建在承启楼附近的高头村，在大山绵延的地带，平地本来就很少，现在高头村有限的平地几乎都建成了"洋楼"。

"大量独门独户的一字房无规划地随意建造，使得公共空间杂乱无章，原来紧缺的土地被占用，优美的自然环境遭到破坏，分散居住后，良好温馨的邻里关系明显淡化了……在地少人多的永定山区，人们一旦意识到这种发展形式的危害，是否会唤起对传统聚居模式的回忆？"当地民俗学者江剑锋说，"土楼有值得推广的社会价值"。

许多人有着和他一样的想法。当土楼之乡还想着如何在土楼里增加卫浴设施等，让老土楼与现代生活"接轨"时，国内外不少建筑已经开始应用"土楼理念"了。

日本东京艺术大学教授模仿永定圆楼，在日本建了森林科学馆，以圆楼立意创造了全新的空间形象；美国加州一个科学图书馆取土楼外观形象和封闭的平面布局手法，创造了对外封闭、对内开敞的闹中取静阅览环境；福建武夷山建了圆楼式的玉女宾馆；福建省图书馆的大门入口取圆楼形象，设计了半圆形的回廊，围出前院空间，使人们在从闹市进入图书馆的过程里，实现空间和情绪的自然过渡……

行走墨脱：
眼在天堂，身在地狱

文／彭丽　陈星（二○一四年○三期）

墨脱，西藏林芝地区下辖县，又称白玛岗——"隐藏着的像莲花一样的圣地"。

雅鲁藏布江大拐弯深处的富美之境，从海拔8千米雪山直降百米热带丛林，门巴、珞巴两个古老民族盘江两岸，如珍珠洒落、熠熠生辉。

21世纪，这里仍有马帮驼铃隐于林涧，负重背夫飞走悬崖。浓郁的宗教文化、丰饶的生态资源、恶劣的交通境况，使得这方高原孤域更添神秘。

本文写于2013年墨脱公路通车前。

8世纪，莲花生大师遍访仙山圣地，到此发现殊胜之象，遂弘扬佛法，取名"白玛岗"。

19世纪，白玛岗改地东宗，后迁址于墨脱村，更名为墨脱宗。

千百年来，佛教徒舍生忘死来此朝佛，徒步者不远千里前来穿越。

墨脱现辖七乡一镇：墨脱镇、背崩乡、德兴乡、达木珞巴民族乡（以下简称达木乡）、格当乡、帮辛乡、加热萨乡、甘登乡。以往，外界入墨主要有6条徒步线路：

1.由派镇翻越多雄拉山到达背崩乡。

2.走墨脱公路直达墨脱县城。墨脱公路亦称扎墨公路，简易粗通路，是墨脱境内唯一公路。公路上各地点均以该点距离起点的公里数（K）命名。

3.从波密县古乡翻越海拔超4000米的缩瓦卡雪山，进入甘登乡。

4.从古乡翻越海拔4650米的随拉山，到达加热萨乡；亦可再翻越一座海拔超过4000米的色金拉雪山到达甘登乡。

5.从波密翻越海拔4570米的金珠拉山进入格当乡。

6.由林芝县排龙门巴民俗乡，过雅江到达甘登乡。

墨脱属造山运动活跃地带，泥石流塌方频发，长时间来是全国最后一个未真正意义上通车的县城。

这朵隐秘莲花难显真容。20世纪50年代，十八军战士首次走第6条线路入墨，失败；再由第4条路线挺进墨脱、勘察公路。半个多世纪以来，墨脱

波密县扎木镇是扎墨公路的端点，左侧标志物刻有"墨脱公路初通纪念碑"字样

公路逢雨常毁，即毁即修，时断时通。

9月雨季，我们踏上墨脱公路，寻访这朵莲花深处的动人风景。

最早从24K至52K，需翻越海拔4200米的嘎隆拉雪山。一些援墨干部回忆，在山顶枯燥的行走中，唯一的快乐就是看一看山上的天池群。2010年，3.3公里的嘎隆拉隧道打通后，瞬间缩短了24公里的血泪之路。

立隧道出口俯瞰，下山接引公路有9个回头弯，山脚下的蓝顶矮房围成一圈，牧场牦牛散落其间。山脚，亦是52K，入墨的边防检查站。边防官兵由墨脱县相关单位抽调组成。

那是我们见过最简陋的边防站，风雨中不到2平方米的摇曳木房。它独落孤境，隐藏于嘎隆拉雪山与常年积水的天池急瀑之下。

嘎隆拉积雪终年不化，每年11月到第二年6月，大雪封山。冬季的墨脱更是与世隔绝。夏秋落雨连绵，雪山的真容愈发隐秘。入墨第一站的52K，让我们体验了这里的潮湿。一位边防战士来此4个月，皮夹克里层已生绿毛。

2012年的雨季已经持续半年，没有停止的迹象。墨脱公路被雨水泡出了更猛烈的石流塌方。80K往后，路多处中断。一些自驾车被边防站拦下，遗憾地调了头。我们也被迫在当地唯一的客栈停宿。

3天后，天气放晴，边防站传来消息：80K已通车。

我们幸运搭上一辆去62K的越野车。62K，原是1978年修建墨脱公路的大本营，如今已是牧场和伐木场。从62K始，我们开始徒步。泥浆裹腿，多为无人区。

夜幕降临，我们抵达80K。

80K是墨脱公路上最大的驿站和物资转运站，如1980年代的内地小镇，房舍、旅店、饭馆沿墨脱公路林立，进出县城的大型货车驻路过夜。重金属音乐摇晃着小酒吧，伴随霓虹灯穿透清冷而不失热闹的水泥街道。

原来，孤域墨脱也有人间繁华。

白玛岗

墨脱公路，令人提心吊胆的莲花之路。

即使互不相识，司机照面都会打招呼，互相询问前面的路况，彼此帮助抛锚的车。

寻常公路，百余公里，呼啸而过，享受速度与激情。而这条路，一路风尘，人车俱疲。因此路上多设休息站，如24K、52K、80K、108K和113K，甚至沿途村落也有客栈和简易商店。

开车行驶到113K，这里有一个墨脱公路修路据点形成的小村落。1981年，公路修至此处，已修好路段突发大型塌方，路被拦腹切断，修筑工程亦被急速搁停。国家从未放弃这片土地，十余年后再启修筑，1994年又遭遇同样命运。修路大军撤离后，部分修路知青携带妻儿定居于此。113K的住户不多，除修路"知青"，也有来此放牧耕种的达木乡村民，他们在此经营着小商店。

从113K至县城，我们一路沿雅江行驶。许多路段沿峭壁凿成，江水汹涌，山陡壁峭，如经天险。在塌方与石流中爬越，司机遥指那若隐若现的山头说，那就是墨脱县城。

依稀看到云雾中一束光线，温柔洒落片片房屋。

县城那座最高建筑的观景台，像极了灯塔，指引心之所向。

达木村

连续的雨断截了通往各乡镇的路。打听到，县城去达木乡的路还未断，雨后的晴天，我们驱车前往距离县城三十余公里的乡政府所据地达木村。

县城去达木村，沿墨脱公路回走，在113K向东拐进郁郁葱葱的山路，经过一个电站，再穿羊肠山道，在乡政府楼拐一个弯，即至达木村村民扎西的农家乐。这是达木乡第一家农家乐，庭院内有伙房、客栈，还有一座竹木房屋，绿意盎然。它正是独俱珞巴少数民族风情的展览馆。

88平米的展览馆虽小，却五脏俱全。推门而入，珞巴族传统灶台的篱笆映衬着先人的日常狩猎生活。弓箭、渔网、兽皮蓑衣等等，藤竹编织的各种工具，无不体现了珞巴人与大自然共处的智慧。

生活在高山峡谷，服饰多以植物和兽皮为原料，体现了珞巴人豪放的天性。女性的传统穿着——以鸡爪谷秸秆编织的"阶邦"（音译）草裙，现今仍被习惯围套在衣裙外，以保护衣服。与粗犷的服装相比，饰品却相当丰富。手镯、戒指、耳环、珠子项链、海贝饰品等，琳琅满目，一身行头重量竟达数公斤。男性以羊毛套头坎肩为主，长及腹部，披上野牛皮，格外英俊威武。

珞巴族的风俗也颇具特色，幼儿降生，亲戚要带上鸡蛋、酥油或其他营养品前来祝福；难产时请喇嘛念经保佑平安。从前的婚俗，女方的嫁妆是一头牛，甚至还有金银珠宝等，而男方则无须准备。人逝世后，要请喇嘛念经，定一个日子进行树葬。现在，树葬、火葬、土葬、水葬同时存在。

离开达木村，幸运地搭上一辆去108K的车。

我们又开始了新旅程：由达木乡的珠村，穿越上三乡，翻越随拉山出墨脱。

帮辛乡、加热萨乡与甘登乡是墨脱至今完全没有通车、条件最艰苦的三个乡，地理位置靠上偏北，所以统称"上三乡"。

珠村

108K至珠村。再往前几公里处，就是伸进上三乡的马行道，只能走人、骡马。因此，珠村成为前往上三乡的重要驿站。进出上三乡的人多会在此休整一夜再出发。

我们到珠村时日已西斜，便在唯一的旅馆落脚。住宿费一个晚上每人10元，与桶装泡面价格一致。由于语言之间有障碍，旅馆的老板比划说，珠村和上三乡都是这个价格。

次日清晨，我们被骡马的嘶鸣唤醒。昨晚一起借宿的帮辛乡牧民早已扬鞭，吆着牛马，启程赶路。我们亦在晨曦中追上了马帮的驼铃声，在云雾中追上了他们。

趁冬天来临前，牧民从62K牧场赶牦牛回家，已在路上走了4天。此情此景，在这条由珠村通往上三乡的马行道上随时可见。密集的丛林，陡峭的山崖，迫使他们百里劳顿地去远方寻找更广袤、更平坦的牧场。

腾起的云雾如散开的水墨画，弥漫了周遭，刚刚清晰入耳的驼铃不见踪影。一路上坡，只能听到我们急促的呼吸。空旷山野，路上了无人烟。拐了几处山口，逐渐有声音传来。这时，前方突然出现一群人，令人兴奋。背着小箩筐的村民，围着红黄蓝绿的纸箱讨论着，饮料、泡面、大米、日用品、洗衣机、家具等货物整齐地码放在路边。原来，货车只能把货物拉到这里，再往前就是悬崖和马行道了。村民不断地朝帮辛乡方向张望，等待前来接应货物的背夫和骡马队。

这是一个平缓略有些坡度的小平坝。越过它，便至这处恫人的滚石悬崖路段。最让人敬佩的是，悬崖中间硬生生开辟出一条只身而过的瘦道，如飘在山间的丝带。百来米长的悬崖路在连续的雨季冲刷下有些颤颤巍巍，滚落的石头惊险无比。行人路过此处无不抱头，眼望脑袋上的飞石，连蹦带跳地飞奔到安全地带。

一位骑摩托车的中年男人至此也不得不将车寄放路边，准备只身前进。他来自青海，是一名向帮辛乡乡政府供菜的商贩。他安全越过滚石悬崖路段，然而，紧跟其后的一名修路工人被滚石砸到了肩膀。穿行这段凶险的生命线，我们也倒吸一口冷气，不容多想片刻，即刻背上行李飞奔过去。到达安全地带回头一望，飞石滚落悬崖底下半天也不闻其声。

上三乡是出了名的野生动物天堂，狗熊、野牛经常出没，穿梭于林间的猴子更是常见。连日来的雨水刚停，只需些许光照，粗壮的蜥蜴和其他小动物总会及时出来，横行路边或攀附悬崖吮吸阳光。

一路走走停停。憨厚的背夫背着洗衣机，健步如飞，还不时地回头，鼓舞我们继续前行。

徒步12公里，大约8个小时，终于到达帮辛乡的垭口。

帮辛乡

帮辛，意为"平坦的土地"。

上三乡中，海拔1200米的帮辛乡，土地较平坦，适宜种植，人口多于加热萨与甘登，辖7个行政村，240户，1420余人，门巴族居多。

这里盛产墨脱石锅，每年石锅产量达4000口，是远近有名的石锅之乡。依山傍水的帮辛村与云雾山腰的根登村，是离乡最近的两个村。从乡里至其他村，至少需要4个小时的脚程，远的更要走1天。

西登村的石锅打磨技艺最好，价格也最贵。

石锅是墨脱县的特产，由天然"皂石"打磨而成，含数十种微量元素。这种质地绵软的石头正出自这片青山绿水中，按照质地绵软、色泽深灰白等分成三个品级，加上人工手艺水平的高低，价格差别很大。一口石锅，普通的价格在七八百元，贵一些的两三千元，有的甚至可达五六千元。

西登村石锅老人德钦伦珠家，是一座典型的门巴族木制房屋：底层用木柱支起，作库房、牲畜圈养，上层住人。德钦伦珠的石锅在一间小库房，有成品或半成品。直径最小为15公分，直径最大为21公分。除炖汤的普通石锅外，他还在传统技艺上创新，打磨了一口精细的鸳鸯锅。

村民去山上寻找石料，好的石料先背回村打造，差的就留在原地，待日后慢慢加工。石锅打磨好后，用竹筐装上，联络好买主，就将它们一次十余口地驮在马上，成群结队的骡马就出发送货了。

石锅的用法也有讲究。第一次使用，抹上清油，轻拿轻放。炖汤要多放料，将味道融进去。使用得当、保养完好的石锅炒菜味香浓郁，经久耐用。

德钦伦珠的妻子罗布措姆给我们展示一个泡酒炉。此炉由整块皂石打造，直径约50厘米，上方豁口包裹严实，在靠锅底下方开了一个小洞，方便随时满酒。

"这个炉才用二十多年，在以前色拉寺管辖时，村子里的石锅已经很有名气。"

作为墨脱石锅的发源地，西登村亦带动了周边乡村致富。

近年来，石锅供不应求，帮辛乡的原材料也逐渐稀少。21公里外的加热萨乡有着上乘的石料，吸引了帮辛乡村民赶着骡马去购买。

帮辛乡的宗荣村更是形成了自己的石锅产业，且发展了石锅合作社，有打磨工具和成熟的销售渠道。与西登村相比，宗荣村打磨石锅能手，年轻人居多。22岁的门巴族小伙子仁增次旺，5年前开始学习打凿石锅。刚学时，手很痛，掌握不了力度，经常浪费石料。现在，打磨已很顺溜，用模具简单地雕刻形状后，再深工细作，平均3个小时就能打1个。

次旺告诉我们："石锅原料，白色绵软的是上品，青色的第二等，杂色稍硬的是最次的，价格也就不一样了。"

久当卡村

帮辛乡距离加热萨乡有21公里。从宗荣村到加热萨乡的久当卡村是5公里，全为上坡、悬崖路。

穿越鸡爪谷田地和低矮树林，在宗荣村能看到两块大石头依山体悬挂的垭口，这里的风很大。来接应我们的加热萨乡乡干部说，此处是帮辛与加热萨的分界，俨然天然的"城门"。

城门兀地突立，守望着那奔腾不息的雅江与村落的凡尘。大自然的鬼斧神工，让路人和隐于林涧的马帮显得十分渺小。

起初只有50至80厘米宽的马行道，2011年拓宽至现在的1.5至2米，但很多路段并未达到所需要的宽度，只身而过的悬崖路段还是伴随着进出的村民以及骡马。

凛冽如刀割的风让初秋10月有了寒冬之感，走在碎石铺成的悬崖路上，眼睛只能直视前方，压根儿不敢朝悬崖张望。好奇心驱使我驻足观悬崖，一阵眩晕袭遍全身。

夜幕降临时，来到久当卡村。久当卡，意为"解放"。而加热萨乡，又有"沙地堆起来的地方"一说。这个雅江边上海拔1673米的村落只有22户123人，骡马却有82匹。与"石锅之乡"帮辛不同，这里只有玉米和骡马，骡马运输也成了当地的主要经济收入。

除几户人家发出萤火虫般的光外，整个村子陷在一片宁静中。随风传来几声狗吠，黑夜摸索滑过一片已收割的玉米地，熟悉的声音夹着陌生的藏语，乡干部说，晚上我们入住在村支书索朗家。

村里已停电半年，照明几乎全靠太阳能灯。随着索朗手电的指引，来到一处木头房子，他家也因我们的来访熙熙攘攘起来。

久当卡的传说与经过村子的雅鲁藏布江一样神奇。索朗的爱人德钦拉姆说，最初，久当卡一些稍为平整的坝子及村子，被具有法力的巴朗杰布霸占了，德钦拉姆的爷爷丹增平措恰好经过此地，把巴郎杰布驱赶走后就定居于此，也就逐渐形成了现在的村庄。"爷爷是从加热萨过来的，家里没有土地，一路流浪到久当卡。"德钦拉姆说，那个时候形成的村子只有四五户人家，后来与一起从巴朗杰布手里收复回来的"鱼迷村"组成了目前有22户人家的久当卡村。

历史并不止于现状，巴郎杰布被德钦拉姆的爷爷驱赶走后，在雅鲁藏布江对面一些散落的人家也从溜索溜到了久当卡定居。久而久之，江对面的小村落成了久当卡的农田示范基地，145米长、50米高的跨江溜索也成了村民时不时过去看看农作物长势的工具。

甘登乡

甘登在墨脱的正北方，离县城最远，有96公里。然而，加热萨至甘登短短19公里的路程，谁也不敢轻视。途经原始森林、百米悬崖、滚石路段；连翻5座海拔过千的山头，自加热萨始——加格普巴、当文普巴、米哈达萨、加云普巴和杭布拉；其中海拔最高为1921米，在平均海拔1200米的墨脱，难得一见。而甘登，海拔2038米，乃墨脱乡镇海拔之最。

平缓的山路开始变成上坡路，那些隐藏在云中的雪山也温柔地掀起它的发梢，羞涩地露出它白雪圣洁的额头。

在途中遇到回头的徒步者，被告知"两小时即到甘登"，并且沿途"有蚂蟥和蛇"。当天晚上8点踏着夜色到甘登时，才后知后觉这帮人的"戏谑"：我们少说也走了10小时；而时值10月，蚂蟥已不多。

不过，倒真见着了蛇。那是快过加格普巴的一处小瀑布。有人用竹杖差点戳到它——长不足尺，体青灰，遇袭头渐变三角，受扰后立即钻进落叶底。我们原地足等了5分钟，才小心着从旁边踮脚走过去。

越往甘登，海拔越高，植被越稀少。加热萨的悬崖路，向上山体树木繁多，向下崖坡森林茂盛，少有飞石滚落；而甘登，山体贫瘠，树林稀落，俯视可一览无余浩荡奔流的雅鲁藏布江；一段悬崖路，滚石随时有可能落下来。

这也是甘登牲畜较加热萨稀少的原因之一。没有植被和成片的森林，甘登的牛、骡子和马食少，就瘦弱；村民又不会赶马，有时翻随拉山往波密来回一趟6天，经加热萨往县城来回8天，几乎不歇前进，骡马或累死途中，或摔崖而亡。

从波密购买一匹骡马，少则4000元，多则7000元。险恶的交通极大阻碍了乡里的发展，甘登百姓生活处在全县乡镇的最低水平。

甘登，原音译"甘德"，辖行政村甘登、多卡和自然村加崩嘎，全乡361人，其中，门巴族95人，珞巴族85人，藏族181人；西面受隔雅鲁藏布江，东翻随拉山、北越缩瓦拉两座雪山过古乡去波密，南走加热萨、帮辛和朱村到108K；出入一趟费时数日，腿当车，肘作仗，背是担，抬起脚就意味着"必须征服"。

多卡村是甘登路况最险、灾害最多的村庄。2013年10月23日走访多卡，入村的吊桥边，一段于2012年7月雨季发生的大型塌方触目惊心地裸露着。沿雅鲁藏布江有一条支流，吊桥这边原始森林延伸的平坝上，几头牛儿围着水磨房悠然地食草饮水，那边——600米冲天的悬崖山体被天戟削去一半，通向村子的半山崖路断塌匿迹，废石残块直泻江中。

我们只能另行改道，在被塌方截堵的半壁山道上盘爬，10道弯，80度陡山，最后直升600米登山顶。站在山顶俯视，山体削裂处就在脚下，泥石流混杂着庞大的石块，好像从天砸落，滚入江中，激流倾刻覆没；那条残断的悬崖路上孤吊着几棵青松，摇摇欲坠。

墨脱县嘎隆拉山公路上积雪

随拉山

随拉山是墨脱人民古老的神脉。每年11月，"孤岛"墨脱大雪封山，道路开通须待6月山花烂漫。海拔4564米的随拉山顶，新年踏雪衍路，复年积雪覆迹；气象难测，翻山还得看天。如此，天高气爽过随拉，在墨脱人看来已是冒险；在封山时走雪山，无疑"找险"。

然而，我们却下定决心，翻随拉山出墨脱。

海拔差巨很大的墨脱，气候地貌沿垂直带渐变。随拉山从上往下垂直落差超过2000米，山顶覆雪、山腰裸岩，近山脚却是金秋的景象。

关于随拉的传说与险恶，我们道听途说，从来难于蜀道。"你们绝对翻不过去""山上每年都会死人""现在随时有雪崩"……它被描述得凶神恶煞，以至于它近在咫尺也让人措不及防。

事实上，它与人们所描述的分毫不差。

眨眼功夫，背夫德勒和欧里已坐在随拉山顶晒太阳，我们还在雪地迂回攀爬。有人弃旧路辟新道，却错误地走到了悬崖边上。善良的欧里慌忙开道前去营救，而这时，我们已达顶端。

随拉山就在我们脚下。如临浩瀚雪海，万物生灵，沧海一粟；空旷的雪原人迹罕至，白茫茫一片。

然而，不动声色的随拉山此时才"亮剑"：下山之路近贴崖壁，只有一人宽，上面覆盖着一尺多厚的雪，瞬间就没过了膝盖；有雪从山顶跌落，延坡滚千米直奔地表雪河。那从高原雪山融汇沟渠的雪河，倒影着金色雪脉，闪烁着大自然的神奇。雪山换上了金缕霞衣，此时才知已是傍晚。

斜阳留恋不下，气温无情转低。跋山涉雪至此，我们的鞋裤尽湿。下山的路途仍然漫长。早已冰冻麻木的双腿几乎在雪地里趟行，怕就怕脚底打滑或踩空，谁也不敢保证——像雪块那样滚滑千米落入河中，还能侥活人世。头顶冰锥排布，忽然有雪块拍肩，冷不防就是雪崩降临。提心吊胆却不能发声，有时一块儿看似温和的雪地，踩上去能吃掉你半个身子。

整整两小时，心弦紧绷，终于看到泥土路时，雀跃着恨不能飞上去。

至此，我们终与墨脱道再见。

文/毛剑杰

发现『中华第一城』

2007年11月29日，考古人员在浙江杭州宣布，良渚文化核心区域发现总面积达290多万平方米的古城。这是长江中下游地区首次发现的良渚文化时期的城址，也是目前所发现的同时代中国最大的城址，堪称"中华第一城"，其意义不亚于殷墟的发现。

王有根一听"城墙"两字便两眼放光，踩着摩的"突突"地迎上来。这个土生土长的瓶窑人已记不清是近一个月第几趟载人去看新发现的良渚文化遗址。2007年11月，杭州市余杭区良渚再次轰动了海内外：一座南北长约1900米、东西宽约1700米的良渚古城被发掘出来，出土的陶瓷碎片显示，这座古城的年代不晚于距今4300年前的良渚文化晚期。

摩的在小雨中渐渐远离富足的浙北小镇中心地带，在满眼田野青翠间转过几个弯后便看见了远古。

浙江良渚古城西段城墙基址

意外发现的"土筑金字塔"

遗址的发现始于去年6月的一次偶然。良渚考古工作站站长刘斌和同事们在杭州市余杭区瓶窑镇凤山村葡萄坎的河沟里发现了一些良渚晚期的破碎陶片，然后考古人员试探性地往东挖了一个小坑，却意外发现河沟东面有一座宽60米、全部用圆滑石块铺成、往南北方向延伸的地基。

18个月后，沉睡5000年的良渚古城展现在考古工作者们面前。城墙是氏族社会和文明社会区别的一个重要标志。这是一条两车道宽的城墙遗址，它像一条游走的巨龙，潜伏在瓶窑镇郊的稻田下，沿西面穿行近两千米，到西南角凤山，再往东方潜行1.5公里，经过正东山后转弯，往北奔跑1.7公里，经过长命村金家弄，到东北角雉山后，它还是停不下来，转西，在地底再前行1.5公里，才在西北角首尾相交。古城总面积达290万平方米，相当于4个紫禁城。

良渚古城墙用大石头铺成地基，石块大小基本均匀，显然是经过人工挑选的。它们被垫放在沼泽地上，隔开了潮湿的地气。地基之上，是一层层不断加高加厚的夯土，夯土里有5000年前红烧土的痕迹。古城墙厚度达

40～60米，保留比较好的城墙如今仍有4米高。城墙部分用纯黄土堆砌，因为先民们已认识到，只有那种烧过的黄土才可以用来建城——至今当地人仍用黄土筑河堤。在古城墙的黄土层中，有时还会掺加一层黑色的黏土层，这增加了城墙防水能力。

浙江良渚古城北段城墙基址

刘斌说，良渚古城墙的建筑技术有别于北方城市的夯筑技术，在同时期的其他城市遗址中也未见发现，是独一无二的。以至于有些专家把良渚古城墙称为"土筑金字塔"。

城墙外，有人工护城河环绕，东苕溪紧靠城门，从西南往东北擦过固若金汤的城池，城墙到南北两山是等距离的，良渚人利用地形，精心勘测，打造了一个世外桃源。

中华第一城

考古发现，良渚建城所需的土石全都不是当地产出，而是从南边山上采来的。生活在5300至4300多年前的良渚人没有机械，更没有开山的炸药和雷管，他们放火烧山，再用水泼到滚烫的山体上，于是山体表层崩坍，良渚人再把这种大小均匀的石块用船载到城墙工地。船的遗踪虽然尚未发现，但是考古发现有船浆，因此人们有理由相信，船只就是在水一方的良渚人的交通工具。

如此浩大的工程量，需要调动多少人力物力？故宫博物院院长张恩培先生把良渚古城墙称之为"中华第一城"，因其时间之早，规模之大，技术之成熟，别处难以比拟。倘若没有早期国家的出现、没有能调配人力物力的强力王权出现，是不可能做到的。

事实上，考古学家们早已注意良渚文化遗址强烈的国家性质。

1977年，中国考古学奠基人苏秉琦先生经过杭州，到瓶窑考察，经过临近苕溪的大观山果园，看到那个缓缓上升之后又缓缓下沉的大土坡，苏秉琦发呆了。不知是不是自言自语，他问身边人，"你看杭州在哪里？"他接着自问自答，"我看这里就是古代的杭州。"

16年之后，苏老先生瞩目的土坡底下挖出了莫角山高台遗址。

这个高台高达8米，面积起码有7万平方米，相当于10个标准足球场。平台上西北、东北、西南三个方位，又各有一个小高台。西北角的小高台上有三排直径90厘米、两个人张开双臂未必能抱拢的柱坑，无疑是大型建筑物筑角的痕迹，很有可能这就是王宫：考究的夯土，这么大直径的柱坑，只有很高等级的贵族才能享用。这么大规模的建筑，估计1000个人建造，也要造10年。

莫角山的熟土墩被认为是"王"的居住地。多年来，萦绕在刘斌的团队以及所有良渚文化研究者心头有一个疑问：王有没有城？王的城有多大？坐落在哪里？而城墙作为莫角山熟土墩的同龄产物，揭晓这个谜团。

城终于出现了。城的西墙并非正南正北，中间一些缓慢的曲率说明当年河绕城而流，城依河而建。而解剖沟中城墙外测的黑色淤泥明显多于内侧，它们是由生活堆积物在漫长的岁月中蜕变而成。

此前，在良渚镇庙前遗址，考古工作者也挖到过考究的房子：回廊结构的双排柱结构孔坑，孔坑下面还有木板的痕迹，先垫木板隔绝水气，上面再立柱，已经是比较成熟的土木建筑工程。但它的台子高度和面积规模远不如莫角山。如果莫角山上住的是国王，那么庙前住的很可能是他的大臣或者诸侯。

早于莫角山遗址一年发现的反山墓葬群已证实了国王和贵族的存在。反山墓穴的陪葬品等级是所有"土筑金字塔"中最高的，相当于王陵级别；而稍后一年发现的瑶山、汇观山，等级则略低于反山，可能是大臣或者巫师。陪葬品越多的墓葬，安放棺椁的平台距地面越高，也象征着越高的等级，平民的墓穴常常不筑台，直接埋在地里。反山墓主人按陪葬品的不同可以分为三类：一类是既葬琮又葬钺，代表的是王公贵族；第二类是随葬钺而不随葬琮，代表的是军官；第三类是随葬琮而不随葬钺，代表的是巫师。

环太湖地区政治宗教中心？

生活在古城中的先民，无疑是古城建造的指挥者及组织者，也就是良渚古国社会中的"上流人士"，包括国王、大臣、巫师、军官等等。而平民只能住在城外。已经发现的2000多座以上良渚时期墓穴里，60%～70%是只有几件陶器的小型墓穴，说明当时平民阶层数量相当庞大。按照陪葬品的多少，大致可以看出，良渚已经有王族、贵族、富人、平民的身份排列。不仅有相对于平民的高高在上，贵族内部也有高低贵贱之分。

如反山12号墓主人，是既葬琮又葬钺的王。这也是迄今为止发现规格最高的良渚墓穴，出土了良渚文化遗址中的玉琮王、玉钺王。南面23号墓女主人则被推测非常富有，因为她有最多玉璧，大大小小一共54块，散落在她脚的周围。它的被发现又引出了后面的10座墓。男性一律葬在北面，女性葬在南面，根据陪葬品相对于棺椁的位置，可以判断出墓中死者头朝北脚朝南。

北京大学考古学系教授严文明曾在媒体发布会上宣布，新发现的良渚古城是文明圣地。以这个古城为中心，嘉兴、苏州、上海、常州等环太湖地区，在当时应是有统一的宗教观念和相互关联的政治组织。这个文明中心的核心是良渚王城，它的统治范围是到钱塘江以北，长江以南，更远可能扩张到苏北和浙江宁绍平原。很可能，良渚文明还到了更远的地方，从出土遗址看，它最远往西走到了四川的三星堆，往南走到了广东的曲江石硖。

支持这种推断的一个直接证据是：反山12号墓玉琮王上的"神徽"图案，在太湖流域的众多古文化遗址中屡屡发现。这个神秘的"神人兽面纹"被大量精工细刻在良渚时期的玉琮、玉钺上，雕刻着卷纹云和大量羽毛，纹路细密到要用放大镜才能看清。这个图像一直被学者们反复研究，那是一个长得像老虎的怪兽的头上，坐着一尊大眼、宽鼻、龇牙咧嘴、神态威严的神。神长得有点像埃及法老，又有点接近三星堆的青铜人面像。

按照刘斌的说法，这就是一个神，一个良渚文化区人们统一信奉的神。它表明良渚先民们的宗教信仰已经脱离多神教，进入一神教阶段。它更是连接庞大的良渚社会各个阶层的精神纽带。

良渚人日常生活拼图

经过几代考古人之手，良渚先人的生活拼图已日趋完整。而城墙的发现，或将成为良渚人生活拼图中又一块至关重要的新内容。

约5300—4000年，我们的良渚先民脚踩长江下游环太湖流域水网交织的沃土，头顶温暖适中的阳光下开始了他们的生息繁衍。

他们最初在族长率领下，过着大家族的生活——那时落单者将随时面临不可测的凶险：饥饿、寒冷、野兽……渐渐地他们学会了夯土立桩造土木结构的房子，又发明了石犁，开始了稻作农业。

良渚人喜欢集体下田耕作，一起劳动，耕地有石昌、锄草耕地有石刀、石铲、石锄，收割有石镰和割稻穗的半月形双孔刀……

不过在稻谷成为主食的同时，先民们还是喜欢偶尔上山打打猎或者出海捕捕鱼改善一下生活，运气好连海里的鲨鱼都能抓到成为盘中美餐。野味则有鹿、梅花鹿、四不象、虎、象、野猪以及各种鸟类。

良渚人还讲究荤素兼搭，盛食物的黑陶器里除了山珍海味外，也少不了自己种出来的蔬菜瓜果。

他们会种不同口感和营养价值的大米，可能会酿制米酒。另外，这一带水果丰盛，他们还可能会酿果酒。

至于良渚人是在家喝酒还是在酒肆聚众而饮就不得而知了，能够推测的是，良渚人吃饭喝酒都喜欢席地而坐或者蹲着，因为出土的酒器和陶器，装饰的部位都在席地而坐或者蹲着才最容易看到的地方。还有就是良渚人在和神"沟通"的时候需要借助酒力，因为酒使人产生迷幻的感觉，通过这种感觉巫师可以把良渚人带进祭神的最佳状态。

农业收成一年好过一年，渐渐地就不需要所有劳动力都下田劳作了，有人去当兵，有人成为专职巫师，对于品质生活的追求则产生了专职的玉匠，良渚人钟情于一种通透的石头，它被称作玉。玉匠们不惜心力从无数普通石头里找到看起来差不多的玉的原石，把它的晶莹光泽打磨出来，做成各种样式，身上戴的屋子里摆的平时用的，玉琮、玉璧、玉钺、玉冠、玉鸟、玉龟……图案的雕刻精致到要用放大镜才看得清。

戴帽着衣裤穿木屐的良渚人还会在黑陶器上刻各种符号进行交流，有十几种，那被认为是良渚人在祭祀活动中产生早期的记事符号。

良渚人必须在较短的生命时间里完成各种使命，在当代人三十多岁还在谈恋爱的年龄，良渚人已经传宗接代并走完一生。他们的家庭一般只有两代人，等不及三世同堂。出土墓葬还表明，良渚人已经过上了一夫一妻的现代婚姻生活。

资讯

良渚文化是夏商周三代以前中国远古文化发展的一个顶峰，分布于环太湖地区一支著名的史前考古学文化。良渚遗址是良渚文化的中心遗址和文化命名地，位于余杭区的良渚、瓶窑两镇。

1936年11月3日，西湖博物馆年仅24岁的施昕更发现良渚文化。

1959年，著名考古学家夏鼐正式提出了"良渚文化"来命名这支为中华文明的诞生做出卓越贡献的原始文化，很快被接受并沿用至今。

1977年，考古学家苏秉琦推断"良渚乃古杭州"。

1986年，开掘反山墓葬。

1987年，清理安溪瑶山良渚墓葬，首次发现了与祭坛复合的遗迹。

1991年，瓶窑镇汇观山发现一处形势与瑶山十分相似的祭坛，总面积近1600平方米。

1992年至1993年，发掘莫角山遗址。

2006年6月，意外发现良渚古城墙。

2007年11月29日，考古人员召开新闻发布会公布良渚古城墙的发现。

南澳：中国『金银岛』往事

文／何书彬（二〇〇九年〇七期）

> 从澄海的莱芜渡口到南澳岛的长山尾渡口，平底船需要摇晃50分钟。这是个让人感觉轻松愉悦的小岛，但是，在"史上"相当长的一个时期，与这个海岛相伴的调子都不是平静柔和，而是桀骜不驯。在许多记载里，这个小岛都是"海贼"的同义词，是不时惊扰闽粤地方官员乃至中原王朝的一个噩梦，特别是在明朝后期，此地海盗活动的频繁程度与规模，均堪称"中国之最"。

要到闽粤之交的南澳岛去，渡轮是唯一的交通方式。从澄海的莱芜渡口到南澳岛的长山尾渡口，平底船需要摇晃50分钟。这里没什么现代工业，渔业、旅游业和风力发电是这个海岛的经济支柱，人们来这里享受沙滩、海鲜和新鲜空气。

无论从哪个方面来说，这都是个让人感觉轻松愉悦的小岛。但是，在"史上"相当长的一个时期，与这个海岛相伴的调子都不是平静柔和，而是桀骜不驯。在许多记载里，这个小岛都是"海贼"的同义词，是不时惊扰闽粤地方官员乃至中原王朝的一个噩梦，特别是在明朝后期，此地海盗活动的频繁程度与规模，均堪称"中国之最"。

"红头船"里的秘密

人们前往南澳，首先看到的就是"红头船"。这是一种用油漆把船头涂成红色的木船，在清朝末年，无数沿海民众就乘坐这种船只"下南洋"，以至于后来"红头船"就成了当时所有洋船、商船的俗称。

今天"红头船"仍旧被广泛用作渔船和商船。在去南澳的莱芜渡口，除了一艘平底渡轮和几艘快艇外，便大多是"红头船"，渡口附近还有一个公园就叫"红头船公园"；南澳岛上的船只则几乎都是"红头船"。

在潮汕一带，几百年来"红头船"都与当地人的生活和历史交织在一起，散发着一种艺术化的民俗色彩。很少有人会想到，开始时，将船头漆成红色出于官府的强制，目的是切断当地居民与海盗的联系。

问题出在海禁政策上。东南沿海，特别是闽粤交界一带，早在宋元两朝

广东澄海市南港港口进港休渔的渔船有序停放

鼓励海外贸易时，海商们为了追求更多利润，已经在悄悄绕开当时的市舶司（海关）偷偷进行贸易，同官商争利；明清实行海禁，让这些"地下贸易"也难做了，但这一带地少人稠的客观情况又让当地民众离不开海洋贸易，不得不继续"以海为田"。既然不能再合法"通蕃"，他们就干脆做了非法的"海贼"，于是"商船"转为"寇舶"，形成官府眼中的海盗集团。

另外，因为这是一个"三不管"地带，自然就有因职责划分不清而扯皮之事，这在"靖海"上自然也不例外，"巡海官兵遇有歹船，妄执闽粤疆界之分，不肯穷追；及至失事，则互相推诿。"这无疑是助长了海盗的活动，于是这一带更成"贼艘出没之区"。

中国版的"金银岛"

虽然海盗集团在海上往来如风，但他们也需要一个陆上基地，一番选择之后，南澳岛成为一个最合适的"巢穴"：这里距离大陆的距离不远也不近，既足以和官府保持"安全距离"，又方便随时到大陆上"侵犯"一下；南澳岛上的居民在明初被朱元璋强行迁徙，留下大片田地可供耕作；岛上山

广东汕头南澳岛金银岛

势险峻，利于筑城修寨，有险可据。最重要的是，这里地处国际贸易的航道要冲，距离太平洋主航线不过几海里。

就这样，南澳顺理成章地成为了中国版的"金银岛"，并且从它进入外界视野的第一天起，就和海盗故事有了扯不开的关系。那还是在宋孝宗淳熙七年（1180年）三月，"海上剧寇"沈师"啸聚甚众，犯南澳，岭东震动三月"，广东常平提举杨万里集合了数郡兵力，平定了这一事件。从此，南澳开始在史书记载上作为"贼穴"出现，之前它不过是一个无关紧要的荒岛而已。

从此海盗的势力越来越大，顾炎武说南澳："洪武间，居民负险作乱，遂为贼巢"；《南澳志》载："终明之世，漳潮无安堵，寇乱较唐宋元为尤烈"，到了明朝后期，南澳一带的海盗势力已大到了动不动就"战舰数百，聚众万余"，横行海上，向过往船只征税，俨然一海上王国。

面对以上情况，中原王朝自然是一百万个不乐意，屡次征讨，但总是无法斩草除根。问题还是出在海禁上，正是海禁使许多人逐利的天性无法发挥，于是沿海许多豪门、官员、官员亲属都与海盗有着关系；对于升斗小民来说，不能"通番"则无疑于对生计有着巨大的杀伤力，于是就常常参与和海盗的私通接济活动，以"一叶之艇，送一瓜，运一罐，率得厚利"，有的干脆加入"组织"，把海盗当成职业。在这种情况下，海盗就具备了"民众基础"，官兵来围剿海盗时，沿海民众的反应则是"每见官兵动静，则星火徒报，官府密令哨探，则推避不从"。

"红头船"举措正是在这种背景下推出，做法是"将出海民船按次编号，刊刻大字，船头桅杆油饰标记"（雍正初年谕旨），此外还限制民船营造规模，期望以此举加强对民船的控制。广东在南，南方属火，用色为赤，于是船头便漆成红色。

就在当今"红头船"大量停泊的南澳岛深澳湾旁，有一个名为"吴平寨"的村庄。

在中国漫长的海岸线上，这可能是唯一以海盗的名字命名的村庄。明嘉隆年间（1521年—1572年）是中国海盗的全盛时期，吴平则是这一期间活跃在南澳岛的众多海盗首领之一，此外，还有林国显、许栋、许朝光、林凤、林道乾、曾一本等海盗集团把南澳"先后据为窟宅"或活跃在附近海域。这些海盗之间有错综复杂的关系，比如，林凤是林国显的族孙，吴平是林国显的侄婿，林道乾的船队里有林凤的船只，曾一本承接了吴平的部众……

对于"吴平王"的故事，村民们对他传奇性的一面津津乐道，比如他虽然身材短小，但相当精悍，"能在海里潜游七八里，从诏安游到南澳"——这些足以使他当好一名海盗，但还不足以成为海盗头领，成就他的是"有智略"。

紧挨着吴平寨的，是今天南澳岛上的景点之一"金银岛"，这是一个在海边的小山，山下即是深澳湾。

"金银岛"上有吴平妹妹的塑像，她左右拿剑，右手拿着元宝，是这个岛上的"护宝女神"。南澳岛上神佛满天（南澳人口只有7万多，庙宇就有30多处），自然也不会少了"护宝女神"的香火。人们相信，摸一下"护宝女神"手中的元宝能给自己带来财运而不去理会传说中的故事——她正是不肯离开大批财宝，才死在此地的。

"官""盗"博弈

传说的真伪无法判断，在嘉靖四十四年（1565年）秋，这里曾有过一场恶战却是毫无疑问的。对阵的双方在当时都声名显赫，一方是战绩卓著的名将戚继光、俞大猷；一方是"设三城海上，纵横南澳、浯屿（在今福建省龙海市）间"的名海盗吴平。

吴平早已料到有此一战，他在寨前的海湾里布下了海底石墙，阻止俞大猷率领的水军。双方的力量对比是：吴平船400艘，众万余；俞大猷统领福建和广东的水兵，船只数量为300艘，戚继光统帅陆军——5000名"戚家军"。可见海盗吴平的实力并不低于正规官兵。之前俞大猷对他曾用招抚策略，但他旋即复叛。

此次，戚继光一到南澳，即在外围运石、沉船以沉塞港口，同时以兵船环列南澳岛，将全岛封锁，随后登陆，与吴平恶战数天后，俞大猷赶到，与戚继光会同作战，此后戚继光在正面进攻之外，又以3000精兵从敌后登陆奇袭吴平。

是役，吴平大败，被俘斩万余人，吴平仅率百余人驾小舟逃脱，后又被俞大猷的部将汤克宽追击于今越南境内，不知所终。有人说他战死在越南，也有说他又再次逃走。对此顾炎武在《天下郡国利病书》中的记载是："然往有亲见平鲜衣怒马，在京浙日为富商大贾。平已炙其面……人无识者。"

南澳岛上的雄镇关可以说是这场战役给南澳岛留下的"纪念品"，这是一道石筑的关口，戚继光奇袭吴平时，曾"道出于此"。

许朝光是和吴平在同一时期活跃在南澳的海盗首领。他曾自任"澳长"——将"海关"和"海洋执法"结合为一体，并仿照官方的海外贸易机构，对商船"抽分"收税，交税的海商则称之为"买水"，"澳长"则要保证船货在"买水"后的海上安全。

当然，做"澳长"的绝不止许朝光一人，林凤还有后来的郑芝龙，在私商贸易之外，都效法了许朝光这一"抽分"法，与官府争夺商船税。在人们的一般印象里，海盗应该干绑票和打劫才算是"务本行"，但是对"大航海时代"的中国海盗集团来说，自立"海洋政府"，收税费可以让收入更稳定——朝廷浪费了海洋，但是海盗不肯浪费。

现在南澳岛上，有许朝光留下的"许公城"和"许公陂"。还有他留下的"海上烽火台"——烟墩，这是岸上观察敌情之报警系统。

官府眼中的海贼，在民间却被称为"王""公"，曾参加辛亥革命的陈梅湖在其编撰的民国版《南澳县志》里写道，他对于南澳人将吴平、许朝光"曰王曰公"很有感触，"可以想见当日平势之盛，及朝光之无残虐于澳民"。作为一个曾经的秀才和革命党人，陈梅湖亲身经历了清末的吏治败坏和民国的社会混乱。民国时期的南澳岛上也出了三个海盗，但这三人除了蛮横、粗暴和擅长杀人越货外就没有其他特点了，比起他们的海盗祖先不知道"退化"了多少，对此，陈梅湖痛斥他们为"匪"。

最后的高峰

在和海盗多次交手之后，朝廷大员终于意识到把南澳这样一个"地险而沃"的好地方拱手让给海盗真是太可惜了，于是在1575年，福建巡抚刘尧诲会同两广总督殷正茂联疏请设南澳副总兵，其中除了陈述加强武备之外，还提到所需的费用怎么解决：因为北上福建或者南下广东的商船都要经过南澳海域，所以，南澳总兵可对之批验、抽分，作为兵费来源。

这个上疏当即得到批准，毕竟，朝廷再也不愿意看到像"合二省"之力才把吴平这样的大海盗集团扑灭的事情重演。于是就在刘尧诲上疏当年，南澳设立了总兵府，配置"副总兵一员，通领舟师三千"。

也正是在此时，南澳和郑氏海盗集团结下不解之缘。明末，在之前海盗活动的基础上，郑芝龙势力雄长，发展为拥有大海船千艘，有众十万的强大海上力量，在资本、贸易范围和活动时间方面都达到了明季海盗的顶峰。

对此，福建巡抚朱一冯在1627年执行"以夷攻盗"政策，期望借助荷兰人的力量来消灭郑芝龙。这一政策曾经在对付林凤海盗集团时用过：1575年，明王朝就曾派遣把总王望高到菲律宾联合西班牙人攻打林凤舰船，此后明王朝为了犒赏西班牙人，许其在厦门通商。

郑芝龙自然不想重蹈覆辙，像前辈海盗一样在"内忧外患"中出局。他率先出击，大败荷兰人，烧毁荷兰快艇奥沃克号，捕获西卡佩号和另外四艘舰船，从此荷兰船只再不敢出现在台湾海峡。

广东汕头深澳镇南澳总兵府

1628年，崇祯皇帝即位，对郑芝龙实施招抚策略，为长远考虑，郑芝龙接受招抚——以一个商人兼"海洋政府首脑"的精明，他不能长期腹背受敌，必须获得一个稳固的陆上基地，免除后顾之忧，集中力量对付荷兰人和与荷兰人勾结的海盗集团。

当然，郑芝龙依然保持海盗本色。到1633年时，他肃清了其他海盗集团，平息了"东南海氛"，这固然是为明王朝"靖海"，但对郑芝龙来说更有利可图。海洋贸易航线从此畅通无阻，郑氏集团也成为最强大的海上力量。

从此郑芝龙"独有南海之利"，他对所有海舶征收税费，无论华夷，均是"不得郑氏令旗不能往来"，仅此一项收入就使他"富敌国"；他还"常于澎湖外设市，税诸洋之货"；另外郑氏集团自己也展开大规模海外贸易，比如在1633年—1638年间，郑氏集团每年开往台湾与荷兰人贸易的船只少则几十艘，多则一两百艘。

当时的明朝廷正忙于"西北之虏"和"中原之寇"，无暇顾及郑芝龙不合法的所作所为。于是，在经营多年之后，明季海盗终于使海禁政策名存实亡，从此沿海居民都有机会参与海洋贸易，郑芝龙则在收了税费后保证海上安全，如此仅在福建一地，海商每年就可避免数百万商货银钱的损失。

这是继郑和下西洋之后，第二次"海道清宁"。不同的是，后者是朝贡体系里皇家威严的体现，前者则暗合了"大航海"时代的世界节奏，并洋溢着民间的活力。

这一时期的荷兰人正在拼命拓展海上势力，并恰好遇到了郑芝龙这个强劲的对手，他们要与中国通商，必须按照郑氏的要求；他们在海上抢劫了中国商船或者强征了船税，马上就有郑氏舰船找他们算帐。关于两者的力量对比，有一组数字很能说明问题，郑氏集团可控制各种海船近万艘；同期荷兰东印度公司拥有船舶约三千艘。

1641年—1644年，郑芝龙在南澳做了3年零1个月的副总兵，之后降清，郑成功继承了他的海上事业。同时，父子二人走向决裂。

1647年，郑成功在南澳招兵，举事反清，在"人人可以为贼，户户可以藏奸"的"传统"下，曾经的海盗人马一举成义师。今天在南澳的总兵府大门口可以看到一棵树龄四百多年的古榕树，此地即是当年郑成功招兵处，因此这棵树也得名"招兵树"。

此后数十年，郑氏集团的舰队仍游弋在广大的东亚和东南亚海域，郑成功延续了父亲的海上抽税制度，每船依照大小或所载货物，收取税金，并发给牌记，持有牌记的船舶不仅在本国具有通行效力，而且可以通往东西洋。

1684年，伴随着康熙拿下台湾，郑氏集团的舰队也退出了南海——从此海洋上再没有这么大的中国海盗力量。对于荷兰东印度公司来说，这可是个好机会，他们马上填补了这个空白，反正大清不会派舰队和他们竞争。

此时中国正在步入"康乾盛世"，远在北京的清朝廷对海洋没有兴趣，更不想在上面浪费精力。"红头船"政策的推出，更是在海禁之外，为民间贸易再加一重锁链。

中央王朝终于心满意足地把它对民间中国的控制力从陆地延伸到了海洋，中国千百年来在海上表现的活力只逐渐留下一个模糊的背影，直到"海氛"再次被进逼的西方势力挑动，清朝廷才发现"靖海"绝不仅仅是针对内部就能获得成功。

南澳，这个弹丸之地，则在承载了不同力量数百年的角力后，重新隐没在历史的海洋里。对于这里的山石草木来说，什么也没有发生过，除了四时流转、云起云飞。

骑楼下的厦门

文／何书彬（二〇一〇年〇一期）

活着的人们，过去如此，在可以预见的未来仍是如此。

在到厦门之前，宁浩为给电影《疯狂的赛车》寻找外景地，已从哈尔滨一路向南找遍了大半个中国。当他看到厦门老城区那一大片老骑楼时，决定"就是这里了"。

这里是一片既江湖又民俗的地方，于是，伴随着一曲《浮沉的兄弟》，厦门湾的海面、渔船和海边的骑楼建筑一起登场，它们统统都"很厦门"。

厦门的"厦门"

厦门的一天是从第一码头开始的，天刚亮，第一码头就忙碌起来，渔船从各地送来了海鲜，再由这里送到旁边的第八市场。

第八市场，厦门人将之简称为"八市"，这里不仅是全厦门，也是全闽南鱼货最集中的市场，大半个厦门的酒楼都来这里采购鱼货，搬迁出去的老厦门人，也从新城区乘车穿过大半个城市，来八市购买海鲜。

以第八市场和旁边的中山路商业街为中心，这一块方圆不过2平方公里左右的地方密布着近百年前建成的骑楼。骑楼与骑楼之间，则是狭窄的街道，也就是黄渤在《疯狂的赛车》里拼命蹬自行车的地方。

直到今天，厦门也不是一个多大的城市，在全国15个副省级城市里，厦门的规模是最小的，把市区和郊区全算上，也不过才220万人口，面积1500平方公里，在这其中，依照厦门人的说法，又只有100平方公里多一点的厦门岛才算是"厦门"。

而依照老厦门人的看法，关于"厦门"的定义要更严格，那就是只有这一片位于厦门岛东南的骑楼区域才是"厦门"。于此有证，厦门大学中文系一位教授津津乐道的一个故事就是：在刚刚改革开放时，厦门大学的老师要去中山路买件衣服，一定会说："今天我要去厦门逛一下。"其实，他要去的"厦门"距离厦门大学不过才3公里。

隔着一道窄窄的鹭江海峡，与这片骑楼片区相对就是曾被评为"中国最美城区"的鼓浪屿。厦门曾经设置过一个"鼓浪屿区"，后来在区划调整中，鼓浪屿与厦门本岛的老骑楼片区都归属了思明区。在老厦门人看来，这里面又有说法，比如大家会把出生、成长在鼓浪屿的人特别称以"鼓浪屿人"。

为什么会有以上说法？这和厦门的历史渊源是有关系的，一直到20世纪80年代，厦门的城市建成区都很小，主要就是鼓浪屿和本岛的老骑楼片区，而两地的色彩是不同的，鼓浪岛可以说走的是"高端路线"，特别是在20世纪上半叶，鼓浪屿曾有过13个国家的领事馆，数量之多超过同一时期的上海，会集在鼓浪屿的，则是海内外的商界、文化界等各界名流。

与鼓浪屿相比，厦门岛的老骑楼区域则是一个市井厦门。这一点从建筑面貌上就可以看出来，分布在鼓浪屿上的，都是带花园的西洋别墅，每家每户都有自己独立的私人空间；骑楼区域则是连成排的楼房，间或夹杂着几间闽南大厝，私人空间与公共空间紧密交织在一起，不分你我。

"漂"来的建筑

骑楼建筑源于西方的外廊式建筑，首先由英国人在新加坡殖民时期建造。在一百多年前，东南沿海大批民众通过厦门等口岸"下南洋'，经历过一两代人的积累过后，他们手中渐渐积累了本钱，于是，拥有浓厚故土情节的他们便再度回乡，并且把骑楼这种建筑形式带回中国。

1920年，厦门市政会在规划建设厦门的新城区时，以骑楼作为街市的主要形式。从此，在短短的十余年内，骑楼建筑就如雨后春笋似得成长起来。1938年，厦门沦陷后，华侨建设骑楼几乎停顿，今日厦门老城区的面貌基本形成。中华人民共和国成立后，厦门则成为对台斗争的前线，城市规模和面貌在此后几十年中都无太大变化。

当然，如今在中国可见骑楼的城市不只厦门一个，在北回归线附近的昆明、北海、海南、广州、漳州、泉州等热带或亚热带城市，都可以见到骑楼的踪迹，但像厦门这样老城区几乎是清一色的骑楼，并且在30年来的经济浪潮中完整地成片保存下来，是其他城市所没有的。在20世纪80年代，厦门刚刚成为经济特区时，老骑楼片区即被定位为"保存"。一直到今天，除了骑楼区域的外围有高楼建成外，骑楼内部区域基本不动，即便是新建的商业建筑，也都是全力仿照老骑楼的样式建起来的。

厦门目前保留较完整的展现近代历史风貌的中山路步行街

时间一久，骑楼这种"漂"来的建筑就在厦门深深地扎下根来，甚至新城区的一些街道，也要仿照骑楼的样式来建设。于是，许多外地游客，便会误以为骑楼是厦门的"土产"。

如今位于骑楼区域中间的中山路商业街是来厦游客必至的地方。它和它周围的许多老街一样，是步行的天堂，不是汽车的领地。如同本地一名作家所说："如果有时间，我愿意多去轮渡中山路走走。骑楼是为闲逛的步行者设计出来的，贴合我们的身体。"

在骑楼下一边看着店面，一边摆上小桌小凳泡上功夫茶，三两个人就这么"话仙（闲聊）"一整天，是很多老厦门人的生活习惯，也是骑楼下常见的风景，工作和休息在这个时候是不分彼此的。时间长了，厦门人还把这个方式延伸到街道上，中山路改为步行街后，分布在厦门各地的咖啡馆纷纷在这里开起分店。人们在这里随心所欲、漫无目的地闲逛着，偶然走到一家咖啡馆旁，合意了就坐下懒散一下，接着看别人闲逛。

众多的小吃店，还有本地特色的庙宇，隐藏在骑楼深处，全都等待着闲逛者有心无心地路过。福寿宫里供奉的是保生大帝，在闽南和台湾，保生大帝有着上千万的信众；昭惠宫里供奉的则是"开漳圣王"陈元光。爱好南

中山路步行街两旁的骑楼建筑是厦门建筑文化的代表

音、高甲戏等闽南地方戏的"票友"们，在这里狭窄的巷子中有自己的戏剧社，偶尔他们也会来到中山路上，吹拉弹唱，为游客们表演一番，操着普通话的游客是听不懂这地方戏的，但感觉"很有味道"。

到厦门去散步

我一直以为，厦门人性格的养成，是和骑楼建筑大有关系的。比如，厦门有个"经济特区"的招牌，却一直以"慢城"著称；邻近厦门的泉州人以善于闯荡著称，厦门人却显得不温不火。对此，一个善于调侃的厦门人会说，算了，就让泉州人去"爱拼才会赢"好了，厦门人就要学会知足常乐。

以上特点在骑楼里就可以体现出来。偌大的骑楼片区里可以说没有一座"标志性建筑"，所有的骑楼建筑都"打成一片"，就如同厦门人一样不爱张扬，又把小日子打点得不错。

骑楼里的空间，既是住户们喝茶的地方，又是行人们散步的地方，还是市政道路。于是，在这里，"家"和"城市"是浑然一体的。厦门人的家园意识，就这样自然而然地培养起来。从20世纪80年代到现在，厦门市的建成区已经从骑楼区域扩展至厦门全岛，但是，厦门人在骑楼里养成的性格并无太大变化。

比如，厦门大学教授易中天在他的《读城记·厦门岛》里就写道："许多作家（比如福建作家孙绍振）都注意到，厦门人无论是在建设自己的城市，还是在维护自己的城市时，态度都十分自在、自如、自然，就像是在装修和打扫自己的小家和住房。这种从容乃至安详无疑来自厦门人对自己城市的'家园之感'。正是这种'家园之感'，使得他们不必依赖于纠察队或罚款员的监督而自觉保持街道的洁净如洗和车站的秩序井然。也正是这种'家园之感'，使他们像德国人服从内心道德律令一样，不做有损自己城市形象的事情。"

因为骑楼区域里洋溢着浓浓的闲适氛围，进而厦门人又把这个氛围扩展到全厦门岛。茶馆自不消说，另据好事者统计，厦门的人均咖啡馆数量是全国第一，南华路更是"咖啡馆一条街"，虽然说是"一条街"，但绝非挂满招牌热热闹闹的那一种，而是每一家咖啡馆都安静地待在路边的老别墅里，主要以个性取胜。在这些咖啡馆里，最受众人喜爱者又非"黑糖"莫属。

"黑糖咖啡"的老板是个自称"水街君"的台湾人，当年从台湾来到大陆，走过了许多城市许多大学，最终还是决定在厦门搞上一家。一所不起眼乃至破落的房子，经"水街君"一打点，就变得很舒适懒散。偶尔"水街君"雅兴小发，还会在咖啡馆门口整上一幅对联，写道："心中一田园种竹养猪皆为知己；门外众生相尔虞我诈都是畜生"，横批"五十自述"。另如，在八国集团首脑会议开幕前夕，"水街君"会在门口挂上一个小黑板，上面写道："如果小布什签署京都协议书，本店咖啡八折。"

厦门人把骑楼下闲逛、"话仙"的乐处照例扩展到全岛各处。同样是在易中天的《读城记·厦门岛》里写到"厦门可以休闲的地方之多，是国内许多城市都望尘莫及的。"除了密布全城的公园，厦门是可以把道路也当作公园来建设的，一条环岛路40公里长，草坪的绿、沙滩的黄是主色调。另外，作为一个海岛，厦门岛上有着大大小小许多山头，这些山头如今都成了山体公园，山上多得是泡茶的地方，人们呼上三五好友，叫上功夫茶一份，即可消磨半日光阴。

如果说，人们喜欢北京是因为它是首都，喜欢上海是因为它有"十里洋场"，喜欢广州、深圳是因为此地可淘金，那么，人们喜欢厦门则是因为它实在太有"家"的感觉了。也正因为如此，这个城市的每一次变动，都能唤起集体的注意。"如何留住我们的老城记忆"是人们很容易产生的共鸣。

如今，经过数十年的风雨，厦门的老骑楼片区已稍显破旧，但是与其他城市的老城区相比，这里没有丝毫的破败，依然处处是生动鲜活的生活景象。如果说，要给骑楼下长大的厦门人寻找一个最合适的特点，那就是，他们是一群认真生活着的人们。他们过去如此，在可以预见的未来仍是如此。

石硖尾：香港公屋政策的缘起

文／王残阳（二〇一六年〇四期）

香港"古惑仔"系列电影的片首有这样一段话："1956年（应为1953年），石硖尾大火，香港政府为安置贫民，大量兴建徙置区。随着战后一代迅速成长，数以万计家庭生活在狭小单位中，加上父母为口奔驰，填鸭式制度又不完善，很多少年医此走上歧途。徙置区球场是他们发挥精力的英雄地，也是培养古惑仔的温床。"

在香港九龙半岛西部的石硖尾寻找电影中那些熟悉的场景，这里有属于一代香港人的共同记忆，这里也是香港公屋政策的起源。

美荷楼：全港仅存的第一代公屋

今日的美荷楼，是一家颇有名气的青年旅舍。这家旅社位于深水埗区，距离地铁站仅有5分钟路程，地理位置较好，加之其住房价格相较香港普通酒店而言十分低廉，因此受到了来自世界各地"驴友"的青睐。十多分钟内，就能看到多种肤色的游客背着背包前来入住，而前台服务员十分热情，不但会讲流利的英文，而且普通话也说得不错。

美荷楼的诞生，源于63年前的一场惨烈大火。

研究20世纪40年代香港人口变化曲线，就可以看到一条明显的先降后升的线条。1941年，日本占领香港后，为了维持侵略战争、减轻供给负担，日军推行"归乡政策"，采取多种途径逼迫港人返回内地，到1945年日军投降时，香港人口已由战前的161万人锐减到60万人。而随着解放战争的爆发，40年代末期，大量的人口又涌入弹丸之地的香港，使其人口迅速增长。至1950年，据估计当时香港人口已经达到了230万之多。

随着人口的大量增加，首先要解决的迫切问题就是住房。当时香港的建筑很大一部分在战火中遭受破坏，有限的房屋价格高企，很多新移民都负担不起，他们就在政府的默许下，在荒无人烟的山脚边使用木材、铁皮等物资，搭起了一个个木屋（亦称"寮屋"）。虽然条件十分简陋，但好在为大家提供了一个遮风挡雨的"蜗居"。这些木屋大多顺着山势搭建，为节约地皮和建筑成本，一栋木屋紧靠着另一栋木屋，绵延很长的距离，形成了柴湾、石硖尾、渣甸山、钻石山大磡村等多个木屋区。这些木屋区担负着当时香港近四分之一人口的居住需求。"一张木床几人睡"的现象，是当时很多木屋住户简陋生活条件的真实写照。

木屋主要使用木头建造，而且房间内放置了大量杂物，自然最怕发生

被评为一级历史建筑的美荷楼

火灾。当时的香港市民称火灾为"无牙老虎"，意指一旦失火，即可吞噬一切，损失极为惨重。事实上，20世纪50年代，木屋区多次发生火灾：1950年12月4日，青山道李郑屋村发生大火，烧毁1000多间木屋，6000多人受灾；1951年11月21日，九龙城东头村失火，10000多人丧失家园；1952年4月30日，九龙仔大坑西发生大火，2000多间木屋被烧毁，2名幼童殒命，7000余人受灾。此外，九龙何文田村、九龙塘万香园木屋区、深水埗大坑东木屋区等地也发生过火灾，每次都造成了数千人受灾，造成了惨重的人员伤亡和财产损失。

1953年12月25日，是一代香港人记忆中的又一个"黑色圣诞节"（此前为1941年12月25日，港督向日军投降）。当天晚上9时半，九龙白田村八家坡众安道124号二楼的一间木屋内，为生计而忙碌的一名工人正在房间内制作鞋面，他在点煤油灯时一不小心打翻了灯，火苗点着了沾上灯油的棉胎，惊慌失措的工人和他的妻子试图去扑灭火苗，不曾想火越烧越旺，一时间把房间内其他杂物都烧着了。这家人一边喊着"火烛！"一边向外跑，并大声呼喊提醒其他居民赶紧撤离。

起初火势不算太强烈，只烧着临近的30多间木屋。然而，天不遂人愿，忽然刮起了一阵强烈的北风，火势迅速向四周蔓延开来，越发不可收拾。只用了不到半个小时，整个白田村已经烧为灰烬。慌忙中逃跑的居民们，纷纷向外逃命，汹涌而至的人群迅速把狭窄的通道堵得水泄不通。眼看着火舌迫近，慌不择路的居民纷纷翻上木屋，在屋顶间跳跃、奔跑着逃命。可这些屋顶也很不牢固，承受不了这么多人的重量，好几个屋顶发生坍塌，摔落许多市民。

石硖尾消防局派出的救火队员虽然奋不顾身地扑火，但无奈火情太过紧急，于是赶紧上报求援。香港消防局长丝毫不敢怠慢，立刻抽调香港岛的两架灭火车渡过维多利亚港救急，又召集所有预备消防员前往火灾现场救援。令人遗憾的是，由于木屋区道路通行条件很差，加之这些住宿区基本没有消防设施，消防员只能瞪眼干着急，没有办法高效救援。

这场大火烧了足足5个小时，至26日凌晨2时半左右才得以控制。大火过后，除整个白田上村、中约、下村付之一炬外，附近的窝仔村、石硖尾村、大埔道村也不同程度地受到波及，过火面积达近250亩，烧毁木屋2580

间，造成3人死亡、51人受伤，1.2万多个家庭合计58203名市民流离失所。在政府临时设置的安置点外，灾民们拖家带口，排着长长的队伍等待领取政府的救援物资；一些走投无路的灾民，则在马路旁、大楼边搭建窝棚聊以度日。

这场史无前例的火灾，一时间成为全球新闻报道的焦点。1954年1月，时任港督葛量洪给英国政府上报了标注为"机密"的报告，详细报告了火灾的发生过程和严重程度。这场事故也成为港英政府住房政策的转折点。此前，港英政府对待新移民基本上采取不闻不问的"不干预"政策，让他们自谋生路、自求温饱，但面对这场严重的灾难，他们再也不能坐视不管，必须肩负起为民众特别是灾民提供住房的义务。

香港政府相继成立徙置事务紧急小组委员会和徙置专员，专职负责灾民安置事宜。1954年2月，在火灾发生后53天，香港政府在石硖尾废墟上兴建了一大批两层平房来安置灾民。这些仓促间建起的房屋虽然比较简陋，但其材质以水泥和石砖为主，防火性能得到了较大提高，并设有公用自来水和公共厕所，因此受到了灾民们的欢迎。这些楼房以时任香港工务局局长包宁命名，被称为"包宁平房"。

虽然政府兴建了大量包宁平房，但由于人多地少的矛盾十分突出，只能向天上发展，兴建高层楼房来安置灾民。经过快马加鞭式的设计、勘探和施工，1954年10月，8幢7层高的徙置大厦正式投入使用，当时人称"徙厦"，每栋可容纳约2000人居住。这就是香港最早建成的第一代公屋，大部分为联合国捐款兴建。

至1963年，石硖尾地区相继建成了29栋徙厦。后来，这些7层的徙厦被改建成更高、更大的公屋，仅剩编号为第41座的美荷楼外观基本保持原貌，经由港府"活化历史建筑伙伴计划"，2013年改造为青年旅舍，但其住房的内部结构已经被改造，舒适的住宿条件与当年灾民们拥挤不堪的生活已不可同日而语。

生活馆：一代香港人的徙置区记忆

美荷楼旅舍内的设有生活馆展厅，这里充分展示了香港公共房屋发展历史，能感受香港的文化和自强不息的精神。展览共分为两层，位于大厅的展厅讲述了深水埗和石硖尾的发展历史、徙置区的生活点滴等；二楼展厅则还原了最早一批公屋的住宅结构、公用浴室、厕所和小商铺的原貌，形象直观地告诉访客，当年人们如何高效地利用空间，在狭小拥挤的房屋内安顿一家人的生活。

从上向下俯瞰石硖尾最早的8幢楼房，可见它们都呈现出独特的H型，又称工字型大厦。长长的两翼，密布着"鸽子笼"一般的房间。每一侧都背靠背排列着两排房间，每间面积仅有11.14平方米，按照规定要住下5口人，10岁以下的儿童只按半个人头计算，所以一家八九口人挤在一间小房间里也是常态。为了能够让这么多人都有个睡觉的地方，当时的父母们可是各显神通。有的在房间高处搭起隔板，堆出一个小阁楼，就成了小朋友的床、书桌和储物柜。一到晚上，孩子们艰难地爬上阁楼，挤在一起睡觉。有时候刚要睡着，从启德机场起飞和降落的飞机从楼顶隆隆飞过，巨大的噪音让他们必须捂着耳朵。

房间里没有厨房，所以家家户户都在狭窄的走廊放一个煤炉。由于火力太小，加之人口又多，经常煮一顿饭都要消耗半天时间。晚上，家里实在睡不下的孩子，就在走廊上搭一个尼龙床，勉强睡上一觉。这时，楼道里横七竖八都是床，晚归的人要想回家，都得侧着身子艰难挪步。

居民们打水、上厕所，都要前往连接两翼的中间连廊处的公共洗手间。每层楼至少320名住户，共同使用仅有的3个男厕位和3个女厕位。所以居民常常在厕所门口排起了长龙阵。厕所的卫生状况很差，污秽不堪。以至于要上个厕所，都得先带着报纸铺在地上，才能踩得下脚。

在香港湿热的夏季，想冲个凉也不是一件容易的事情，因为一层楼只有十几个淋浴龙头。每晚6点至7点是冲凉的高峰期，经常是几十个人排着长龙等着进浴室。一些小姑娘只得晚上11点再相约一起去冲凉，还要轮流守着浴室门口，防范有人偷窥。

雪上加霜的是，20世纪五六十年代，香港爆发了严重的水荒，每逢干旱炎夏必定缺水，政府多次宣布控制用水，实行间隔式供水。特别是1963年出现了严重的水荒，自1月起规定每天供水4小时，后来更改为每4天供水一次。居住在徙厦的人们，一到政府集中供水的日子，就提着水桶、水盆甚至各种铁桶，全家齐上阵打水回来洗衣做饭，自然是苦不堪言。直到开始修筑东深（东江—深圳）供水工程，首期工程于1965年竣工，才彻底解决了香港人的用水问题。有学者研究指出，今日香港的排队文化，就是起源于石硖尾大火后排队领取物资和制水期间排队打水。

美荷楼的生活有苦也有乐。这些徙厦最为明显的特征，就是楼顶的天台用作学校和操场，或者建设社区中心，有多个志愿者团体和教会组织在这里为贫困家庭子女提供受教育的机会。每天下午，天台上满满的都是小朋友，有的在上课，有的在跳绳做游戏，有的还在踢球，到处都是欢声笑语。经由"天台学校"的洗礼，艰苦岁月赋予了他们坚韧、执着、拼搏等人生正能量，美荷楼等徙厦中走出了一大批名人。

著名导演吴宇森的人生轨迹就在石硖尾发生了转变。1951年，吴宇森随家人从广州迁移到香港，暂住在石硖尾木屋区。经历黑色圣诞夜的大火，一家人的身份证件、行李物品统统被烧毁，只能栖身在徙厦之中。

在美荷楼生活馆，放映着吴宇森的口述童年回忆录。那个时候，他曾经跟流氓地痞打架，流着血回家，母亲没作孟母三迁，父亲平和如昔地教导做人要有风骨，有承担，对人心存有爱，不能有恨。他曾经送过外卖，卖过小食品，结交过各种朋友，经历过人生百态。这样的童年经历，对于他"暴力美学"的拍摄风格有很大影响。

吴宇森对石硖尾充满感情。他说："在这里，我们曾露宿街头，一家人拿着碗筷等待救济；在这里，我曾经夜间睡在公用走廊的帆布床上看星星，发着电影梦；在这里，写了第一篇散文，写过第一首诗，演出过第一部舞台剧，然后直至我26岁第一次成为电影导演，所报的地址仍然是九龙石硖尾邨……"

1990年，吴宇森拍摄了影片《喋血街头》，由梁朝伟、张学友、李子雄、任达华主演。电影描述了三个在石硖尾徙置区长大的青年，为了兄弟有钱结婚而去冒险夺金的故事。其实，这部电影的前半段，就是吴宇森与他的朋友经历的真实写照，也是导演对徙置区生活的回顾与致敬。

香港一代球星陈发枝，从小也居住于石硖尾徙置区，由于父亲以卖鱼为生，故被人称为"卖鱼发"。读小学时，他每天上午读书，下午跟着哥哥在徙置区附近的球场踢球，慢慢地球技长进，20岁就入选了中国香港队，一直是队中主力，在1985年5月19日，他和队友击败了中国队，使得那一届中国队无缘墨西哥世界杯。

名噪一时的"80年代拳王"陈文义也是美荷楼的老居民，从小就在街头打架，逐渐练出了一对铁拳头，20世纪80年代多次击败英国、日本、泰国等国家的泰拳高手。他回忆说，小时候家里很穷，经常为了节省一毫子（一角钱）的车费，就徒步半个多小时回家，这让他从小就明白了奋斗的不容易。

香港中文大学商学院副院长范建强同样来自于美荷楼。小时候的他，主动要求帮助家里人做塑料花、糊灯笼，因为这样就有了不读书的理由。直到有一天，他听到邻居阿姨以他为反面教材教育孩子，才受到了警醒，从此发奋读书，懒孩子最终逆袭成为了大学教授。

而对于更多的普通人来说，石硖尾徙置区浓浓的人情味最让他们怀念。那时的邻里关系十分亲密，街坊之间会共享冰箱、电视，有人生病了大家都会去探望。有时肚子饿了，就从邻居家的煤炉上吃几口粥，别人也不会介意。连廊厕所旁边，是徙厦仅有的公共空间，居民们顶着臭气熏天，支开桌子打起了麻将。到了晚上，居民们还会自己组成巡逻队，带着竹棍、急救布袋四处巡逻。夜不闭户，是那个时期徙厦的共同景象。

20世纪70年代，香港电台电视部制作播出了系列电视剧《狮子山下》。故事主要围绕狮子山下徙置区的生活场景展开，描写了家在徙厦的苦与乐。如1974年制作的《变》，讲述了一名徙置区少年因偷看邻居洗澡被学校开除，染上毒瘾后被送去强制戒毒，后来转变自省的故事。1976年制作的《柳暗花明》，讲述一对居住在徙置区的夫妻失业后去当小贩，自食其力度过困难期的故事。而在《细水长流》中，片中角色说出："我地香港人咩野未见过呀？一定捱得过。"这是该片第一次直接说出狮子山精神。而在美荷楼的老居民眼中，石硖尾徙置区生活正是狮子山精神的最佳注脚，即不管再苦再难，都要同舟共济、守望相助，通过奋斗来创造美好的明天。

今日石硖尾："马赛克世界"的魅力

2015年8月，著名旅行摄影家杰森·兰利探访石硖尾屋邨后，发布了一组颇受欢迎和关注的图片。镜头中，密集的高楼、间距很短的窗户远远看去，就如同马赛克一般紧紧挤在一起，看得人头晕目眩，几乎要引发"密集恐惧症"。房屋的外墙涂上了鲜艳的黄色、红色、蓝色，与篮球场、操场、座椅等一并摄入镜头，构成了一种奇特的视觉享受。香港地少与人广的矛盾，使得这样的住房随处可见，被评论者视为后现代架构主义的抽象艺术典范。

1954年建成的石硖尾徙厦，掀开了香港大规模建设公屋的历史。此后，香港政府还在大窝口、大坑东和李郑屋一带兴建徙置大厦，逐步安置灾民和迁移木屋区住户。至1974年，香港累计建成了25个徙置区，118万居民入住徙厦。

随着时代的发展，为了提高居民的生活质量，1972年开始，香港政府开始对第一代H型徙厦进行改造，把原来的两间房屋打通为一套，在室内设置洗手间，一侧的走廊改造为厨房。由此开始，美荷楼的居民们终于告别排队如厕的窘境。

在兴建徙厦的同时，香港政府于1957年开始兴建北角等廉租屋村。1961年，香港推行"政府廉租屋"计划，兴建西环邨、苏屋邨等多座廉租屋大厦，为低收入家庭提供住房，但其租金较徙置屋要高很多。当时苏屋邨廉租屋的租金为66港元，而石硖尾徙厦的租金只有44港币。

1973年5月28日，香港房屋委员会成立，负责统一管理徙厦和廉租屋大厦。这时，石硖尾邨也被区分为廉租屋大厦的上邨和徙厦的下邨。1979年，香港地铁首段开通，石硖尾站为公屋居民出行提供了极大便利。至1984年，所有的徙厦都改造完毕，上邨和下邨也再次合并为石硖尾邨。

20世纪70年代至今，香港政府先后陆续出台了"十年建屋计划""夹心阶层住屋计划"和"租者置其屋计划"等一系列有关公屋建设计划，逐步形成了今日系统完备、保障有力的公屋系统。公屋政策，被认为是香港经济得以腾飞的重要因素之一，也是香港成功故事的一部分。

目前，香港的住房主要分为公屋、居屋和私屋。公屋与内地的廉租房相似，由政府出资兴建，家庭月收入低于1.9万港币的可申请入住，仅需支付少于2000港币的租金，为同面积房屋市场价的七分之一左右。因为生活负担相对较小，他们反而有一些余钱到茶餐厅、茶楼消费。荃湾、沙田、

1965年，香港政府建设的九龙黄大仙公屋

大埔、元朗、天水围、将军澳等都是公屋聚集区，形成了一个个功能齐全的"独立城市"。香港超过200万人居住在73万套公屋之中，占人口比超过三分之一。居屋是香港政府以各种方式资助中低收入家庭购买的房屋，产权归居住者所有，但卖出房屋时要向政府补交地价，100万人受这个政策优惠而拥有了自己的住房。私屋是由私人房地产商兴建、居住者全资购买的房屋，由于香港房价高企，家庭月收入4万港币左右的中产阶级购买私屋承受的负担最重，反而在日常消费方面束缚住手脚。

公屋政策较为有效地解决了香港社会的住房问题，使得大部分低收入家庭有了安身立命之所。然而，公屋的供应数量与低收入家庭的需求之间还有着一定的差距，排队轮候公屋的家庭往往耗费3年以上时间，才能获得一套住所。一些大学毕业生为了及早解决住房问题，于是就先行申拆公屋"落袋为安"，然后再去寻觅工作。与此同时，还有数千名贫困人群居住在"笼屋"（又称"笼床"，即一间房屋内放置多个床位，每个床位用铁笼团团围住，住在里面的人被称为"笼民"）；还有很大一部分人住在"劏房"（亦称"棺材房",即把一间房子分割成多个小间,每户租住一间,租金相对大房要低廉很多)。

而从20世纪80年代开始,石硖尾公屋开始了"整体重建计划"。在历时多年、共分为6期的重建中,一栋栋7层小楼相继被拆卸,而多栋30~40层的色彩鲜艳的新型公屋如雨后春笋般拔地而起。时至今日,石硖尾邨共有7363套公寓,近3万人生活在这个"微型城市"。

尽管新型公屋的条件不断改善,居民们依然要应对突如其来的各类灾害。石硖尾处于山区,1999年8月25日,飓风森姆袭港,一时间风大雨急,石硖尾一处山坡发生泥石流灾害,致使住在3座公屋的406个家庭的安全受到威胁,其中还有不少单身长者。与1953年火灾救援的缓慢进程不同,事故发生后,香港房屋委员会在24小时内制订了详细的安置计划,将灾民安置在附近的3个公共屋邨,并为不愿搬离石硖尾的灾民提供同邨的其他房间。8月31日,受影响的居民已经拿到了新的公屋钥匙,里面也已经安装好水电煤气。时代的进步,使得他们不用再面对流落街头的困境。

参考资料

梁美仪:《家:香港公屋四十五年》

曾敏捷:《美荷楼懒小孩发奋成教授》

张帝庄:《美荷楼记》

刘祖云、孙秀兰:《香港公屋政策的历史沿革及其对内地的启示》

蔡利标:《香港公屋政策及其启示》

朴子:《香港公屋六十年》

香港九龙寨城：围城内外的魅惑世界

文/王残阳（二〇一五年十二期）

香港的九龙寨城公园，即原九龙寨城（又名九龙砦城，俗称九龙城寨）所在地。经典港片《省港旗兵》《重案组》《阿飞正传》中，这里都是重要场景。在周星驰电影《功夫》里，这里以"猪笼城寨"的面目出现。加拿大摄影师格瑞歌曾经用8年时间，走遍了这里的每一个角落，用心拍摄下每一处细节。由日本历史学家、建筑师、工程师组成的"九龙探险队"，细心画出一幅极其细腻的大楼剖面图；在日本，还有关于这里的专门漫画集、电影，以及模仿寨城风格的游乐场再现当日的情景。而在《华尔街日报》等西方主流媒体的版面上，也有关于九龙寨城的大篇幅报道。这个面积仅为0.026平方公里的寨城，不仅仅是一座微型城池，还升华为"次文化朝圣地"。

大清帝国的域外飞地

九龙寨城公园蕴含着浓郁的中国风，透着历史沧桑感的青砖，回环曲折的连廊，古色古香的庭院，潺潺的流水，怒放的鲜花，还有出土的各类文物，无一不显示着这里丰厚的历史底蕴。刚走进公园，就看到一个穿着古装的少女在此拍摄写真集，飘扬的裙摆与这里的景色十分契合。还有一群中西方少年流连于此，兴奋地坐在庭院的木椅上拍照留念。

探访九龙寨城公园的最大吸引力，在于感受她的悠久历史。早在南宋时期，朝廷就在这里驻扎军队保护"官富场"（官方经营的盐场）。明朝时，在香港设立官富巡检司，并于现今的九龙城驻守，称为"官富寨"。清康熙时期，清政府在毕架山设立九龙墩台（瞭望台），后改为九龙汛，驻兵30人防守。1810年，清政府在九龙寨滩头兴建九龙炮台，设置8门大炮，防范西方列强的海上入侵。

1840年，为抵御英军的进攻，林则徐奏请在尖沙咀和官涌两地修筑炮台，并将驻守广东省宝安县（现深圳市）大鹏湾的大鹏营升格为大鹏协，派出部分兵员在九龙半岛驻守，由大鹏协副将负责在此指挥调度。守军在对英作战中顽强抵抗，发挥了较大的作用。

1842年，中英签订《南京条约》，割让香港岛予英国，九龙半岛一下子成为防御英军的最前沿。为了加强防卫，清政府设立九龙巡检司，扩建九龙汛为九龙寨，炮口对准了维港对岸的维多利亚城。由于九龙寨地处平地，无险可守，1846年两广总督耆英上书奏请兴建寨城，进一步增强防卫。经过8个月的工期，寨城于1847年5月完工。

当时的九龙寨城，可以说是一个戒备森严的军事要塞。围着寨城四周，筑有高高的城墙，东、西、南三面设立了32个炮位。寨城共有东南西北4个门，其中南门面向大海。城北筑有腰墙向后山延伸，墙上设有枪眼，城中建有瞭望楼。清政府负责九龙政务的"九龙巡检司衙门"和负责防御的军事机关"大鹏协府"，便在寨城内开设。城内还有士兵营房、弹药库、军械库等十余所建筑。

1860年，中英签订《北京条约》，割让九龙半岛予英国，划界时正是以九龙寨城外面的码头为起点，划出一条横跨了整个九龙半岛的界限街，街道以南割让给英国。寨城里的清军，必须要面对隔街与英军对峙的局面。由此可见，九龙寨城在大清帝国对英防御中的重要地位。

1873年，清政府在九龙寨城东门口搭建了一条用花岗岩建成的、长达200米的石桥——龙津桥，是当时全港最长和最坚固的石码头。龙津桥的桥头呈丁字形，为船舶停靠的码头，在桥尾供人上岸的地方，修建了一座接官亭，用以迎接清政府官员前来巡视和寨城官员到此上任。

1898年，英国以保护香港和九龙为由，逼迫清政府签订《展拓香港界址专条》，租借新界地区，为期99年。条约明确提出"仍留九龙寨城，以便文武驻扎；保留原有码头，以便兵商各船来往停泊"。这就意味着，大清帝国依旧保留了对九龙寨城及其附属码头的管辖权。或许是签署条约的李鸿章认为，有清朝的军队驻扎在香港，可以为清朝挽回一丝颜面，也象征着清朝依旧保留着对香港的主权。由此，九龙寨城成为大清帝国的一块域外飞地，即她的主权属于清朝，但却因为英国对香港的割占而与祖国大陆相隔绝。

港英当局对吞下新界这一大块地域欢喜不已，却对九龙寨城如鲠在喉，早就磨刀霍霍、意图占据了。1899年4月，英军接管新界时，遭遇当地民众反抗。港英政府借此指责清政府驻守寨城，是新界民众反抗英国管治的原因，于当年5月份派兵进入九龙寨城，将城内的清朝官员和清军驱赶出境。

1875年九龙寨城的龙津石桥

12月，英国颁布《枢密院令》，单方面宣布寨城为"女皇陛下香港殖民地的一部分"。清政府对此据理力争、反复交涉。最终，英方退出了九龙寨城，但清政府忙于处置义和团事件无暇他顾，亦没有再派兵进驻，丧失了实际管辖权。

1941年，日本发动"18日战事"占领香港。日军在扩建九龙寨城一旁的启德机场明渠时，将九龙寨城的城墙拆卸作为建筑材料。为留下珍贵的历史记忆，当地村民将城墙门楼上的"九龙寨城""南门"等石匾悄然埋于地下。1990年代，港英当局拆卸寨城、修建公园时，原计划按照老百姓俗称的"九龙城寨"来命名，但随着工程的进行，挖掘出这些石匾，并最终按照古称将公园改为"九龙寨城公园"。

大清帝国对九龙寨城的影响是长久的，最为显著的是这里基本上沿用了《大清律例》。尽管在1971年，香港政府彻底废除《大清律例》后，英式法例对寨城发生了显著影响，但这里也保留了自己的传统。例如，根据"猫狗条例"，在香港食用猫狗肉属于违法行为，但在寨城内却开有许多狗肉店。

无人管辖的法外之地

今日的九龙寨城，是一个环境清幽的公园。然而在寨城拆除之前，这里却是港英政府不敢管、英国政府不想管、中国政府鞭长莫及管不着的"三不管"地带，是居住环境和卫生状况极为恶劣的地方，也是滋生黄、赌、毒等严重犯罪的温床。

九龙寨城的归属，是一个历史遗留问题。1945年日本投降后，英国重返香港，但中国政府始终重申对寨城的主权。1948年1月5日，港英政府派出大批军警进入寨城，强拆民房70余间，并拘捕当地代表2名，激起了内地民众的强烈愤慨，大批民众聚集到广州沙面的英国领事馆游行，焚烧领事馆及英资企业，国民政府外交部多次进行抗议。广东省宝安县（现深圳市）县长王启俊等人还来到寨城巡视，宣示主权。为避免激化矛盾，最终英国军队撤出了寨城。

1962年，港英政府贴出清拆寨城外围设施的通告，但遭到居民的强烈反对，在中国政府的介入下，清拆宣告失败。1973年至1974年，为打击日益严重的暴力犯罪问题，港英政府派出逾3000名警察强行进入寨城，铲除城内的黑社会势力。

由于主权问题，港英政府始终对寨城只能实施有限度的管制，由邮政局、政务署、市政署等政府机构派出人员进城，为居民提供必要且最低限度的服务。1980年，当地成立了巡逻队，负责寨城内的治安。总体上来看，九龙寨城呈现出居民组织、黑社会力量、宗教势力共同约束，高度自治且有一定秩序的特殊管理模式，这也是九龙寨城最为奇特之处。

在由"大鹏协府"改建成的寨城历史陈列馆，一幅照片吸引了笔者的注意。只见街道两旁的商铺门前，密密麻麻悬挂着各家医院、诊所特别是牙医诊所的招牌，诊所开设密度在全港都首屈一指。在一家牙医诊所的橱窗内，陈列着用石膏制成的牙床，上面展示着各式假牙，透露出几许诡异的气氛。

这仅仅是因为，在香港行医有着严格的准入条件，而九龙寨城是一个法外之地，行医不需要执照，略懂皮毛的"草头医生"立起一个招牌，就可以当起医生。这里的诊所因价格低廉吸引着大量的人员前来就诊，但一旦出现医疗纠纷，患者也将面对投诉无门的困境。

观看过《功夫》的观众，一定对租客围在水龙头前洗衣洗澡、"包租婆"为省钱关水的镜头印象深刻，其实这就是九龙寨城的真实写照。由于寨城楼宇为个人私建，没有连接水龙头，居民们生活用水，主要靠村子里的几口水井。于是乎，大人小孩提着水桶在水井前排队打水，就成了寨城最寻常的生活场景。后来，因为霍乱流行，水井最终被封掉，改由私人供水商将地下水抽送至附近楼房，每天开闸放水、逐户收费。如果想使用自来水，就要跑到寨城门口，那里有政府免费提供的8根自来水管。

从高空中拍摄的照片看去，九龙寨城的楼房密密麻麻地排列在一起，形成了一个规模宏大的都市丛林，图中仅有一处凹陷地，那就是由九龙巡检司衙门改建的老人院，也是整个寨城唯一能够看到太阳的地方。由于缺乏规划和监管，当地的楼房都是居民自行出资建造的非法建筑。这些楼房没有地基，全靠有经验的工匠一层层往上建，顶层的居民还会把阳台扩大，向外延伸居住空间。这就形成了楼房底部尚有容行人通过的小巷，但楼顶天台几乎相连、可供居民自由行走的奇景。令人诡异的是，这么大的一个寨城，这么多十多层的高层楼房，加起来仅有3部电梯。由于缺乏隔水设施，各处楼宇一年到头都在滴水。

没有地基的楼房缘何屹立不倒？答案就在于一栋紧贴一栋的楼房"抱团取暖"，形成了坚固的整体。据统计，寨城共有巷道30余条，楼宇500多栋，居民数约为4万人，以寨城0.026平方公里面积计算，人口密度高达154万人/平方公里，绝对领冠全球。这里垃圾遍地，污水横流，卫生状况极其恶劣，居民们白天在家都要开灯，想找个有太阳的地方晒衣服，都得走到隔壁的东头村。

今日的九龙寨城公园"光明路""龙南路"等道路名称，来自于20世纪50年代的寨城。具有讽刺意味的是，所谓"光明路"，当年却是臭名昭彰的毒品一条街。原来，当年的毒品店都要点燃蜡烛为顾客认路，到了夜里街上依然灯火通明，"光明街"由此得名。不过一些吸毒者将吸毒称之为"充电"，意为吸了毒就跟充电一样精神满满，形象地把这些店铺称为"电台"。

这里是三合会异常活跃的地带，港片《O记三合会档案》对此有较为详细的描述。黑社会组织在此收取保护费，开设色情、毒品和赌博窝点，开办地下工厂，创造了数目惊人的黑色财富。为了争夺地盘，这里还常常发生暴力事件，为警匪片提供了大量素材。

20世纪70年代，寨城内的黄赌毒受到港英政府的打击，一些毒品店就改成了食品店。但这些食品店卫生状况很差，食品安全没有保障。当年拍摄的照片清晰显示，死猪被随意地扔在地上，上面苍蝇横飞，工人们穿着肮脏的工作服，嘴里叼着香烟，随意地走来走去。这样的食品下肚，后果可想而知。

1984年12月，中英两国政府签订《中英联合声明》，这为处置九龙寨城的地位奠定了良好基础。经过中英两国政府协商同意，1987年1月14日，港英政府宣布全面清拆寨城，同时表示自即日起香港法律同样适用于此地。同日，中国政府发表声明，从香港的繁荣稳定出发，对港府的有关决定表示充分理解。整个拆迁工作历时5年完成，经历了大量艰辛的谈判和巨额的赔偿。1993年，整个寨城完成清拆，1995年公园开园。

自由生长的魅力之地

曾经的九龙寨城，是世界上最为知名的贫民窟，与一条海湾之隔的香港岛鳞次栉比的高楼、异彩纷呈的霓虹灯形成了鲜明的反差。当年的居民们因为便宜的房租和低廉的生活成本蛰伏于此，他们努力工作，并且把自己的小孩送到寨城外的学校读书，目的就是用奋斗改变自身命运，奔向更加美好的生活。

但是正如围城一样，里面的人拼了老命想出来，但外面的人却翘首以盼想进去。香港这个发达的国际大城市里最为落后、丑陋的一角，有着独特的魅惑力吸引着世界各地的艺术家们，作为内涵复杂的文化符号活在电影、动漫和游戏里，甚至具有了几抹传奇性色彩。以至于在九龙寨城遭遇拆迁时，美国漫画家特罗伊·博伊尔发出了这样的感叹："我宁愿被拆掉的是金字塔！"

在一些日本探访者眼里，九龙寨城是"20世纪最大的迷宫"。如文初提及，在九龙寨城拆迁之前，由日本历史学家、建筑师、工程师组成的"九龙探险队"，对寨城的每一个角落进行了细致的了解，然后花费了几年时间整理成书，并且绘制了一份极其细腻的楼面解剖图。在这幅图片上，可以看到人们在房间里吃饭、睡觉、淋浴等活动，看到衣橱、电视机、冰箱等家电的摆放位置，还有走廊、楼梯等楼宇结构。从中我们可以感受到，人们很有秩序、很有规律地生活在这个杂乱无章、失去秩序的环境之中。日本动漫作品《攻壳机动队》就是以寨城作为设计蓝本。日本神奈川县川崎市一家游乐场，也是比照寨城的风格进行装修，重现了那种虽然杂乱，但颇有生活气息的城市空间。通过学者的研究和影视剧的重现，人们可以围绕人类使用空间的极致本领进行更多的探讨，开展类似"立体城市""未来城市"的更多探索。实际上，以美国城市问题专家简·雅各布为代表的一批学者认为，城市的生命力来自高密度和多元性，类似九龙寨城之类的贫民窟虽然破败、生活不便，却为最有活力和创造力的青年人提供了低成本空间，为他们立足城市发展、实现人生梦想创造了便利条件。

九龙寨城的一个显著特点就是人与人的生活空间紧密相连。当时的寨城分为东西两区，黄赌毒集中于东区，良民基本居住于西区，两者井水不犯河水。邻里之间因为提水、洗衣等共同活动有更多的交流机会，容易形成更加紧密的社群关系，也就是人们常说的"人情味"，这与高品质楼宇中"对门不知姓名、老死不相往来"的人际关系形成了反差。1963年，居民们自发成立"九龙寨城街坊福利事业促进委员会"，积极帮助街坊处置工作生活难题，促进有关福利事业。在寨城清拆过程中，福利会积极发挥街坊互助精神，维护了大家的合理权益。这种老旧社区的"人情味"，正是能够吸引各国探访者的主要原因。加拿大摄影师格瑞歌这样介绍自己拍摄寨城的初衷："寨城的一切看似是错配的，她缺乏一切可以定义为安乐窝的条件，但她确实是一个亲密的社区，居民没有我们所幻想的自卑，反而有股傲慢。"在他的镜头里，启德机场硕大的喷气式飞机划过寨城上方凌乱的电缆线、电视天线，中年人躺在楼顶天台的躺椅上小憩，小朋友在天台间跳来跳去，开心地嬉笑打闹，一切都有一种梦幻的美感。格瑞歌的专题摄影集，与日本著名摄影师宫本隆司的相片集《九龙城砦》，让寨城一度扬名国际。

昔日的寨城是一个"三不管"的地带，走在街头巷尾，都是灯光幽暗、垃圾遍地，但恰恰是这种独特的建筑风格，却营造出一种黑暗、压抑的气氛。加之这里特殊的管理方式也给了人们很大的"自由自在、无拘无束"的想象空间。寨城黑暗、堕落的基调，虽然与周围的繁华都市格格不入，却散发出诡异的魅力，与赛博朋克这一文艺类别阴暗黑色、悲观主义的色彩有着异曲同工之妙。在一些艺术家眼中，逼仄的楼宇和狭窄的空间，是人类内心阴暗和悲观的一面在现实世界的投影，是描述科幻、恐怖、犯罪和灵异文化的最好背景。用摄影师格瑞歌的话来说，"寨城消失后成为神话，满足了人们的各种想象。"

参考资料

刘深：《香港大沦陷》

香港《苹果日报》2013年12月16日版《城寨消失20年，堕落又快乐》

双城记：
两千年前的长安与罗马

文／周繁文（二〇一六年〇六期）

长安和罗马，两个帝国权力之巅的城市，一个追求着"重威"，城市的规模和规格在当时都是最高的。另一个城市则追求着"永恒"，而它也做到了永恒。世上没有哪一座城市像罗马一样两千七百多年来一直在同一个地方。

两千年前，欧亚大陆东西两端各被一个宏伟的帝国所控制——汉和罗马。此后的两千年，这两大帝国余留的回响仍然盘旋于岁月中，它们曾建构的政治、经济、文化框架，它们曾发展出的思想、技术、艺术架构，仍遗留在我们基因中，以一种不易察觉的方式在现代社会中继续发挥影响。作为当时的帝都，长安城和罗马城是帝国恢弘景观的微缩，也是我们回望历史的窗口。

【城起】

长安城几乎是一座全新的城市，随着新帝国的缔造而乍现于渭河南岸。

罗马帝国建立时，那座与帝国同名的城市已沿用数百年，终帝国一世亦以其为都，未有太大更改。

何处是长安

刘邦称帝以后，最初以洛阳为都。他的股肱之臣们多来自关东，也属意于将这里定为新帝国的都城。

汉高祖五年，一位叫娄敬的齐人向皇帝建议迁都关中。他认为，假若此时是承平之世，洛阳自然更适合做都城。然而现实情况是帝国甫立，秦末遗留的乱局未息，因此帝国政权所面临的最关键和最紧迫的问题是如何保证权力中心的安全。关中无疑是最佳之选。所谓关中，指的是汧河、黄河、华山之间的平原地带。起初刘邦对娄敬的建议不以为然，他并不希望舍弃传统的王都；作为一个关东人，他也不太愿意留在关中。张良却对娄敬之说深表赞同，他认为洛阳虽有军事之利，但地方狭小，土地相对瘠薄，又有诸敌环伺。反观关中之地，被山带河，有四塞之固，易守难攻，具有天然的军事优势。何况关中经过秦人的经营，交通、水利无不便捷，又有富饶的巴蜀平原作为后援。再加上地势开阔，都城将来的发展必不受限。假若定都于此，局势安定时，漕运畅通，天下粮草皆可西给京师；一旦诸侯叛乱，则顺流而下，也可以获取充足的粮食供应。

于是，即将开创两百年基业的西汉开国皇帝，在张良的一番话后，将政治中枢定在了关中，选址在秦都咸阳的渭南之地，取名长安。

长安城的营建由萧何主持进行，最初主要是对渭南离宫改建和翻新，章台所在成了未央宫前殿，兴乐宫所在成了长乐宫——咸阳南郊的这一组离宫在后来的两百余年间成为整个大汉帝国的政令所出之处。接着，北宫、武库和太仓等一一建起。惠帝即位不久，征发了将近15万人修筑城墙，一年而成。武帝在位期间大治宫室，长安内外变成了繁忙的建筑工地。

罗马城不是一天建成的

相对于汉王朝再三推敲的定都过程来说，罗马帝国的都城对于统治者们来说完全无须考虑——自然是罗马。沿用一座已经使用了七百多年的城作为首都，理所当然。这座城直到今天仍然是意大利的首都。

罗慕路斯通过鸟占术赢得了建城权，这是一种通过观察天空中飞鸟的轨迹、数量等现象来进行占卜的神秘巫术，选定的帕拉蒂诺山顶平地被认为和神达成了契约，从天空到地面以及地下的整个空间都受到神的庇佑。

在神话中，罗马建城日是公元前753年4月21日，至今在每年的这一天，罗马都会举行纪念仪式，演员们装扮成古罗马人进行建城游行。两千多年来，仪式一直是在城中心区的罗马广场旁举行的，现实和历史就这样在时光的两头对接。

神话虽可以反映部分现实，但并非完全现实。在一次考古发据之后，罗马建城的神话渐渐还原其历史真实。帕拉蒂诺山东北坡上发现了一段城墙，建成年代大概正是公元前8世纪中晚期。虽然城墙已成废墟，但学者们还是能释读出很多信息。譬如在距今约3000年的时候，工具简陋、人口稀少，

意大利罗马帕拉提诺山古罗马遗址

是谁有效地组织起一群人从远方运来巨石，筑起这样一道墙？墙内外的空间具有何种差异，而需要用这样一道固定的界限区分开？墙内外的人们又为何能一致认可和容忍这道界限的存在？

这一系列问题的背后隐隐指向一个权力中心：城墙的规划者意识到需要利用这道实体界限来强调他们所拥有的特殊空间。这正与传说中罗马王政时代的开端契合。

公元前7世纪晚期，台伯河上搭建起第一座木桥，入海口设置码头，河岸边聚起仓库与市场，帕拉蒂诺山下的沼泽改造成广场，西南的山谷辟为赛马场，坎匹多伊奥山上矗立起神庙，最早的罗马城慢慢成形。公元前6世纪，围合这座"罗马方城"的城墙竣工。

信息不对称

西汉离出现《清明上河图》《姑苏繁华图》等市井风俗画的时代尚远，我们只能通过文字还原当时长安城的繁华图景。东汉时期的班固和张衡分别作《西都赋》《西京赋》，这些华美辞藻堆砌出了一个如梦似幻的锦绣长安。但在实物方面，长安城的土木建筑，经过千年风雨的洗劫，只留下一些倾圮的土台废墟，上层建筑的情况全凭同时代的文献、墓葬中的图像和建筑明器，在想象中复原。

其实长安人并不是不能修建砖石建筑，从西汉开始出现石材的墓葬，到东汉以后砖石墓葬的建筑技术已经很高超了。但是我们现在参观明清故宫就能发现，皇宫仍是以土木结构为主——生死殊途，老祖宗们在建筑问题上就是这么任性。

而罗马则要幸运得多，不但有《十四区志》这样详细记载城内重要建筑数量、名称和位置的文献，还有塞维鲁王朝留下的一幅大理石古罗马城平面图。古罗马人追求纪念建筑和公共建筑的永恒，这使得我们现在还能看到诸如斗兽场、万神庙、图拉真纪功柱、提多拱门、图拉真市场以及大大小小神庙的原貌。虽然它们的表面装饰有剥蚀，但是比起长安城的命运，可谓云泥之别了。数百年来，许多欧美学者都致力于还原一个真实的罗马城，最早的时候他们用轻便的材料制作实物模型，现在则是重建了罗马城的3D数字模型。在世界的任何一个角落，只要轻点鼠标，便可以在这个叫"RomeReborn"的软件上徜徉于3世纪的罗马城。

【基础】

城墙在长安是一道实体的界限，在罗马却是一道象征的界限。这两座城市都是帝国交通网络的中心。

城之为城

我们现在的城市周围并没有一道将城内外截然分开的凝固的界线，城市的界线只在地图上出现。如果留意的话，能看见路边的一块小小界石，或者是头顶上巨大的标语牌，这些都提醒我们离开或者到达一个城市。而对于长安人来说，城内和城外的界限是如此之明显，深阔的壕沟、高厚的城墙，这些都是城之所以为城的最重要标志。

长安的城墙除了被作为行政界限并具有军事防御功能以外，还具有标志它在帝国城市体系中占据至高地位的礼制含义，彰显着天子都城的规格和气派。

城内土地皆为黑壤，城墙是用城南龙首山上挖来的黄土夯筑，夯得十分结实，坚固程度可与砖墙相比。墙面上涂一层掺和麦秸的草泥，外面再涂一层坚硬的朱红色细沙泥，号称"赤如火，坚如石"。城墙外环绕壕沟，宽8米、深3米，从城内延伸出来的8条大街跨过壕沟之处皆架有石桥。

长安城一共有12座城门，东南西北每面各3座门。12座城门中，只有东面的霸城门、清明门、宣平门外有阙。但以正对未央宫南门的西安门和正对长乐宫东门的霸城门规模最宏伟，城门以夯土起筑，土墩边密排石础，础上立木柱，之上再盖门楼。

城门内侧紧靠城墙处是城门候和城门屯兵的住所，负责城门的开关和安全。这些城门都掩映在扶疏林木间，气势恢弘，可容12辆车并行，一门三道，中间的门道专供天子使用，行人左出右入，熙熙攘攘却秩序井然。

早期罗马帝国的都城是一座不设防的城市，虽然也有城墙，却是一道

陕西西安汉长安城未央宫遗址

已经沿用了400年的旧墙，如果从它最早的建造时间算起，它比帝国大了整整600岁。在这数百年的时光中，罗马的各种建筑早已漫出了城墙之外，所向披靡的军团铁骑带来亚平宁半岛的和平，城墙也因此失去了防御功能。在帝国公民的心中，它是历史的纪念物，是神圣边界的标志，是十四区的分界线，唯独不是城内和城外的区分。

公元前6世纪，塞维奥·图里奥国王在防守薄弱的罗马东北部平地修建了一道城墙，并与其他山丘原先的防御设施相连接。公元前4世纪城市遭受高卢人的洗劫后，城墙被重修并延长，这就是在帝国时期仍然矗立的塞维鲁城墙，它的名字由最早的修建者塞维奥的名字派生而出。在今天罗马市的中央火车站等地方，还可以看到城墙遗迹。

3世纪的罗马帝国风雨飘摇，蛮族屡屡进犯，罗马不再是不设防的城市。271年开始，奥勒良皇帝下令修建一道新城墙。城墙全长18.837里，走向全面考虑了地形、战略和经济因素，由于要在短期内迅速组织起一道有效防线，因而并入了许多建筑，连接了几座山丘，并避免将大型建筑留在城外。城墙由混凝土修建，用旧砖砌面，厚约3.5米，高约6米，军事防御性大大加强，内侧有哨兵通道，每100步（约29.6米）设一座配备弩炮室的正方形塔楼。为了解决卫兵们的生理需求，城墙上还设有公共厕所。

八街九陌与条条大路通罗马

长安是帝国交通网络的中心，水陆干道由此向外辐射，保证统治机构运转和都城物资供应的顺畅。城内的道路号称"八街九陌"，所谓"八街"即香室街、夕阴街、尚冠前街、华阳街、章台街、藁街、太常街和城门街。

八条城门大街规整端直，各由两条排水沟分为并行的三股道。两侧各宽12米，供一般吏民行走；中股道宽20米，并且有抹泥地面，是天子专用的驰道，即便是储君，无令也不得擅自行走驰道。若擅入驰道，会被没收车马并免爵，即使得到允许行走驰道，也只能靠边走，不得进入中间的三丈。

成帝刘骜为太子时，住在桂宫中，一日逢元帝急召，太子出桂宫南门龙楼门后，不敢穿越驰道，一直绕到长安城西的直城门才穿过大街，从未央宫北面的作室门入宫。这样一来，便耽误了时间，元帝询问他为何迟来，太子据实以告，元帝大悦，才下令允许太子穿越驰道。这种交通规则给官民生活造成了极大的不便，由于无法穿过大街，有时要走上很长的一段路，甚至要绕到城门口，才能到路的对面。直到平帝元始元年，才将三辅之内的驰道废止。城门大街上的排水沟又称"御沟"，水畔遍植杨、柳、槐、松、柏。

城墙内侧还有环城道路，称为"环涂"。连接里与里之间的公用道路称为"巷"，各闾里内的小路亦称为"巷"，此外还有沿着溪水、沿着树木的巷，称为"谷巷""树巷"。这些路都是不能侵占的，否则会被罚金二两。

长安城内的道路虽然宽阔，却都是土路，风天尘土飞扬，雨天泥泞难行，连天子的驰道也常常崩坏需要修治。

在罗马城，"条条大路通罗马"不是哲理，而是现实。

公元前20年，奥古斯都在罗马城中心设置黄金里程碑，作为亚平宁半岛上所有重要道路的起点，这根覆盖镀金青铜的大理石圆柱上铭刻了它们的里程。长且直的军事、政治和商业要道被称为"大道"，修建时间大多可追溯至前帝国时代。它们通往亚平宁半岛的各个重要城市，路名或取自所到达的终点，如通往阿尔德阿城的阿尔德阿大道；或取自其主要功能，如运盐的盐路大道；或取自周边居住的人群，如拉丁大道；或取自修建者的名字，如阿匹亚修建的阿匹亚大道。

罗马城内道路纵横，路旁设有里程石，尽管它们中最宽敞的大道也远逊长安城的大街，但是这些用石块、砾石、石板层层铺就的考究道路，可使行人免遭尘土、泥泞之苦。

罗马城的路上常常摩肩接踵、水泄不通。富人们的抬轿工们野蛮地穿过人群。由于都城白天禁止大部分的车辆通行，所以很多重物只能靠奴隶们搬运，路上常常能看到肩扛或头顶着大包袱的奴隶们。不仅如此，道路交通还被商店摆在外面的货物和手工业者们在街上摆设的摊位弄得更加拥挤，因此图密善皇帝在公元92年曾颁布一项法令禁止开展这些活动。

【管理】

西汉的"强干弱枝"统治理念和罗马的"强枝弱干"形成鲜明对比。长安城的行政机构集中、等级严明、重军守卫，采取半军事化的封闭式管理，极大地保证了权力的安全、管理的高效、政令的畅通。罗马城的行政机构分散、阶层嵌错、军力分散，采取开放式管理，虽然权力受到制约，却造成权力安全无法保障、行政效率低下，通过威权建立起来的统一帝国管理松散，政局常常内外交困、动荡不安。

封闭式的长安管理

长安是一座封闭式管理的城，城门、邑门、里门都定时开闭，有严格的宵禁，甚至官府的捕吏都不能在夜间进入民宅抓人。文、景、武帝三朝以箭法和谋略著称的李广因罪被贬为庶人后，某天与人在城郊饮酒夜归，不巧遇见霸陵尉，他喝止了李广一行。李广随从说："这是故李将军。"霸陵尉说："今将军都不能夜行，何况是故将军。"于是让李广宿在亭下。后武帝召李广为右北平太守对付匈奴，李广请命让那位霸陵尉一同前往，一到军中便将他斩首。

元始二年，长安和附近8个陵县的总人口有100多万。这在当时世界范围内都是一个超级大都市。城内人口以户为基本单位造册，登记内容有姓名、性别、年龄、籍贯、爵位，可能还有健康状况，每隔几年进行一次人口普查。户曹掾史专门管理户籍和市籍，脱籍属非法；户籍内容有变更时须及时上报，办理相关户籍移交手续后才可以合理迁徙。这种户籍制度是如此深入人心，以致有些墓葬中死者还随身带着地上官吏向地下官吏移交户籍、财物簿籍的文书。

长安城的绿化覆盖率很高，有行道树，宗庙、陵墓、宫苑、官寺和私宅内也都广植花木。汉律规定树木未经官府允许不准砍伐。王莽时期强制规定民宅内也需植树，否则将受经济惩罚。

即使在后人称道的文景之世，长安的治安也不算非常好。贾谊在一封奏疏中历数时弊，提及当时偷盗抢劫之风颇盛，甚至高祖庙内的器物都被盗。武帝之后情况更加严峻，斗殴、偷盗、绑架、抢劫、杀人案件很多，豪强们豢养刺客、报怨寻仇，贵戚们包庇凶手、狼狈为奸，游侠们视人命如草芥。早期的游侠还有一些侠义之风，后期基本上类似于黑社会。甚至在敦煌、居延一带的汉简中，都常能见到长安杀人逃犯的通缉文书。

长安的治安具体由京兆尹和长安令负责。京城的父母官职位虽高，却是个烫手山芋，长者不过两三年，短者数月到一年，就因各种事故被罢免。少数几个治理得当的在位才稍久些。成帝年间，贵戚豪侠勾结，为祸官民，一些"恶少年"甚至制作了三色丸来进行杀人游戏：摸得红丸者杀武吏，摸得黑丸者杀文吏，摸得白丸者负责治丧。

但恶人自有恶人磨，尹赏新任长安令后，便开展了大规模的严打，首先整修了长安的监狱，深挖大坑，四周堆土为墙，以石覆其口，名为"虎穴"；接着让户曹掾史和各乡吏里长举报恶少、流商和暴徒；然后将名单上的数百人全部缉拿扔到虎穴中，以大石覆盖；数日后抬出，葬到官寺门口的华表下，标记姓名；百日后才准死者家属自行挖开领尸，道路上一时间哭声不绝。尹赏处死的全是些头目首恶，其余罪行较轻又愿改过的都让其将功抵过，其中的一些人后来甚至成为他抓捕罪犯的得力助手。

西汉时期官员的上升通道比较畅通，不少出身平民的人都能进入统治集团核心，从皇后们大多出身寒微也能看出这一点。在京官员称为"都官"，日常在皇宫或官寺办公。各级官寺的面积和建筑规格有别，律令中详细规定了丞相府门用梗木板，御史大夫寺门则用梓木板。

诸侯王、列侯和郡的"驻京办事处"以及外邦的"大使馆"称为"官邸"。前一类分为国邸、郡邸，一般以国名和郡名冠之，可能都在未央宫附近。诸侯王一般住在封国，在某些特殊情况下才回到京师，比如每隔五年的正月要来朝见天子，此时便住在国邸中，但是一般情况下诸侯王停留在长安的时间不允许超过20日。

都城的监狱统称为"中都官狱"，随职官系统的不同而设，据说长安城内共有官狱24所。后宫有掖庭诏狱，掌司法刑狱的廷尉有廷尉诏狱，位同副相的司空有司空诏狱，太子府有太子家狱，上林苑中有掌治苑中禽兽、宫馆之事的上林诏狱，还有郡邸狱、东市狱和西市狱等。收押的罪犯们有的在狱中从事手工劳动，有些则从事修建城墙、宫室、陵墓等重体力劳动。

京师的安全由中尉（后更名执金吾）负责，可能同时兼管消防安全，有一段时间曾设司隶、绣衣使者监督三辅治安、秩序和风化。城门有屯兵，陵邑门有戍卫，里门有游徼。

京师的主要武装力量包括南军、北军和八校尉。国家武备收藏在长乐宫和未央宫之间的武库内，由皇帝直接掌控，占地约23万平方米，分为东院和西院，按类别储存用于平定内乱和武装边兵的兵器，

主要是铁兵器，也有弩机、戈、镞等少数铜兵器，大部分由少府督造，也有一部分是各地工官的产品。

罗马的城管

公元前7年，奥古斯都将罗马城划分为14个区，因此罗马常被称为"十四区城"或"神圣十四区城"。

罗马并无宵禁。尼禄皇帝喜欢在天黑时装成平民钻进酒肆或在街上闲逛。他经常殴打夜归的人，甚至把他们扔进下水道。他还热衷于对商店进行打砸抢，将赃物拿到军营市场拍卖，然后把卖得的钱挥霍一空。不过有次他因为猥亵一名元老的妻子，险些被杀死，此后若没有禁军长官的秘密保护，他再不敢于夜晚冒险去公共场所了。

由于烹调、取暖、照明都需要用明火，加上地中海的夏季干燥炎热，因此罗马城内常常发生火灾。公元前23年的一场大火灾后，奥古斯都组建了一

支7000人的消防队，分为7个支队，十四区中每两个区配备一个支队，还有14个较小的岗哨。消防队的首要职责是预防火灾，夜间在城中巡逻以排除潜在的火灾威胁，此外也处理巡逻时碰到的小型犯罪活动。

城内的多层公寓常常倒塌，出于安全考虑，罗马城中心沿路的房屋高度受到限制，奥古斯都时期的楼高上限是70步（约20米），图拉真时代将标准降到60步。尼禄时期的大火灾后，规定重要建筑周围必须设置隔离带，不同的建筑禁止共用外墙。城市行政长官或代理长官定期主持人口普查，调查重点是财产登记，同时对土地进行丈量和所有权登记，并建立地籍册和人口档案。

帝国管理层最大的特色是数量众多的皇帝官僚，他们被视为皇帝个人的雇员，服务于皇帝。他们掌管着庞大帝国的各种具体事务，从城市的行政、粮务、治安长官，到道路、建筑、水渠和河道的保佐人（主管）。

由于罗马城有一道"神圣边界"，军队进入时需要解除武装，因此在共和国时期罗马城内从未有军队的固定驻地，实际上也一直排斥在城内有武装军队。直到奥古斯都时期，才首次在罗马配置常设军队。帝国都城的主要武装力量有禁军、城市步兵、精锐骑兵、密探、拉文纳帝国舰队，以及一支米森农特遣舰队。

禁军在共和国时期指的是罗马统治者和指挥官到国外时所随从的朋友和门客。城市步兵相当于都城的警察。公元13年组建，只有3个大队，番号紧接禁军大队之后，装备、组织和指挥的方式与禁军相同，服役条件略逊于禁军，但仍比普通军团优厚。精锐骑兵直属于皇帝，也被称为"侦察队"，与禁军职能相似。密探队是在行省长官和皇帝之间传递信息的军团。3世纪初，他们改为秘密服役，参与间谍活动和政治暗杀。

【 结语 】

公元前后，世界版图上的超级大都市非长安和罗马莫属。这里集中了帝国范围内最多的人口、最华丽的建筑。

长安和罗马，两个帝国权力之巅的城市。一个追求着"重威"，城市的规模和规格在当时都是最高的。而最中之最又是作为权力中心的皇帝，长安城的一切建设都围绕着凸显他的权威和卫护他的安全而进行。在他之下，每个等级各安其位。长安城整齐而秩序井然，城市的管理是封闭式的、半军事化的，重重设防、门禁森严，无形中也最大限度地保护了皇帝的安全。大部分时间里，社会的上层和中下层几乎是隔离的。但西汉的政治上升通道却比较通畅，多少出身寒微之人最终得以手握权柄，以另一种形式的"交通"弥补了这种"隔离"。这个城市就像它的名字一样，以维稳式的"安"为目的。看起来似乎死板枯燥，但汩汩的生机却在每一个闾里、每一座市肆、每一处巷陌中流动。

另一个城市则追求着"永恒"，而它也做到了永恒。世上没有哪一座城市像罗马一样两千七百多年来一直在同一个地方，同样的七丘和台伯河之畔，保存着如此之多过去那些时代里的古迹。从罗马建城以来，人们就认为这片受到神之庇佑的土地是神圣不可改变的，"河流山川、一砖一石、尽是神意"。是广场的地方还是广场，是神庙的地方还是神庙，是兵营的地方还是兵营，一座建筑不见了，则迅速代以另一座性质相同的建筑，或至少留下它的形状和面积。

作为城的长安故去了。后来的唐朝都城虽然有着同样的名字，却已非同一个地方。长乐未央已成黄土，五陵原上一片青茫茫，就如长安建城之前的样子。隔了天风海雨，隔了千古河山，仁立长天重云的废墟下，只看见岁月如烟中渐行渐远的背影，只闻见那煌煌帝都余留的气息。长安是一座回不去，却又一直存在于梦里的城。

作为城的罗马仍活着，徜徉在弥漫柠檬香气的城中，鸽子在石板上漫步，阳光洒过、海风吹过的风景，不经意就是十几个世纪的时光沉积。也许一息闪念间，时光两头的人还有着相同的感受。长街短巷、喷泉雕像、广场神庙间，时间是怎样在世间流转、怎样经过岩石的纹理，已被记录在每一处铭文里。俯瞰过帝国军队开疆辟土的苍鹰，一斜翅膀依然掠过台伯河的流水；星星点点的万家灯火，依然从那古老的窗后透出昏黄幽远的光。

文／萧易 (二〇〇九年〇一期)

哀牢人：横断山脉中的远古部落

横断山脉由于亚欧板块与印度洋板块碰撞，形成褶皱山脉，境内群山峥嵘、峡谷纵列，怒江、澜沧江、金沙江沿着大断裂峡谷奔流不息，自古以来通行不便，栖身于横断山脉之中的哀牢人也就愈发神秘。寻访哀牢人的过程更像寻找一首逝去了千年的史诗。澜沧江旁的平坡村是一个即将被湮没的村庄，村里上了年纪的老人，已从未听说有个叫哀牢的部落；保山博物馆中哀牢人的遗物，已是铜绿斑斑；而当年见证着哀牢国归附大汉王朝的不韦县，现在是一个叫金鸡村的小村庄。流放与碰撞，是横断山脉永恒的主题。

水寨，澜沧江畔的驼铃声，青色的石板路从村头一直铺到村尾，路边的排水沟兀自流淌出潺潺的水声，斑驳的土坯墙顺着弯曲的石板路延伸肥硕的仙人掌爬过墙头。一下子跳进你的视野。古旧的木头窗棂在阳光下暴露着岁月留下的深浅不一的划痕，毛驴驮着木柴悠闲地从巷口穿过。还未走近驼铃声就在巷子里欢乐地跳跃起来。午后的平坡村几乎看不到一个村民，猪圈的味道一直萦绕四周。

平坡村距离保山市水寨乡仅13公里。从水寨到这里，沿途需穿过一条古道。当地人唤作"梯云路"，而路确实也宛如其名，难若登梯，如坐云端。早在两千多年前的汉代，中国西南的密林群山中，即隐藏着一条通往缅甸、印度的古道——南方丝绸之路，丝路途经横断山脉，也称为"永昌道"。按理说，年代久了再坚硬的石头也磨光滑了，而梯云路却突兀险恶，通行不易。因此在大多数时候，平坡村也就少有人光顾了。

数百年前，水寨给一个勤奋的旅行家留下了太多的感叹，这便是徐霞客。在《徐霞客游记》中，他写道："不意危崖绝蹬之上。芙蓉蒂里，又现此世界也""武陵桃源，王官盘谷皆所不及矣。此当为入滇第一胜"。平坡村再往下不到半公里便是有着千年历史的兰津古渡与"西南第一铁索桥"雾虹桥，也难怪徐霞客会如此惊叹了。遗憾的是，澜沧江与黑惠江交汇处的小湾水电站正在筹建，水电站建成后，平坡村将被淹没。自2007年4月始，已经陆续有四十多户两百余人搬离了平坡。一个胜景将永远封存于水下，不知道是该庆幸还是遗憾。

横断山脉是川、滇两省西部南北向山脉的总称，也是中国最长、最宽的南北向山系，由于古冰川的侵蚀，境内山川纵贯，云水激荡，道路迂回盘旋，自东而西分布着邛崃山、大渡河、雅砻江、沙鲁里山、金沙江、澜沧江、怒山、怒江与高黎贡山，群山中的坝子，也成了远古部落的乐土。澜沧江畔，自古便生活着一个叫哀牢的部落，险峻的横断山脉与浩瀚的澜沧江水造就了这个部落强硬的性格。

语焉不详的史书未能向后人描述这个部落的真正面貌，而水寨经历了两千多年的流光。我们已经找不到任何关于哀牢人的痕迹。平坡乡村委办公室是个古朴的小四合院，院子里摆放着历代文人墨客题词的石碑，在这里，我遇到了村委会主任李卫，无论如何，42岁的李卫是无法将村子与哀牢人联系起来了，他也从未听村里上了年纪的老人说起过"哀牢"这个词。时间已经冲淡了历史，在不久的将来，平坡村也将化身为历史。

哀牢山，远古的创世史诗

　　历史上的哀牢部落在史书中一出现，便笼罩着浓厚的传奇色彩。传说天竺建立了一代霸业的阿育王有一匹神驹，有一天，神驹突然径自向东方奔去，阿育王的三个儿子率领部落一路追赶，历经千辛万苦，最终追到了滇池一带，三子准备返回天竺，不料归去的道路已被哀牢人截断了。这个虚幻的传说背后可能隐藏着若干神秘讯息，哀牢人安居的澜沧江畔，历来是中国西南门户，史前的哀牢人也就不断遭受外来部落的试探，乃至战争。远古时期，天竺王朝势力可能已触及中国西南，而哀牢人尚能与强大的天竺王朝抗衡，可见其剽悍。

　　"哀牢前属国，山川尚有灵。水池分冷暖。金井幻殷勤。"明朝名将邓子龙从哀牢山经过，写下了这篇著名的五律《过哀牢祠》。明万历十五年（公元1583年），缅兵十万来犯，邓子龙率三千疲惫之师星夜增援，大破缅兵，"获战象千头，烹以享士"。诗中的哀牢国，也就更多了几分赫赫武风。

　　诗中的哀牢山，位于今保山市附近，著名的元阳梯田就藏身于沟壑纵横的哀牢山中，勤劳的哈尼族与彝族的先民，开凿出了这美丽的奇迹。史前的哀牢人依山而居，亦因山得名，这个强大的部落，可能正是从哀牢山发迹。《后汉书》记载，哀牢山中有个叫沙壹的妇人，一次在水中捕鱼，触到一块下沉的木头怀孕生下了10个儿子。后来木头化为神龙，出水之上："若为我生子，今悉何在？"九子见龙皆惊走，独有小儿子九隆面不改色，遂被推举为王；山下有一对夫妇生了10个女儿，九隆兄弟娶以为妻，成为了哀牢人的祖先。传说哀牢男子喜好在身上纹上龙的图案，以显示自己的剽悍与武风。而文身本就是一种图腾，寓意着部落的标志与祖先的记忆。

　　我们现在看哀牢人的创世史诗，隐藏着浓烈的母系氏族之风与部落联盟的讯息。历史上的横断山脉历来以其险峻的地理环境包容着来自四面八方的古老部落，哀牢人的起源，可能与一个叫"濮人"的部落不无关联。濮在上古，部落繁多，还曾参加过牧野之战，后来在中原王朝的重压下逐步南迁。今天的哀牢山脚下，有一个仅十余户的村寨，因寨中祖祖辈辈烧制土陶，故称为"土锅寨"。土锅寨流传着一个古老的风俗，制陶技术传女不传男，传女儿和媳妇不传丈夫和儿子。这个奇怪的风俗，可能正源于母系氏族之风，而土陶上古朴的线条与图案，似乎就是哀牢部落生活的某个片段。

不韦县，流放的传说

历经九隆、禁高、建非、哀牢、桑藕、柳承历代哀牢王的治理，汉代的哀牢部落日渐强盛。而随着南方丝绸之路的开通，汉武帝决定在蛮烟瘴雨的澜沧江畔驻军，面对咄咄逼人的汉军，此时的哀牢王却显示了他过人的见识，任由汉朝军队占地设县，率领部落远迁至今怒江与龙川江之间，邛人、笮人的命运无疑给了哀牢人若干启示。史书中记载的有关哀牢人的9场战争。有8场是哀牢人主动挑起的；而等到汉朝军队入侵，哀牢人却又能忍辱负重，实是一个两面的部落。

随着汉朝军队的进驻，大批移民迁入西南，古道上源源不断迁徙而来的中原汉族使得"生人以来，未尝交通中国"的哀牢突然拥有了一种代表最先进文明的力量，以及中原人的生活方式。而曾经赫赫有名的吕不韦家族，在遭遇秦王朝的流放后，汉代继续着他们流亡的命运。汉武帝专门设立了一个不韦县"以彰先人之恶"，一个家族连续受到两个王朝的排挤，古往今来也算是稀奇事一件了。

我们是在一个午后走进金鸡村的，木制电线杆上的电线遮挡着蔚蓝的天空，栉节比邻的青瓦平房顺着弯曲的老街延伸，红色的干辣椒一直铺到你脚下，斑驳的石灰墙上还停留着20世纪70年代充满激情的标语。穿着旧式西装的中年男子背着手拎着茶杯在石板路上徘徊。眼前的金鸡村便是汉代鼎鼎大名的不韦县，而在游客眼中，金鸡村只有四种颜色：蓝天、青瓦、红辣椒、灰西装。

两千多年前，吕氏族人的到来使得哀牢人亘古以来的平静结束了。60岁的张人毅老人是金鸡村土生土长的农民，他告诉我自打记事以来就没听说过村子里有姓吕的人家。这多少有违汉武帝的初衷。张人毅和村里的老人组织了一个老年协会，平时在一个破败的院落活动，这是金鸡村西北的一块台地，远远就能看到两株古树和土壤之下裸露的虬根，一株榕树，一株黄连，见证着金鸡村平静如水的生活。

时间退回到汉代，不韦县可能是中国西南最为敏感的一个郡县，汉朝军队的进驻与吕氏族人的入迁，压制着哀牢人的生存空间，也压制着这个部落对于疆域与胜利的欲望。而不韦县的意义远非如此，东汉年间，哀牢人最终与汉王朝议和，谈判也在不韦县举行，这里实际上成了哀牢国的终点。

在汉朝两百余年的压制过后，东汉年间，哀牢王柳貌即位。此时，原本归顺哀牢国的鹿茤部落转投汉王朝怀抱，柳貌不堪其辱，遣子扈栗率领着庞大的水军，乘船南下，攻击鹿茤。在史学家常璩、郦道元笔下，这场战役充满了有如黄帝战蚩尤的神话色彩。

首战鹿茤人防不胜防。哀牢军队一路高歌猛进，眼看胜利就在眼前，此时却"南风飘起，水为逆流"，哀牢人死伤者不计其数；第二战，扈栗派6位头领将兵数万与鹿茤王决战，鹿茤人在风雨雷电、猛兽怪禽帮助下，大败哀牢人。哀牢6位头领先后战死，连尸体都被猛虎啃撕一空。扈栗领着残兵败将逃回哀牢，多年以后说起这场战争，尚惊若梦魇。这场战争也吹响了哀牢人亡国的号角，数百年的财富与国力被挥霍一空，部落内部亦产生了严重的隔阂。晚年的哀牢部落如同一个落魄的地主一般，看着一个个汉朝郡县的设立，这种窘境，一直持续到哀牢国破。

保山，哀牢人的战争与和平

2007年12月在保山市博物馆，我看到了哀牢人的遗物。橱窗中，铜矛、"山字格"铜剑遍布铜锈，刃部已经变形；著名的人面纹弯刀已经断成了两块，原本锋利的战刀竟形如废铁。迄今为止，哀牢人的墓葬，大多是当地百姓耕作、盖房子时发现的。

出土时文物已有损伤，保山博物馆馆长王黎锐曾几次下乡收缴文物，他说："博物馆镇馆之宝铜案是1989年一个叫张正益的农民建新房时挖出的；铜盒则是文管所1995年8月在收荒匠那里收的。"由于考古发掘所依赖的地层关系已经紊乱，这也使得哀牢人未能揭开他们神秘的面纱。

铜案是先秦贵族用以祭祀天地的重要礼器，秦汉之后逐渐成为盛器，汉书就有"食不重味，案上不过三杯"之说。另一种叫铜盒的青铜器此前从未出土过，铜盒上绘着各式古朴的花纹，看上去跟铠甲颇为相似，起初被认为是士兵作战用来盛箭的箭盒，后来有学者指出，铜案、盒是哀牢古国的国家重器，铜盒代表着军权，铜案则意味着祭祀、宗教的权力，它们应该是历代哀牢王发号施令的信物。

东汉明帝永平十二年（公元69年），内忧外患之下的哀牢王柳貌率领77位邑王，55万人口与汉朝议和，归顺汉朝。汉朝在故地设哀牢、博南二县，割益州郡6县合为永昌郡。自王莽篡汉以来，汉王朝已很久未有这等喜事了，史官不吝赞誉之词，横断山脉中的一代王国，就这样消失于一种歌舞升平的氛围之中。自此，伴随着南方丝绸之路的开通，自汉武帝以来延续了两百余年的对西南夷的征伐也画上了句号。

当我们离开平坡村时，一轮红日挂在半空中，在夕阳的余晖下，澜沧江突然收起了它往常的激荡澎湃，变得宁谧迷人。山脊上的农家也冒起了袅袅炊烟，而我们也俨然穿行在两千多年前一个黄昏中，穿过了哀牢人古老而传奇的秘境。

文／萧易（二〇〇九年〇二期）

古滇国：石寨山前的回眸

当我在石寨山上看到那束淡淡开放的野花时，我固执地认为，那是滇王的先灵引领着我的脚步，一个生机勃勃的古国变成了一片芳草萋萋的公共墓地，这种巨大的变迁本身就会引起你的无限感叹。

今天，八百里滇池依旧烟波缥缈，这里曾是古滇人的福地，周围的石寨山、天子庙、羊甫头等史前遗址将古滇国的脉络，宛若史书一般串连起来。南方丝绸之路开通后，汉王朝的势力进入西南，汉武帝册封滇王，赐其金印，然而，就在滇王享尽恩宠之时，滇人却突然从历史中神秘消失，从此再不见于任何史料记载。或许正是因为这一段段曲折的历史，滇国的历史比起其他西南部落，始终少了一份壮烈，多了一抹无奈与离愁。

"探访消失的西南部族"系列共5篇，分别为九丝山上的古焚人部落、安宁河流域的邛人部族、滇池沿岸的滇人部族、洱海一带的昆明人、横断山脉中的哀牢人。汉代中国西南出现了一条著名的南方丝绸之路，古道也成为汉王朝沟通西南的主要通道，随着汉朝军队的入驻，古道旁的西南部落亦难以避免消亡的命运。今天，当我们重新走过这些史前部落的领地，流传至今的传说仍在耳边回响，一段段璀璨的远古文明从远古走来。

石寨山上，野花淡淡绽放

在石寨山滇国遗址的铁门打开的一刹那，我的视线便落在了一束白色的野花上，滇池送来阵阵微风，野花轻轻随风摇曳，初冬时节的石寨山已是枯草漫漫，这束野花却开得出奇烂漫。事后我才知道，野花之下，便是著名的滇王之墓，曾出土过"滇王之印"等众多精美文物。不知道冥冥之中是否真的有股力量引领着我的脚步，这一刻，我相信，我与古人是相通的。

石寨山是滇池边上一个小山坡，远远望去，如同一条鲸鱼一般，也难怪旧名鲸鱼山了，1955年，这里发现的古滇国墓葬群几乎轰动了全国。迄今为止，石寨山已发掘墓葬86座，有滇王之墓，也有武士墓与平民墓，将滇王墓拱卫其中，尔后，附近的百姓看到石寨山风水颇佳，把祖先也埋了上去，从古至今，石寨山一直是块福祉之地。而随着江川李家山、程贡天子庙等遗址的陆续发现，《史记》中的滇国逐渐清晰起来。这其中，石寨山无疑最有魅力，不仅因为滇王之墓，一个国家的历史变成了一片芳草萋萋的墓地，这种巨大的变迁本身就会引起你的无限感叹。

汉元封二年（公元前109年），中国西南发生了一件惊天动地的大事，这一年，汉武帝征调巴蜀军队剿灭了滇国近邻劳深、靡莫两个小国，兵临滇国城下，滇王无奈，举国投降，并于同年入朝觐见武帝，手持金印，回到故土。投诚者在历代有着各种各样的版本，滇人的投诚却在剽悍的西南夷中引发了一场轩然大波，滇国也由此日益孤立。

1956年，一枚24厘米见方的黄金印章在石寨山遗址出土，印面以隶书刻着"滇王金印"四字，众所周知，汉王朝流行隶书，这枚金印应该是滇王投诚后汉朝赐予的官印。传说末代滇王尝羌死后，子孙将汉王朝赏赐的金印随葬，由此触犯了汉王朝失印革职的规定，子孙被取消了滇王的封号。这枚见证着滇国荣辱与家族兴衰的金印，其实就是一部浓缩的滇国史。

适时的投诚给滇王带来了无数荣耀，在邛人、昆明人部族尚在与汉朝军队殊死搏斗之时，滇王已享受着无尽宠信。也就是在滇王墓地，曾出土过一件残缺不全的金缕玉衣，金缕玉衣是汉朝皇帝或诸侯王下葬时所穿的用玉片缀成的衣服，中国古代历来有崇玉之俗，认为玉器可以使人的尸体不朽，由此看来，滇王的地位，可能与汉朝的"异姓王"差不多，难怪《史记》说"滇小邑，最宠焉。"今天，滇王之印与金缕玉衣仍藏于云南省博物馆中，在多数人眼中，这是投诚的见证；而在我看来，这两件文物，实际上代表着古滇国的终点，当滇王将汉王朝的官阶奉为上品的时候，滇国也就湮没了，此后那些屈辱的朝拜者，充其量只是掌管着汉朝"小邑"的官吏罢了。

滇池沿岸，滇人安居乐业

石寨山下，便是石寨村。50岁的陈深和手拿铁盆，正给猪拌饲料，猪圈就砌在厨房里，家中也由此弥漫着一股浓烈的猪圈味道。陈深和的老伴前几年过世了，儿女都在城里打工，逢年过节才回来，因此，大多数时候，陈深和就独自面对着空空荡荡的房屋。这是个破旧的二层小楼，木头阁楼踩上去"吱吱"地响，尘封的灰尘在阳光中肆意地飞舞，陈旧的蛛网一直遮挡着我的视线。

陈深和家门口的一个小山包旁，有几个直径约半米的坑，陈深和说，这是邻村的村民半夜摸上来挖的，整个石寨村几乎随处可见这样的盗洞，村民有时候走得好好的，"扑通"一声就滚到盗洞里了。由于盗墓猖獗，当地文管部门已在石寨山上修了一圈围墙，村民的墓葬陆续搬离了石寨山，陈深和的祖坟，也在早些年迁走了，原本热闹的石寨山反而沉寂了。

石寨村的房屋，大多是土坯房，建于20世纪六七十年代，就地取土，因为土中夹有大量贝壳，今天斑驳的土墙上仍夹杂着白色的贝壳，阳光照在上面，空气中飘舞着呛人的粉尘。村民种地挖土，经常能挖出一堆堆贝壳，而考古学上，堆积如山的贝壳被称为"贝丘遗址"，它们的出现，暗示着滇池一带已是古人的乐土，他们从滇池中捕捞贝壳、螺蛳，过上了定居生活。

迄今为止，石寨山、李家山、天子庙几处滇国史前遗址，皆分布于滇池沿岸，石寨山离滇池更是仅有数百米之遥，从山头看过去，浩瀚的滇池烟雾缭绕，夕阳的霞光一层层缀在天边，在滇池水面上变幻出绮丽的色彩。昆明位于横断山脉与云贵高原交接地带，远古的山体运动造就了八百里滇池，最早的滇人，可能正是从滇池一带发迹，尔后逐步向外扩张。历史上，滇人安居滇池，昆明人把持洱海，邛人沿邛海分布，高原湖泊独特的气候条件与富饶的物产，为古人提供了最早的避风港。

关于滇人最早的起源，可能要从一个古老的传说说起。战国年间，楚威王派遣大将庄蹻率领大军，不惧道路险阻，挑战西南部落，后来，秦军占领黔中，切断了庄蹻的后路，庄蹻无奈，易俗变服，自立为滇王。这个说法，历来为后人诟病，自公元前316年始，秦楚已鏖战了数十载，其间，楚国日益困顿，却仍无力阻止南下的秦国大军；公元前277年，秦国更是遣巴、蜀军队为先锋，占黔中，破郢都，楚王无奈，东迁于陈。此时的楚国已有亡国之虞，又哪来的闲情南征呢？

而如果不是庄蹻，滇国的建立者又会是谁呢？

2007年12月，在云南省考古研究所库房，我的疑问有了答案。一排排简陋的木架上，密密麻麻堆放着各个遗址出土的陶器。云南省考古研究所杨帆领队说，考古学上，陶器虽然不起眼，却是研究远古人类迁徙与融合的重要证据：比如小平底陶器的出现，往往与氐人不无关联，这在三星堆、金沙也有出土；双耳陶罐则是游牧民族常使用的一种陶器，滇人似乎是一个复杂的部落联盟。

澜沧江、金沙江、雅砻江的河谷地带，历来是古人迁徙的天然走廊，史料记载，羌人大禹建立了夏朝，商代夏后，大肆清算夏人，羌人纷纷南迁；春秋时期，楚国日渐强大，江汉一带的濮人无奈，只有南迁逃避战火。云贵高原历来是远古流亡部落的避风港，众多逃亡者给滇池带来了文明与国家的曙光，在远离中原王朝的西南边陲，这些逃亡者走在了一起，并逐渐联合成滇国。

青铜器，滇人的血性与心灵

1952年，一位叫方树梅的学者在昆明古玩市场看到了一些从未见过的青铜器，古董商告诉他，文物是在滇池边收来的，这才有了石寨山等遗址的发现。迄今滇国遗址出土的文物，大多藏于云南省博物馆中，而其中最有魅力的，无疑是众多精美的青铜兵器与贮贝器。"国之大事，维祀与戎"，这个中原的传统，在滇国也不例外，它们让后人看到了滇人的血性与心灵。

狼牙棒、铜锤、铜棒、蛇纹铜矛、弩机、斧、盔甲、盾牌、戈、钺、剑，一件件青铜兵器整齐地排列在橱窗之中，纵然已埋藏了两千多年，依旧寒光闪闪，仿佛随时能跟随主人在战场上冲锋陷阵。如何在剽悍的西南部落中生存下来，是摆在滇人面前的一道难题，兵器无疑是最好的答案。贮贝器是滇人存放海贝的容器，器形宛如铜鼓一般，里面存放着大量海贝，遂被命名为贮贝器。1986年，三星堆遗址曾经出土了数千枚海贝，经考古学家辨认是印度洋流域特有的环纹贝，当时还留下了一个谜团：如何在不临海的成都，竟出土了如此多的海贝？而迄今为止，滇国遗址出土的海贝已达到惊人的数十万枚，早在商代，一条由成都通往域外的南方丝绸之路已具雏形，四川与云南的海贝，可能正是通过贸易与外族交易来的。这些海贝，或许是古滇国积累了几个世纪的财富。

在一件青铜贮贝器上，滇国的工匠给我们描绘了一场惨烈的战争：滇国将领身穿铠甲，头戴头盔，手持长矛冲入敌阵，马蹄下踩着一个昆明人的背脊，昆明人肩上背负盾牌，不甘心伏诛，左手支撑在地，妄图做最后的反抗；滇国士兵左肩负盾，肋下佩剑，手持长矛，一个留着辫发的昆明人正跪地求饶。这场战争，最终以滇人的胜利告终。

考古学家证实，为了拓展疆土，争夺食盐、铜矿等战略资料，滇人与昆明人、夜郎之间战事颇多，然而，滇国的疆域却始终未能跨出今天昆明市的范围，附近的祥云、楚雄早已为昆明人把持；而向西，威宁一带的夜郎国也是滇人强劲的对手。贮贝器上的胜利场面，看来只是滇人赖以自慰而已。

更令人震撼的，则是滇人的祭祀。一件直径30厘米"杀人祭铜柱"贮贝器上雕刻着52个人物：中央是一根双蛇盘绕的铜柱，柱顶有一猛虎；柱旁是块木牌，一名裸体男子被反绑在牌上；几个梳着发髻的仆人抬着一位高高在上的贵妇人。贮贝器上的铜柱，可能是史书中记载的社柱，先秦时期，社柱是诸侯标志，标志着征收贡赋、杀人祭祀的权力。而在一面铜鼓上，一叶扁舟载着几个巫师模样的滇人似乎正欲扬帆远航，没有人知道他们是谁，这个不知年代的历史瞬间被一个不知名的工匠用青铜浇铸下来，凝固成一个永恒的画面。

杀人祭柱铜贮贝器

春秋时代的孔子曾说过，"礼之不存，求诸野人"，意思是某些礼仪已经随着时代的前进消失了，在边陲的"野人"那里却能找到古礼，这里的"野人"，指的是中原王朝以外的民族；清人也说，"礼之不存，求诸野人。野之不存，乃在苗蛮之间也。"我们发现，古滇国的祭祀仪式，从某种程度上而言，就是"古礼"的再现。汉高祖刘邦上台后，取消了诸侯立社柱的传统，这种古风却在古滇国顽强地保留下来；汉代宗教观念已经盛行，滇国却仍流传着杀人祭祀的风俗；远古时期的海贝曾一度用作货币，汉代已使用铜钱，滇人却仍贮藏着数十万枚海贝。

两千多年前的西汉已是一个铁器的时代，西南边陲的滇国，却依然停留在古老的青铜时代之中，滇国工匠始终坚持写实的手法，将滇人的生活如实用青铜记录下来：播种、放牧、乐舞、狩猎甚至是男欢女爱。滇国的工匠正是用这样的方式记载了部落的瞬间，更在滇池之畔保留了一份对于"古礼"的记忆。

然而，这份远古的守候也未能持续太久。汉武帝之所以宠滇，无非是想利用滇人牵制夜郎，阻隔昆明人的东进之路。等到夜郎被灭、昆明人被破后，滇人亡国也就是顺理成章了。有个成语叫"夜郎自大"，最先自大的，其实是滇人，汉朝使者来到滇国，滇王不知道汉王朝，就问："汉孰于我大？"这位滇王可能做梦也不会想到，那个"孰于我大"的汉朝竟成了滇人永远的梦魇。

西汉年间，滇人从滇池一带神秘消失，没有人知道这个神秘王国的命运，有人说，滇人南迁到了西双版纳一带；也有人说，亡国的滇人始终没有停止迁徙的脚步。站在石寨山上，滇池风景依旧，不知道史前的滇人为何舍得离开这块福祉，舍得告别山上逝去者的亡魂。墓地上，那束野花仍在风中摇曳，宛如一曲伤感的悲歌。

作者手记

在这里，我想从一个古老的传说说起，南诏国高光、高智兄弟在昆明西山狩猎，追寻一只犀牛到了玉案山，看到山中云雾缭绕，一群形象怪异、鹤发童颜的僧人穿行山中，走近一看，却只有几只插在地上的邛竹杖，第二天再看却已"枝叶森然"，兄弟两人惊异不已，遂在此建立邛竹寺。

今天，邛竹寺中还留下了这样一副对联：地座灵山，白象呈祥，青狮献瑞；天开胜境，犀牛表异，邛竹传奇。邛竹寺下，有条宽约1.5米的古道，碎石子路已是青苔斑斑，枯黄的落叶散落一地，43岁张建明是邛竹寺的花草匠，他说，谁也不知道古道修于何时，村里的老人说清代、民国年间，古道曾经几次修葺，这是过去马帮到昆明古城的必经之路，马帮驮着食盐、布匹而来，晚上就投宿在邛竹寺，行路人图个平安，常到寺中烧香许愿，长此以往，邛竹寺的香火，也就愈加兴旺了。

自1955年以来，考古学家在晋宁石寨山、江川李家山等29座滇国墓葬中，发掘海贝约26万余枚，重达700余公斤，其中晋宁石寨山就出土了149万枚之多，置于一个个精美的青铜贮贝器中，或在墓葬中散落一地。在世界范围内，远古人类曾将贝壳用作货币，甲骨文的"朋"字，指的就是一串货币，在商代王公贵族的墓葬中，亦有大量海贝出土；1986年，三星堆两个祭祀坑中也有海贝出土。春秋战国时期，中原诸侯国已开始使用青铜货币，而在古滇国，使用海贝的传统却一直流传下来，直至汉代，这些数以万计的海贝，可能是滇人积累了几个世纪的财富。

邛竹寺、古道、海贝，这些相隔了几个世纪的意象，彼此之间却有着深厚的渊源。滇人所在的滇池一带，历来是蜀地特产邛竹杖、蜀锦行销外域的中转站；异域商人跋涉千里来到成都平原、中原，亦须从古滇而过，现在的云南并不产贝，而滇国遗址出土的海贝，也是印度洋流域特有的环纹海贝、虎斑宝贝。汉代由蜀地经由滇池、洱海通往外域的南方丝绸之路已经开通，在丝路的刺激与带动下，古滇国商道纵横，阡陌交错，这在邛竹寺下的古道便可一看究竟；正是这些古道，给古滇人带来了象征财富的海贝，亦带来了富庶的意象与气度。

黄姚古镇：时光静止的地方

文／何书彬（二〇〇八年十七期）

从"外面"来到黄姚古镇，一路上的感觉就像陶渊明在《桃花源记》里写的那样："初极狭，才通人。复行数十步，豁然开朗。土地平旷，屋舍俨然，有良田美池桑竹之属。阡陌交通，鸡犬相闻。其中往来种作，男女衣着，悉如外人。黄发垂髫，并怡然自乐。"

这个至今仍保存得完好无缺的明清古镇坐落在广西东北部的群山之中。我们从桂林出发去探访，一路上线条柔美的喀斯特地貌逐渐被高耸的群山取代。等到快接近黄姚的时候，车子已经行进在云水之间，狭窄的乡村公路在山腰穿行，上面是云环雾绕的群峰。当喀斯特地貌再次出现在眼前，其中有一片"屋舍俨然"的所在，那就是黄姚古镇了。

小桥、流水、人家。几百年来，黄姚古镇一直就以这个样子安静地存在于此地，今天它依然如此，在喧嚣的现代世界里遗世而独立。

"梦境家园"

　　才说梦境时，便已经不是梦境了。黄姚古镇处处体现着"天人合一"的传统人居智慧，好似从历史中突然现身于现代世界，因此它便得了一个"梦境家园"的名字。但是，这个梦境从第一个游客踏足时，就已经打破了，好在与邻近的桂林相比，现在黄姚的游客还很少，每天不过百八十人，这还足以让黄姚保持一份"清水出芙蓉，天然去雕饰"的原真面貌。

　　黄姚古镇依地形而建，按"九宫八卦阵"布局，全镇八条街道均以灰黑色石板铺成，沿着地势缓缓延伸；青砖瓦房错落有致，围出一条条曲折小巷；姚江从东而来，遇上古镇又转为向南，以"S"形流过古镇，画出一个类似八卦图的轨迹，兴宁河、小珠江则从南、北两面分别环绕着古镇流过，并与姚江交汇在古镇的东北角；在古镇的外围，酒壶、真武、鸡公、叠螺、隔江、天马、天堂、牛岩、关刀等九座挺拔翠绿的山峰宛如若游龙，从四周聚向古镇。

广西昭平县黄姚古镇

传说中黄姚所处的是一个"九龙结穴"风水宝地，古镇身处其中，描绘出一幅极其典型的"小桥、流水、人家"人居画卷，与周围的山水环境和谐无间。拿今天的话来说，就是其建筑手法如同神来之笔——这一切很难用语言来描述，只有亲身涉足其间，才能深深被传统人居体现出来的智慧折服。

古镇面积不大，只有3.6平方公里，其中居住着六百多户人家。15座玲珑而精致的古桥连接古镇各个部分，它们均是就地取材并且姿态各异。位于黄姚古戏台后姚江上的"石跳"桥最为别具一格，因为该处的河水很浅，黄姚先人就用31块石墩在河道中排成一列，桥即石墩，石墩即桥，人行其上，必须跨越前行，故名"石跳"。

随处可见的祠堂、古门楼、古榕、庙宇、亭子以及路边石雕也都在点缀着这幅古镇人居画卷。楹联和牌匾在其中不时可见，构成古镇的另一道人文景观，如兴宁庙殿前亭柱上的对联为"别有洞天藏世界，更无胜地赛仙山"；古戏台正面台额上悬挂着的牌匾上写有"可以兴"三个飘逸自然的大字，取《论语》里的"诗可以兴，可以观，可以群，可以怨"之意。

在古镇四处穿行，还有更多看似无意、实则匠心独运的人文风景会不断跃入眼中。如在宝珠观后的小珠江上，有一个河心小石洲状似假山，黄姚先人就于"假山"之上借景修建了一个六角亭，作为宝珠观的"后花园"；古镇街道上则有一个"盘道石鱼"，其由来是古时工匠在铺路时遇到一块突起的天然岩石，其形状类似鲤鱼，于是工匠们就顺势在石脊上雕出了一条长约两尺的石鱼。有人还为此题了几句诗："一溪绿水绕青峰，石鲤天生踞路冲"。

现实与银幕

黄姚给人一种时光倒流的感觉，一部部国内外影视在这里的拍摄更是增加了这种氛围。

走在黄姚的石板街上，时不时可以在民居外墙上看到"民国时代"的广告，广告里穿着旗袍的年轻女子手里拿着"白金龙"香烟。镇上居民说，这些广告都是在拍摄电影《面纱》时张贴的。

虽然对于普通大众来说，黄姚还没什么知名度，但是对于电影工作者来说，这里是再好不过的"影视基地"了。几乎不需要什么布置，黄姚就能呈现出导演需要的画面，至今已有《茶是故乡浓》《英雄虎胆》《面纱》《云水谣》《美丽的南方》等多部中外影视把黄姚作为外景地。

于是，黄姚古镇便经常以一幅民国时代的样貌在银幕上出现。这样就有了两个黄姚，一个是银幕里的黄姚，一个是真实世界里的黄姚。本来银幕内外是两个截然不同的世界，但是在黄姚，两者的界限是不那么明显的，它们交叉在了一起。

记忆与现实，如今不断在古镇居民的生活中交叉。因为过来拍戏的剧组多，镇上很多居民都做过群众演员。在戏里，他们穿起壮乡服装，蒙上头巾，像他们的先祖一样，走在几百年来都没有什么变化的石板路上——这些街道是戏里的场景，也是古镇居民每天生活的地方，银幕里的场景并非虚构，现实中的黄姚则带着梦幻。

特色民俗也给古镇增添着历史与现实交织的氛围。每年农历七月初七的十二点钟左右，黄姚古镇的人们都聚集在仙人古井上香取水。人们相信，在这个时辰装的水放在家里一年半载不生虫不变质，还可以用来治皮肤病、肚子疼、喉咙疼等。

仙人古井在镇上的兴宁河边，一共有五口，用途各有不同。第一口井是专供居民饮用的，第二口井是洗菜用的，第三、第四、第五口井是洗衣服、洗农具用的。

每年的农历七月十四、十五，则是镇上举行最为隆重的放柚子灯祭河神活动的日子。入夜后，镇上的男女老少都聚到姚江边上观灯取乐。千余只柚子灯上插着香烛，由识水性的青壮年扶进江流，连成一条璀璨的金龙顺流而下，在月光映照下的河流中营造出一种梦幻般的氛围，居民们以此祈愿老少平安、年年风调雨顺、国泰民安。

定格的岁月

在阴差阳错之中，黄姚古镇还担当过一个"文化重镇"的角色。抗战时期，由于国土的大面积沦陷，桂林成为后方的一大文化中心。1944年，一大批文化团体和个人又先后疏散到昭平，然后来到黄姚。

小小的黄姚一下子汇集了众多文化名人和民主人士。先后来到这里的团体和个人有：陈劭先率领的广西建设研究会，万仲文领导的文化供应社，欧阳予倩率领的广西省立艺术馆，张锡昌、千家驹、徐旭等率领的中国工业合作社桂林分社以及当时《广西日报》主笔莫乃群和一批文化工作者等。

此外，新儒家的领军人物梁漱溟、著名科普作家高士其以及国民党元老何香凝等也都先后来到黄姚。一段具有特殊政治背景的抗战文化在黄姚就此形成。如今，黄姚镇还保存着他们留下的遗迹，如《广西日报》昭平版编辑部旧址、高士其寓所旧址、欧阳予倩寓所旧址、广西艺术馆旧址、何香凝寓所旧址、千家驹寓所旧址等。

对于属于黄姚的历史来说，这个"文化重镇"的角色是最后一段浓墨重彩，之后，历史似乎就在此地停滞了。渐渐地，"黄姚"后面增加了"古镇"二字，并将属于历史的一段古老时光遗落在现代世界。

发祥于宋朝的黄姚古镇在清乾隆年间至民国时期进入到它最兴旺的时期，当时黄姚是一个辐射方圆百里的区域性商贸中心，古镇现有的格局和建筑规模即在那时形成，此后就几乎再无变化。

这一切并非有意为之。像平遥古城一样，在很大程度上，黄姚古镇也是因为偏僻落后才保存下来的。当"现代化"浪潮袭来时，一些黄姚人也动过拆旧建新的念头，但也仅仅是念头而已。"因为路窄，车子进不来，连雇人把水泥、砖头挑进来的钱都没有"，陈医生说，所以最后拆老房子的事也就不了了之了。

另一方面，古镇居民对传统的坚守也减轻了古镇的一些破坏。曾任昭平县文化局副局长的李兆宗说了一件事：在"文革"期间，为防"红卫兵"破坏，古镇居民把兴宁庙的神像沉到了河底，待到"文革"结束，居民们再把神像捞出来。

现在，黄姚古镇如同一颗久被尘埃关锁的明珠，再度进入现代世界。在"古镇"热的背景下，它很快便散发出了不同寻常的魅力，但是几乎所有的古镇都要面临旅游开发与文化生态保护的两难问题，随着黄姚附近高速公路的即将通车，古镇与现代世界的距离也将再次拉近。现在要看的就是黄姚这个"梦境"到底能持续多久了。

开平碉楼开启的历史
——中西文化碰撞的『第三只眼』

文／何书彬（二〇〇七年二十一期）

有一种习惯认识认为中国传统社会的底层是一支排斥外来因素的重要力量，中国的近代化基本上是殖民的产物，即使有自动的接受，也主要是社会上层的行为。在开平碉楼和民居面前，要重新审视这观点。

今年6月28日，新西兰"花园城市"基督城，联合国教科文组织第31届世界遗产大会正在这里召开。作为理事国成员的21国代表们仅用了8分钟的时间，几乎没有任何争议，中国广东的"开平碉楼与村落"申遗项目就获得了全票通过，"中国最年轻的世遗"就此诞生！而就在上一天，代表们还在为待表决的另一个申报项目争论不休。

在中国，拥有数千年历史的遗迹比比皆是，为什么却是历史不过百年的"开平碉楼与村落"顺利成为我国第35处世遗？世遗大会表决的评估结论之一是：它"能为一种已消逝的文明或文化传统提供一种独特的至少是特殊的见证。"

"洋元素"

开平市地处珠三角西边，属江门市管辖，与同属江门的台山、新会、恩平、鹤山等地共称"五邑"，是中国著名侨乡。从广州向西行，两个小时不到，车窗外开始不断闪过看起来像西方古堡的建筑，就是到了开平境内了。

开平碉楼现存1833座，鼎盛时期超过3000座，它们错落有致地分布在稻田和村落之中，展现着古希腊式的柱廊、古罗马式的拱券和柱式、伊斯兰的叶形拱以及哥特式、巴洛克风格，甚至还有新艺术运动和工业派建筑手法。如此之多的"洋元素"，让游走于它们之间的人们有置身于西方田野的感觉。

申遗成功让开平这个"小地方"瞬间热闹起来了，无数的旅游大巴和私家车正载着游客从四面八方呼啸而来。塘口镇自力村是"开平碉楼与村落"申报世界文化遗产的四个提名地之一，也是迎接游客最多的一个地方。在该村保存最完好、陈设最豪华的钢筋混凝土结构碉楼铭石楼里，首层正中悬挂着楼主方润文与三位太太的大幅照片，顶层供奉着方家的祖宗牌位，室内除了摆设精美的岭南家具外，还有美国式座钟、法国香水、德国的落地钟、留声机、缝纫机、皮沙发等很多"舶来品"。

这"合理的异态"让游人啧啧称奇，就连历史专家们在初步看到碉楼并进入它们时，也不由得感到激动。

五邑大学教授张国雄是"开平碉楼与村落"申遗首席专家。2006年8月22日，自力村方广宽、方广容、方广寅三兄弟的三座居庐及其家族祖屋分别被打开，张国雄进房子里后，看到的场景就和如今铭石楼里陈设的一样：房间里摆放一部留声机和十多张唱片，其中既有西洋音乐，也有国内当时的红歌星周旋和王人美的唱片，此外也有粤剧大师马师曾的，这说明楼主当时既享受西洋音乐，也喜爱国内音乐和本土音乐的包容心理；在梳妆台上有男人用的发油和女人用的香水瓶、爽身粉等。

开平碉楼处处展现着中西合璧，在极具异域风情的外表下，开平碉楼几乎无一例外地有着一个"很中国"的名字，比如铭石楼以及号称"开平第一楼"的瑞石楼；在碉楼的细节上，人们同样也可以看到绚烂的传统壁绘、鲤鱼状的排水口、门框和屋檐上的狮子、麒麟或飞鸟的浮雕……新兴的西方文化和古老的中国传统就这么随意地交融在一起。

"年轻"的开平碉楼之所以能在激烈竞争中成功胜出，顺利载入世遗名录，其原因就在于它们所表现出来的独特性。张国雄说，能否成为世遗，并不在于其历史的长短，关键要看其历史与文化价值。开平碉楼首先在于价值独特，西方的建筑艺术进入东方的稻作文明区并大量生存，跟当地的自然要素、传统民居和谐地融为一体，这种景观在全世界独一无二。

张国雄说，中国不少沿海城市都有中西合璧的近代建筑，但它们大都是殖民地时期由外国人主持建造的。而开平碉楼却是中国乡村民众主动学习、吸收西方建筑文化并与本土文化融合的产物。"开平碉楼与村落"不仅仅是中国第一个，也是全球首个反映移民文化的世遗。

第一次鸦片战争后，开平人开始了向美国等国家的大规模海外移民，但从19世纪末起，美国、加拿大等国盛行的排华政策却使得他们难以扎根异乡，并在1910年—1930年代形成了侨房建设的高潮，如今人们所见到的碉楼就大多建成于这一时期，它们具有防匪和避涝的双重功用。

早在2001年9月，联合国世界遗产协调员亨利博士来开见到碉楼时，就大为惊讶："我不知道用什么来形容我所看到的东西，我在中国的其他地区都没有看到这种现象，就是当地人把西方的一些优点带回他们的家乡。这种走出去、带进来的传统的现象还没有结束，还没有中断，还在继续下去。"

冲撞

而今就连专家学者也往往惊叹于开平碉楼表现出来的中西文明的完美结合，但是碉楼背后的历史并不轻松。它们的出现，要追溯到鸦片战争后中国人以"卖猪仔"的形式向海外的大规模移民。当时开平人的主要去向是美国、加拿大等国家，大多是以"赊单华工"的形式前去修铁路、开金矿等。

在当时的中国百姓眼里，美国是什么样子？开平碉楼研究所所长谭金花曾前往美国寻求这段历史，她在查资料时发现了这样一段话，描述了当时人们的心情。起初，人们对出国是很害怕的："老人家告诉我们很多关于红毛绿眼满脸胡须的外国鬼的故事……他们很野蛮、凶恶和不道德……所以，凡

广东开平碉楼群中的立园泮立楼

是外国鬼拥有的而我们中国没有的一定是罪恶的。他们当中有些东西也很奇妙，可以让人与人之间在千万里之外互相讲话；他们有太阳可以使黑夜变成白昼；他们的船载着地震和火山来帮他们打仗……"

当时对自己的文明充满信心的美国人又是怎么看待这些来自古老东方的中国人呢？

当传统中国正以"卖猪仔"的形式掀起大规模移民时，西方资本主义正处于快速上升时期。在英国历史学家汤因比看来，当时整个世界几乎只能在主动西化或被迫西化中做出选择。西方人会理所当然地认为他们的文明已经支配了全球，其他文明则往往被贬为天生低劣，比如英国人于16世纪"发现新世界"后，在考察报告就将印第安人列为"奇异物种"。不同文明的冲突随之产生沉重又沉痛的文化误解。在这种情况下，拥有工业文明优势的白人将非洲黑人、印弟安人乃至古老东方的中国人当作可以买卖的物品也是很"自然"的事情了，大批的华工被"卖猪仔"，送到国外去做苦工。

"当时的美国人把华工称为'没有开化的野人'"，谭金花说，"他们骨子里是歧视华工的，白人雇主看中的只是华工的劳力而不是人格，华工只是呼之则来、挥之则去的工具。在他们看来，中国人真奇怪，男人脑后还留着一根长长的辫子，在没有东西吃时还会去吃老鼠。"

种族歧视让当时的美国人认为华工和他们是不一样的一类人。"他看你不同嘛，他信仰基督教，你又不是基督徒，你的国家也贫弱，他看不起你"，谭金花说。

华人试图进入主流社会的努力遭遇了巨大的文化误解压力之后，出现了华工聚集的唐人街式"小社会"，这使得中国传统文化封闭性的一面表现得更为突出，而这又恶化成美国政客攻击华工的口实，他们甚至称唐人街的娼妓、犯罪、过剩的劳力等方面的表现是"积了四千年经验的结果"。

刚踏上美国的土地时，"人权、人格和尊严是华工们梦都不敢梦的东西"，但是，崭新的经历和环境也在逐渐改变着这些本是为了生计而出国的华工，对此，谭金花做了一个简单的概括："华工们刚到美国时，看到汽车，就很惊讶：'哇，一座房子在街上走'，但是很快就意识到自己也要强大，所以对改革、革命就很支持，还要建设'新生活'，学习西方，但并不丢掉传统。就是在那种心态之下，人们建了碉楼，并在医学、教育等各个方面都有反映。"

融汇

不久前，谭金花和复旦大学图书馆馆长、历史地理学家葛剑雄因为开平碉楼还做了一次"交锋"。当时葛剑雄做客岭南大讲坛公众论坛称开平碉楼为"不中不西不伦不类"，并说碉楼的建设者大多没什么文化。谭金花列举史料公开反驳：开平碉楼的主人非但不是没文化，有一些还是高学历："比如兴建升峰楼的主人黄峰秀，当年就在美国读了医科，拿了美国大学的正规文凭，曾在广州沙面法国租界里当过医生。1919年兴建升峰楼的时候，他请了法国建筑师专门做设计。再如，从美国学成归来的建筑师关宇周设计的赤坎镇关族图书馆和司徒拱医务所就备受专家称赞。"

虽然第一代华工几乎是在无意识间撞进了中西文明碰撞交融的激流，但是随着历史演进，一代代的人交接成长起来，他们的身份也不再是华工而成了华侨华人。到开平碉楼大规模建设的1910年—1930年代时，碉楼的建设者就不再是单纯的乡野农民了，而是他们的儿孙辈。"这批人整体上已经很有文化了"，谭金花说，其追求也开始超越生计层面。

如今在开平乡间可处处看到从器物到制度层面的中西文化交融的痕迹，比如"洋元素"与传统文化的和谐共生；在社会心理层面上，西方文明则在整体又具体地冲撞着开平乡野的传统文明。在碉楼建设的同时，西方文化也在开平农村深入到生活的各个方面，甚至改变了农村的生活习惯，比如当时不少人之间的跪拜礼改成了鞠躬，甚至还有"英雄盖世拿破仑，事业惊人华盛顿"的乡间对联（百合镇石门村）；排球运动深入到每个村落，本地人在看球赛的时候还常常说一些外地人不能明白的本地番话，比如："骨波"（goodball）"说波"（shootball）"威里骨"（verygood）等；家族经济事务也会采取股份形式——你能说这对中国传统的宗族意识没有冲击？但是宗族传统并没有因此流失，反而得到某种程度的加强，比如赤坎古镇上的关族和司徒氏两姓不但在20世纪二三十年代展开了实业等各方面的竞争，还各自号召族人建起了宗族图书馆。

谭金花说，在建设碉楼的同时，侨乡还引入西方的技术、制度，掀起了建设家乡的热潮。1911年后，企业投资空前热烈，整个开平的侨批、火轮运输、电话、西医等各行各业跟着炽热起来，比如在1928年，开平灵通电话股份有限公司成立，将开平的墟、镇连成电话网，并连接恩平、阳江、台城、江门、新会等县市。现代教育也迅速发展起来，采用新编课程、必修英文的侨办小学则从1911年的11所发展到1939年的459所，学生人数从407人增加到65474人。

代表性人物也在这一时期大量涌现。在自力村的华侨史展馆里，一张图片的内容是中国第一艘气船（飞艇），船身有着巨大醒目的"China"字样，他的设计者谢缵泰祖籍开平塘口，生于澳洲；生于开平赤坎，1918年赴美的邓悦宁则是美国华人参政的先驱，1946年，他当选美国亚桑那州议员；开平人司徒美堂是著名爱国侨领，在回忆录里，他认为美国式生活方式是"急功逐利"的，华侨十分渴望祖国富强独立，司徒美堂本与孙中山在海外的革命筹备也有诸多过从；开平赤坎人司徒璧如则是中国第一架飞机的设计者之一……在整个五邑地区，则涌现出更多的近现代史代表人物。

"后来孙先生说：'华侨为革命之母'，这是句真话"，司徒美堂在他的回忆录中写到。在电视剧《走向共和》中，多次资助革命经费的孙中山的哥哥就是檀香山华侨。一般来说，许多跟随孙中山的革命党人都是华侨，他们参与革命起义，筹措革命经费，照顾流亡革命者的生活，援助遇难革命党人的家属。1911年，辛亥革命发生时，孙中山就正在美国和许多当地华侨在一起，司徒美堂的回忆录里也提到这件事："他和我都是看到英文消息才晓得的。由于'黎'字同'李'字的英文译音相同，当时我们都猜不透"李元洪"是谁，后来才弄明白是黎元洪。"

"巧合"的是，近代维新人士也多出于侨乡，康有为是佛山南海人，梁启超是五邑中的新会人，他们从小即在鲜明的侨乡文化特色中成长。"戊戌变法"失败后，梁启超流亡国外并于1903年访问美洲，观察华侨、华人社会，他看到了华侨、华人社会既保留了中国文化的优良传统，也接受了资本主义先进文化的影响。

建筑是凝固的符号，不单单表现着功用和形式，也诉说着历史，是包含社会心理等诸多内容的一段文化最直接的物质载体，开平碉楼正是以建筑的形式直观反映了这段东西方文化冲撞和融汇的历史。在张国雄教授和摄影家李玉祥合著的《老房子：开平碉楼与民居》一书中，作者就写道：有一种习惯认识认为中国传统社会的底层是一支排斥外来因素的重要力量，中国的近代化基本上是殖民的产物，即使有自动的接受，也主要是社会上层的行为。在开平碉楼和民居面前，要重新审视这观点，开平碉楼是当地民众自动接受外来文化创造的。古代中国底层民众并不盲目排斥外来文化，至少东南沿海地区在外来文化冲击面前表现出不自卑、不顽固、不封闭、不排斥，而是自信、开放、包容的心态，以我为主，为我所用。

契约华工和赊单华工

"华侨归国修建碉楼只是做事的结果，在海外谋生的艰难经历才是做事的过程，所以更应该关注华侨在海外的这段历史"，面对来访者，开平碉楼研究所所长谭金花常常讲起这句话。

碉楼的华美容易给人其建设者"很有钱"的感觉，但是其背后的移民史并不轻松。从19世纪中叶起，由于本地社会动荡，民不聊生，大批开平贫苦农民被诱骗到海外做苦工，这一段历史，在西方档案中被称为"苦力"贸易，在我国则俗称"卖猪仔"。

据历史学家陈翰笙统计，历史上共有700万华工被拐骗出国。葡萄牙人早在1519年就掠夺我国苦力到葡属东印度的果阿去做工；19世纪，我国苦力被拐运到国外的比以前更多了。1848年有很多我国苦力从厦门和新加坡运往澳大利亚。两年后，又有4000多中国苦力从广州、香港、澳门到了加利福尼亚。华工还被大批被运往北方或非洲。

谭金花说，出国谋生的华工大致可以分为两种，一种是契约华工，即被"卖猪仔"的中国困苦农民，这是中国移民史上最为悲惨和辛酸的一页，第一次鸦片战争后到本世纪初的中国移民就是以契约华工为主体。"猪仔华工"常常是被拐骗进"猪仔馆"，押上"猪仔船"运到外国口岸被卖掉，并被迫签定5～8年期限的合同，没有人身自由，生活景况极其恶劣，这类华工主要被运往中南美洲、东南亚等地；一种是"赊单华工"，可以自由地与雇主就船票、伙食的垫付和偿还签定合同，人身自由度大于"猪仔华工"。他们从家乡到香港一些特为移民开设的客栈等候船期，到达目的地后，一般由社团、堂、所等家族组织接待和安置。这类华工主要前往美国、加拿大等地。

就开平一带而言，则一共经历了三次大规模的移民潮，去向主要是美国。第一次是19世纪40年代初，当时西方殖民者为了东南亚的开发，在中国招收了大量"契约劳工"到那里开采矿山、垦荒种植、修建公共设施；第二次移民潮出现在19世纪40年代末，时值美国西部发现了金矿、随后加拿大、澳大利亚等地也发现了金矿，开平人作为"赊单华工"赴美兴起高潮；第三次移民潮发生在19世纪60年代，当时美国和加拿大修建横贯东西的铁路，大批开平人被运往美、加做苦力。

到底是哪一位华工首先踏上了美国的土地？如今有据可查的开平第一个旅美者名叫谢社德，是塘口镇农民，1839年，他从香港被贩被运到美国做苦役，"但是，我相信他并不是第一个，在他之前，肯定也有人已经过去了"，谭金花说，华工们从踏上异域起就开始了艰苦劳作，到美国的第一代华工大多数是五邑人，他们在那里修筑铁路、开采金矿，或从事农业、渔业、洗衣业等，多是辛苦的体力工作。

"另一种奴隶制度形成了"

1845年，成规模的"卖猪仔"首先从厦门开始。如今鼓浪屿三丘田码头天天过往着熙熙攘攘的人流，但是却很少有人知道，在150多年前，这里曾被称为"猪仔码头"，大批的契约华工就是在这里被装上"猪仔船"卖往世界各地。

鼓浪屿海滨的大德记浴场在150年前则曾经被英商德记洋行占据。德记洋行是当时全国的五大洋行之一，也是厦门最大的"卖人行"。这些洋行以米商为幌子，最赚钱的却是"卖猪仔"，一个苦力在中国以3～10元买进，却可以在国外卖到100甚至是四五百元的价钱。1845年—1853年间，12261名苦力签下了卖身契，在厦门的码头被拉进称为"浮动地狱"的"猪仔船"。

在位于厦门思明南路的华侨博物院华工展馆里，有着逼真的"浮动地狱"雕刻："猪仔"们或蹲或卧地拥挤在船舱里，个个衣衫破烂，面容憔悴，有的已经虚弱到坐都坐不稳，而要将头无力地靠在同伴的肩上。时美国驻厦门领事希亚特在给其国务卿的信中写到从厦门起航到美国的苦力情况："同非法奴隶贸易相比毫不逊色（指装载拥挤的程度）"。

华工在船舱里遭受着饥饿、疾病、暴力等的威胁，死亡率极高。华侨博物院华侨展馆的一个表格里记录了契约华工出口途中的死亡率——平均30％，最低的是6.7％，最高的是一艘去旧金山的船只，装410人，到岸0人（途中苦力暴动），途中死亡350人，死亡率高达85％。暴虐引来反抗，1852年，厦门各界攻击了运送苦力的船只，终遭英国军舰镇压。然而，事件直接促成了英国领事馆的干预。德记洋行的老板不得不把原设在厦门的猪仔船"伊米格兰特"号移到澳门停泊。从此，"卖猪仔"中心转移到澳门、汕头等地。

华工到岸后，依旧过着奴隶似的生活。被卖到中南美洲的"猪仔"最为悲惨。秘鲁钦察群岛天气酷热，水源缺乏，华工一到，便有身高力大的黑人工头在码头上接管。工头手执长鞭，长鞭有五尺多长，顶端趋于尖细。华工只要稍有怠慢，鞭子便飞来，打到他们昏迷不省人事。许多华工经不起折磨宁肯选择自杀，如跳崖自尽，甚至生生把自己活埋在鸟粪里。

"契约华工实际上就是奴隶，和黑奴很像，不过说起来不是终身制的，有本古巴的历史上谈到这段历史就说'另一种奴隶制度在古巴形成了'"，谭金花说。

排华法案

当时去往北美的多是"赊单华工"，这并非就是说"赊单华工"经历的磨难就一定少。谭金花说，华人筑路工的悲惨遭遇很有代表性的，但是如今要详细了解这段历史的细节却并不容易。2002年，她以访问学者的身份赴美寻史。"就是因为在国内实在找不到资料了"，她说。

谭金花说，如今每每翻看150年的华人移美史，总有"回看血泪相和流"的感受，就如在中太平洋铁路公司建筑内华达山脉路段时丧生的华工——"每一根枕木下都埋着一个中国人"。

在美国，谭金花查到了1870年《沙家缅度报道》一篇题为《尸骨搬迁》的文章，里面写道："昨天从东部来的火车上载着约有一万二千具中国人的尸骨，约重两万磅。这些尸骨原是中太平洋铁路沿线死亡的建筑工人，几乎都是该公司的员工。根据这些东方人的宗教传统，只要有可能，他们都要把尸骨回归出生地。他们的这种对传统的严格遵守不比寻常。"

待到美国连接东部与西部的铁路贯通，华工们的命运再次转变。美国东部的白人劳动力顺着铁路源源西来，白人开始抱怨华工抢了他们的工作，部分政客更为了拉选票而在国会丑化华人，把华人称为黄皮肤杏仁眼的"魔鬼"。在这种情况下，排华运动首先在加州形成声势并影响到西部各州，后来又蔓延到东部成为全国性问题。1882年，美国国会通过有史以来第一个明文排斥单一种族移民的歧视性条文《排华法案》，该条文禁止华工入境，拒绝外籍华人取得美国国籍。这场排华运动还迅速蔓延到加拿大、澳大利亚等国家。

如今的开平碉楼就是这场排华运动的直接产物，去美国的"赊单华工"就此结束，美华工也生计日艰。一位名叫赵里的华工在回忆录里写出了他当时的心境："在这样的环境下，我如何能够说这是我的家，如果我把钱带回中国的乡下，谁又能责怪我呢！"——这番话在透露出万般无奈的同时，也表现出了当时华工在美国"安家"的愿望。对此，谭金花认为，中国人也有着"随处卜居""随遇而安"的迁徙传统，特别是第一代华侨，他们生活艰难，到美国实际上是去"探"生路，一旦发现好的居住环境，他们必将迁居。只是当时的美国并不接纳他们。

但是开平碉楼的大规模建设并没有在1882年后立刻开始，而是从30年后1910年代开始，因为，"那（30年）是华工们在美国最艰难的时候，还没有能力建设碉楼"，谭金花说，在美华工人数也日益减少，可以查到的数字显示：美国华人的人数在1890年时是10.7万人，到30年后的1920年减少到只剩6.2万人，男女比例仅为10比1，严重失调。

一直到二战爆发，中国成为美国的盟国，在国家利益的需要下，美国于1943年废除了排华法案。1947年，加拿大也废除了排华性的《中国移民法》。2006年4月，加拿大保守党宣读了施政报告，其中承诺就"人头税"和排华法案问题向华人道歉。

五邑大学教授张国雄说，以往国内学界对华人华侨史的研究多集中在东南亚领域，对美洲华人华侨史的研究"不怎么样"，这和建国后的政治环境有关，也和海外华人多集中在东南亚有关。开平碉楼申遗成功在很大程度上将有助于提升人们对这段历史的关注。

木雕楼：
失去表情的历史记忆

文／何贝莉（二〇〇八年十三期）

> 徽商从商起家，沽官正名，所获的财富与修为最终集合于一座家园，那是家族传承的符号和栖息地。

关于历史的记忆，与其说是传统的留存，倒不如说是现世的选择性关照罢了。在重农轻商的过去，想必很少有人会以商贾之名为荣；但在今日，徽商之说却成了后辈们光耀祖先的称谓。然而，这种被书写出来的历史记忆，似乎也仅止于此了，在时下大举兴商的洪流里，又有何处不言商呢？以地方族群为核心，凝聚而成的商贾文化，被无孔不入的商业规范渐渐稀释消融，难辨其精神，但留下些许显富之作，以供后人再作商品开发。卢村木雕楼，便是其中的典范之一。

徽商们的隐喻

　　在旅游开发圈定的徽派文化圈内，木雕楼算不上其代表作。比较起距离不过千米的宏村，木雕楼显得默默无闻。向我推荐木雕楼的房东是个本地人，喜好钻研地方文化和风物。用他的说法：看过木雕楼后，徽州其他的木雕家饰都可以省了。

　　卢村不大，要找木雕楼亦并非难事。由于有一条小河穿村而过，溯河而上隔三差五就会有一座简易小桥把村子连成一体，不少农闲的男人们就坐在桥头路口聊天抽烟晒太阳，在桥下则满是洗菜洗衣的女人和成群结队的鸭子。闲适地生活按部就班的进行着，村庄依旧是他们的村庄，高堂阔院的老宅子，在村子里并不鲜见。沿河走不多远就能看见坐落在河边的卢家老宅，卢村的兴起，或许就是得益于这户人家吧。

　　卢家老宅现在仍比较完整的保存着志诚堂、思齐堂、思成堂、玻璃厅等宅院，均为卢氏三十三世祖卢帮燮（1801年—1866年）于清道光年间（1821年—1866年）所建。卢帮燮早年经商，后承袭祖制，在京当上奉政大夫和朝议大夫；可谓官商一身富甲一方，后人称之为"卢百万"。卢帮燮在朝为官，曾多次回家省亲，娶过五房妻妾。这一气宇恢弘、精妙绝伦的建

卢村木雕楼

筑群，就是卢百万发迹之后倾其家财所建的家宅。卢百万起承转合的一生，恰是说明了徽商生存的典型轨迹：从商起家，沽官正名，所获的财富与修为最终集合于一座家园，那是家族传承的符号和栖息地。经商多是生存手段，大量财富在再分配时离开了生产或流通领域，而以其他方式在徽州沉淀下来。面对这些规模庞大的徽派民居，让人不得不为这一祈求万世传承的强大精神所折服。

木雕楼是志诚堂的俗称。想来，先人给这座宅子命名的时候，定然下了一番苦功夫，希望此后子子孙孙能够志坚诚信；但现在，志诚堂的俗称远比其本名更广为人知，徽商的隐喻由此被后人们最直白地描述替代了。

贾而好儒的人

徽商又称新安商人或徽帮，他是旧徽州府籍（歙县、休宁县、婺源县、祁门县、黟县、绩溪县）商人形成商人集团的总称。徽人经商源远流长，早在东晋时就有新安商人活动的记载；直到明成化、弘治年间才逐渐形成商帮集团。

徽州人之所以大批经商，原因并不复杂：当地地理条件恶劣，适合耕作的土地少，除了做游商，恐怕很难找到其他更好的生存方法。此外，徽州又是一个移民社会，由于交通闭塞，中原的士族在战乱时期不断迁移到这个"世外桃源"。《新安名族志》中说，从两晋起，历代迁移到徽州的名族一共有78个。迁移到徽州的士族们失去了原有的特权，但由此而生成强化凝聚力的宗族精神，以及渴望回归文化主流的心理需求。徽州虽不适合发家立业，却也是个安居乐业之所。

宋元以后，徽州逐渐发展为既是"以贾代耕""寄命于商"的商贾活跃之地，又是"十户之村，不废诵读"的文风昌盛之乡。徽州人"大抵徽俗十三在邑，十七在天下"。（明王世贞《赠程君五十序》）他们以"贾者力生，儒者力学"为基点，竭力发挥"贾为厚利，儒为名高"的双重功能，将二者结合而集于一身，以致出现了"新都（徽州的古郡名称）三贾一儒"（明歙人汪道昆《太函集》）的兴盛景况。

在明清时，徽商之鼎盛，称得上"富可敌国"。清代乾隆末年，中国对外贸易有巨额顺差，关税盈余每年85万两，而出口商品中由徽商垄断经营的茶叶位居第一。苏北的仪征、淮安等地由于盐业市场的繁荣，当时有"无徽不成镇"之说。徽商的活动范围东抵淮南，西达滇、黔、关、陇，北至幽燕、辽东，南到闽、粤。徽商的足迹还远至日本、暹罗、东南亚各国以及葡萄牙等地，无论从业人数、经营行业与资本，都居全国各商人集团之首。

财富的聚敛，势必从家宅的建造中映射出来。从外观上看，木雕楼和众多的其他徽派民居并无二致：高耸的马头墙、灰白的墙面、密实的黑瓦、封闭式的格局。究其历史成因，盖明朝以后，在强大的徽商经济带动下，徽州村落的发展步入了勃兴期。但山区的地形崎岖不平，苛刻的地理环境中无法营建殿府式恢宏的建筑群体；同时亦因徽人做官经商，外出时多留居日少，山区又多盗贼，所以建筑大多数均为封闭式的，尽管外观一般比较简单，而内部装饰则极尽奢华。这种建筑倾向一直延续下来，以致衣锦还乡的达官显贵若要在家宅显富攀比，不得不假借宅内的各种建筑装饰；徽州三雕：木雕、砖雕、石雕作为家族身份气势的承载，逐渐发展成为徽州建筑艺术所特有的产物。

然而，随着大势衰微，徽商的经营环境日趋恶劣，直至淡出历史舞台，成为某种记忆。时至今日，徽州留存的传统风物，成为我们如今唯一所能见到的，徽商财富的终点站。

生活中的艺术

进木雕楼之前，先要经过一个回廊，隔着高墙看不见里面的风景，也就未曾觉得如何；直至进到天井，才阔然发现视野所及处处都有木雕作品。千姿百态的图案扑面而来，不由令人一时目瞪口呆。尤其是门板的四部分——眉板、胸板、腰板、裙板，根据大小分区雕刻着各式各样的图案。胸板大多为多宝格的式样，饰以宝瓶牡丹等图案，取富贵平安吉祥之意；眉板、腰板通常都很小，分别以胸板的上下对称，眉板多雕装饰性花纹，腰板雕刻多为高深浮雕，刻些蝙蝠（福）、鹿（禄）、蜜蜂和猴子（封侯）等等中国民间有谐音寓意的图案，或是雕刻二十四孝的故事劝世人向善，或者表现寒窗苦读金科及第的情形，或者描绘百子闹元宵的市井，此外还有一些战争武打的场面。

木雕楼的裙板是其木雕精华之所在。一般人家的裙板是不做雕饰的，木雕楼却不同，不仅有雕饰，而且还多运用与腰板表现手法不同的浅浮雕来刻画流传甚广的民间故事："苏武牧羊""太公钓鱼""羲之戏鹅"……一副副看过去，仿佛在浏览中国五千年文化史一般。所有的木雕均保持原木的本色，古朴大方，一顶天光直泻而入，让原本空旷的宅子显得格外肃穆。

据说，到了清乾隆时期，徽商富户之间的财富竞技已然演化到用建筑物中三雕作品制作所消耗的时间来衡量其高下，因而形成了这样一个局面：在提到某一座建筑物的装饰三雕时，首先受到注意的是完成它们耗费了多少工作日。木雕楼的后人介绍说，当初雕刻这些门、窗、檐、梁上的图案花费了两位工匠整整二十年的时间。他们住在这里衣食无忧，穷其一生最美好的时光来完成这项宏大而细腻的作品，这座木雕楼工程之浩大就可想而知。望着满目细致玲珑的木雕很难让人不心生遐想，揣测这无名工匠的音容相貌，还有那日夜与木屑为伍的生活。

虽然徽州木雕初时只是在版刻的基础上加深雕刻度，形成平面的浅浮雕之感，后逐渐将形象边线棱角磨去成圆突状，再加深层次表现。但随着用工的时间的延长，工匠们开始对他们所选择题材的形象进行极其细致的处理，木雕楼裙板上一副梅花鹿的浅浮雕竟精细到毛发丝毫必显，连其中隐现的梅花图案都能依稀辨别出来。雕刻风格的缜密、繁复与精巧由此可见一斑。

除在细处着笔之外，工匠还依据画面的结构，逐渐递增使层次加深；从一至二层浅浮雕逐渐发展到八九层的高深浮雕。木雕楼中一块寓意"马上封侯"的腰板就是高深浮雕的典范，板里有一个书生骑马赶考，有书童担了担子相随，童子身后还有邻人倚门相送；行至途中正要过一个小桥，桥前面突然跳出一只猴子拦住了去路。（这也是谐音象征的手法，取其马上逢猴。）整个画面中，亭台楼榭花草人物等井然有序的分出了九个层次。而且亭台上的瓦砾清晰可见，花树枝叶可辨，人物衣裳飘飞，方寸之地显尽工艺之精湛。

失去表情的木雕

如今，这二十年打造的心血早已不是攀权比贵的私人物证；只要掏了门票钱，谁都可以到此一游。卢家后人说卢家真正的宗谱在"文革"时就被焚毁，连同九箱字画，还有一捆董其昌的真迹，在老屋中烧了整整一夜方才灰飞烟灭；老人在扼腕叹息的同时又不免心存侥幸，好在这满屋的木雕没有一并给烧掉。

木雕虽没有遭此火劫，但仔细观看时会发现，木雕上很多人物的面部被铲掉了，尤其是那些达官贵人王侯将相的面孔——损伤得再也看不出他们的一丝神态。那是"文化大革命"时，卢家后人亲手铲掉的。由于当时行事匆忙，既没有想过有所保留也没有想过日后修补，以致现在再想挽回也没有按图索骥的参照了。而现在所能看到的几个完整人像，有的是因屋主在木雕上贴过毛主席像或标语，或是因当时恰好放了衣橱挡住或者挂了张门帘盖住才侥幸保存下来。

真不知卢家后人为了保全祖上传下来的大宅院付出了多少心血，又为了在纷乱芜杂的年代里存活下来做出了多大牺牲。凝神看着这些生动的木雕形象，感觉他们仿佛能随着时间的流逝而灵动起来，可是表情的一笔抹杀又给诸多感慨里掺入了一分空白。木雕自是不能言说，可它却以自己身体的印记标注了一份繁华与衰败，一段追求与无奈。虽然仅从艺术上讲，这些木雕画板足以令人望而心叹；而那份历史赋予的残缺，则让这份工艺越发显得凝重而悯然。

怒江上的赞美诗

文/万黄婷（二〇〇八年〇七期）

作为早期进入中国内地的踏板，中国西南地区尤其是云南省在20世纪初就频频被"外来客"所光顾。基督教在此时进入怒江，与傈僳尊奉千年的"尼"争夺着信仰的世界，信仰的差异带来禁忌的对立，却未形成同一社区内族群的冲突，赞美诗的和声应和着巫师的经文吟唱，抚慰着同一屋檐下的人们。

彩云之南，有条怒江，从高黎贡山和碧罗雪山凝思对望的巍峨峡谷里蜿蜒穿梭而过。若从高处俯视，峡谷上错落有致的"千只脚"（傈僳族民居）恰如点点繁星掩映在凤尾竹的婆娑舞姿里。这就是有着一千五百多年历史和六百年迁徙史的傈僳人家了。

作为早期进入中国内地的踏板，中国西南地区尤其是云南省在20世纪初就频频被许多"外来客"所光顾。这些外来客中，许多身穿黑袍，口称上帝的神甫们在"上帝荣光的感召下"致力于滇西北一带传教，经过他们半个多世纪的"努力"，有着"东方大峡谷"美誉的怒江峡谷终于成为了"福音谷"，基督教信仰深深地嵌入了傈僳人的生命和生活。与此对应的则是傈僳人对无处不在的"尼"（傈僳人本土信仰尊奉的对象，本文以"精灵"代指）的敬畏。作为傈僳传统信仰的核心因子，由"尼"及"尼"人关系构建的传统信仰主宰了傈僳人一千多年的生活，傈僳人平和地生活在"尼"的世界里。

基督教的传播恰似一块大石投进了傈僳人生活的平静水面，激起无数水花，然而也仅仅只是水花，四溅开来之后的，却依然是一如当初的平静，似乎那块大石原本就存在于此。

信徒与非信徒共享着同一片天地，基督却与"尼"争夺着信仰的世界，信仰的差异带来禁忌的对立，却未形成同一社区内族群的冲突，赞美诗的和声应和着巫师的经文吟唱，抚慰着同一屋檐下的人们。基督教在改变傈僳人的同时也悄悄地改头换面，成为怒江傈僳人文化的一部分。

精灵俯瞰的衡宇

远在公元前后，越嶲、犍为、台登、邛都、定筰等地都是傈僳族的先民聚居的区域。此时傈僳氏族和集团既未形成统一的族称，也没有统一的组织，而是一些分散的、大大小小的部落。等到了中原战乱纷呈的三国时期，蜀国管辖之下的定筰县（今盐边一带）开始出现了筰、嶲、邛、昆明、摩沙等不同部落集团的名称。其中，"筰"可能即为傈僳族的先民，至今云南藏族仍称傈僳族为"筰巴"，而傈僳人中也一直流传说金沙江东岸的盐源、盐边是他们祖先聚居的地方，傈僳的圣地。然而令人遗憾的是，从三国到隋代，文献上始终没有出现过"傈僳"这一族称。

公元8世纪，当时的吐蕃和唐朝矛盾加深，处于这一冲突中心的各个部落，便卷入了这一斗争漩涡之中。"栗粟"这个名称也第一次出现在了史册上，唐樊绰《蛮书》卷四名类第四："栗粟两姓蛮，雷蛮、梦蛮皆在茫（邛）部台登城，东西散居，皆乌蛮、白蛮之种族。"8世纪中叶，当时游离于唐朝、南诏和吐蕃三大势力之间的勿邓、丰巴、两林三大乌蛮部落的大鬼主（大首领）都得到了唐朝的封赐，而"栗粟"一直处于这三大部落的统治之下。

　　傈僳原本无文无字，祖先的踪迹只能见于历代的正传野史之中。唐代的点滴笔墨之后，唯有明《景泰云南图经志书》详细记载："有名粟粟者，亦罗罗之别种也，局山林，无室屋，不事产业，常带药箭弓弩，猎取禽兽。其妇人则掘取草木之根以给日食；岁输官者，唯皮张耳。"

　　到了15、16世纪，居丽江、维西一代的大批傈僳族沦为丽江纳西族木氏土司的农奴和奴隶。据《丽江府志》载，木氏土司在其领地内拥有"庄奴"（即私庄农奴）及"院奴"（即家奴）共达2344人之多，而这其中大多是傈僳族。当时，在维西厅境内，归附于禾娘女千总的傈僳族也需要向其缴纳一定的岁贡，并承担各种杂役。

　　从16世纪（明嘉靖至万历年间）开始，丽江木氏土司与西藏统治集团之间为争夺中甸、维西、德钦等地，爆发了旷日持久的战争。战争先后延续达80年之久，在这期间，木氏土司不断征调各族人民充当兵丁参与作战，其中包括了大批傈僳族的人民。在攻打维西的几次战役中，傈僳族兵丁虽表现神勇，但他们的待遇缺极为苛刻。一些兵丁因不堪忍受，便率整个家族或整个部落渡过澜沧江，越过碧罗雪山，来到怒江两岸。他们来到怒江地区之后，很快便制服了以前居住在那里的怒族居民，成为当地的统治民族。

　　19世纪以来，傈僳族的几次民族大迁徙包括：1803年（清嘉庆八年）恒乍绷起义后的大迁徙；1821年（道光元年）永北傈僳族唐贵起义后的大

云南省维西县叶枝乡同乐傈僳族村的民居木楞房

迁徙；1894年（光绪二十年）永北傈僳族丁洪贵、谷老四起义后的大迁徙。这些迁徙共同的特点是由东向西进行，按照傈僳族自己的说法，就是"顺着太阳落的地方迁徙"。19世纪中期和末页，成批的傈僳族更是向西越过了高黎贡山，进入缅甸境内，另有几批沿澜沧江、怒江向南，最后抵达老挝、泰国。傈僳族分布广，大分散、小聚居的状态就此形成。

纷争不断的战争，长久未停的迁徙并未磨灭傈僳人的信念，他们始终相信自己是自然的骄子，维系这一信念的就是那对"尼"（精灵）的遵从。精灵是自然的化身，山石隐之，涧水掩之，树木藏之，屋棚佑之；精灵是意念的象形，祖先化而为之，哀愁聚而生之，病痛久而成之。它们无处不在，无时不在，喜怒哀乐紧紧牵动着傈僳人的生活。"尼"充斥于傈僳人生活的各个方面。有时它们像赌气的小孩儿，任凭人们如何祭奠祷告，就是不显现自己的能力，使得傈僳人打猎空手而归，捕鱼毫无收获；有时它们又像威严的统治者，任何人不得冒犯，高山上大声的呼号，山涧里不着调的嬉戏，田间的打闹，房屋内不规范的举止等等，都会触怒它们，给肇事者带来一定程度的惩罚；更多的时候，傈僳人祈求于它们，邀功于它们，相信着它们，无论是衣食住行，还是田耕渔猎，抑或是冲突战争，精灵与傈僳人同在。

精灵难以亲近，却可以沟通；精灵无法显现，却能够被感知；精灵虽然有时暴劣，却依然可以收买；精灵就生活在傈僳人的世界里。而沟通、感知、收买它们就势必要通过那特立独行的巫师。傈僳族的巫师分为"尼扒"和"尼古扒"两种。前者主持祭祀和卜卦念经，能用肉眼识别出各种精灵，并以不同的咒语来驱逐讨好，同时还兼有替人"收魂"的本领，故常令人畏惧。后者则专门杀牲祭灵，但不能看见精灵，只能以卜卦的方式确认不同精灵，所以地位和影响较前者为低。除巫师以外，傈僳族的寻常百姓也同样能够念咒感知，只是在遇到重病或者邀约强力精灵时才请巫师主持。在进行家祭的时候，通常用盐一块、炒面一碗，或杀鸡一只，在火塘边念咒行祭后送出，每天一次或三天一次，直至痊愈。病重的人则需要请尼扒主持，并请全村人来助威，大跳大吃一日。主人看来人多少决定杀牛猪多少，至少也需要杀牛一头。

与精灵观念紧密相连的是对"岨"（蛊毒）的认识，无村没有岨，无岨不成寨。蛊毒往往是傈僳人解释病痛的第一起因，也是傈僳巫医传承的肇始之源。同时，蛊玛（放蛊女）的共同指向也在一定程度上强化了傈僳村寨的联系——艳丽而不太合规矩的女孩往往被指认为放蛊女。每个傈僳人脑海中都有着一幅图景：月光皎洁的夜晚，村中最美丽也最放浪的姑娘就会在她的居所独自起舞或吟唱，那旁人无法观察无色无味无形的蛊虫随着她的舞姿歌声而动，她用自己的生命催化着蛊虫……随后，放蛊女会在他人不注意的时候放蛊作祟，蛊痛的解决，依照傈僳人的认识，非巫医不可，现代医学虽可以减缓病痛，但根治还得巫师出马。

"尼"（精灵）是傈僳人认识自然、认识世界的载体，"蛊"（蛊毒）则是傈僳人对未知的恐慌想象。"尼"充斥于傈僳人生活的各个方面，身为傈僳，你就先天地和"尼"结下了不解之缘，而这种缘分，时常地显现在萨满的呼喊声中、在竹签的摇晃之间、在默然遵守的行为方式上。"蛊"则恰如人影，傈僳人时刻躲避，它却反复隐现，谈不上恐惧，因为总有解决之道；说不上害怕，因为身边常常发生。傈僳人的世界就是"尼"和"蛊"的天地，没有它们，人们就无法理解周围的环境，认知也就不再可能，生活将出现紊乱，社区无法维系。

上世纪初的怒江地区，进出的通道仅有几条崎岖陡峭的人马驿道，天堑之所隔断的不单是人员物资的交流，更为深远的是文化的交往。偏处一隅的傈僳族，除去一山之隔的丽江白族和同流域的怒族偶有往来之外，孤寂而悠然地生活在这帝国西南边陲的峡谷间，直到一群传教士随着马帮的铃声走进怒江。

基督光耀的世界

1913年，英国传教士麦元西主持的缅甸八莫基督教内地会曾派遣一位缅籍克伦族青年教士巴托前来怒江地区传教，虽然他当时在这片区域起到的影响微乎其微，却由此拉开了怒江地区基督教史的序曲。

20世纪20年代，各海外教会组织和机构掀起了一轮入滇传教的高潮。为了避免相互争夺，1921年，内地会、圣道公会、圣公会、五旬节会及青年联合会共同组织了"昆明基督教联合会"，借以垄断并协调在云南境内的传教活动。一方面，该会规定，"凡不属联合会成员的教会，不得随便在昆明建堂传教。"另一方面，也为各成员教会划分了传道范围，其中，滇西及滇中地区被划归为内地会的传道范围。这一联合会的成立奠定了"五派分滇"局面的基础，确立了当时在云南以英国势力为主导的教会分布及活动状况。然而，虽然强硬的规定对各派教会蜂拥入滇的局面起到了一定的遏制作用，但仍然无法完全阻止其他教会入滇。在怒江福贡县影响最大的美国神召会即是其中之一。

1929年，神召会美国牧师马导民派遣昆明大阪桥人杨雨楼（汉族）进入福贡，到达鹿马登传教。杨雨楼用一百块大洋向当地村民买下了一块土地作地基，准备修建教堂。当时福贡设治局长保维德得知此事，当即下令不准杨在当地建教堂，不准引荐外国人进入福贡传教，并勒令杨退还所购宅基地。杨雨楼这一次的探路工作以失败告终。

1930年冬，马导民携带妻室、儿女、翻译员和入境证件，从维西徒步来到上帕村定居传教。保维德又一次派人前去盘查，但马导民出示了国民政府签发的入境传教证件，保维德便再无理由干涉。此后，马导民就开始正式在福贡开展活动。他先通过一些善事，如给贫困的村民施舍旧物衣被，给患病的村民祈祷送药等，逐渐笼络了人心。上帕村民肯阿念成为了第一个皈依基督教的福贡人，之后，其他村民也纷纷入教，教徒人数迅速增长。当教徒人数增加到一定数量的时候，马导民又建立了今天福贡教会组织形式的雏形，并以上帕村为传教基地，培训教牧人员，派遣完成基础圣经学习的人前往周边村寨传教。基督教在福贡的传播呈燎原之势，入教的人数与日俱增。

除神召会以外，1920年，内地会英国牧师傅能仁也开始进入到泸水、碧江一带传教。在来到傈僳族地区之后，傅能仁并没有急于传教，而是先学习了半年傈僳语，并逐渐加深与村民之间的感情。之后，傅能仁又与缅甸浸礼会牧师巴东合作，创制了一套傈僳文字（这套文字至今仍在福贡县通用），并用这种文字翻译出了《约翰福音》和《圣经知识问答》，在缅甸印刷出版。傅能仁由此担任了云南省滇西一带中华基督教内地会的总负责人，总部设在保山。

传教士中，最为传奇也最为感人的应该是"阿夷达和阿姊达"（怒江福贡傈僳地区对美国传教士杨思慧夫妇的爱称，其中"阿夷达"意指令人尊敬的大哥，"阿姊达"意指令人尊敬的大姐）夫妇。

杨思慧，本名阿兰·库克（AllynB.Cooke），1896年生于美国旧金山，毕业于洛杉机圣经学院，1918年参加中华基督教内地会，成为传教士。他来中国后，立志到西南山地少数民族中传教，1920年在云南被任命为牧师。经英国传教士傅立叶牧师介绍，他于1922年正式开始到傈僳人聚居的乡间工作，足迹遍及该省几乎所有有傈僳人居住的地区。从1918年首次来中国，到1947年离开怒江大峡谷的里吾底村，除去短暂的休假，他在云南度过近30个年头。

1932年的一个阴雨天，美籍牧师杨思慧携妻子LeilaR.Cooke（也被称为伊丽莎白或杨夫人）由昆明经腾冲来到怒江，陪伴他们的是一对翻译，几匹老马和几箱生活用品。在泸水，他们先拜会了已在此地传教经有余年的前辈牧师傅能仁，傅劝说杨思慧就在此地和他一起传教，因为再往里走，民风"颇不开化，蛮横无礼"，且生活交通极为困难。然而杨并没有听从劝阻，仍旧牵着他的老马，领着妻子走向了深深的峡谷。

5天之后，他们来到了架科底乡的里吾底村。如今人们只能想象那段崎岖的旅途——现在的怒江各乡镇都有省级公路通达，许多村寨也有公路或车道，但到里吾底村，仍要爬上一个多小时的山路，而到当年杨思慧修建的教堂，则还要爬上一个多小时。村民们用疑虑和反感排斥着这对初来乍到年轻夫妇，他们找不到可以借宿的人家，只好在牛棚外搭起了一个草屋；他们无法获得食物，只能隔三差五地下山购买；更为苦恼的是，没有人愿意相信他们的上帝。

没有人知道在如此艰苦的条件下，杨思慧夫妇是如何得以坚持下来的。杨牧师并不急于劝人信教，而是通过生活的点滴接近这群精灵的子孙们：没有食物，杨思慧夫妇就自己动手种植蔬菜，西红柿、白菜、菠菜、洋丝瓜等诸多里吾底村民闻所未闻的蔬菜出现在了杨牧师的菜园子里。有几个胆大的村民开始向他们讨要种子，请教种法。杨思慧夫妇倾其所有来帮助这些村民：种子、知识、爱心。他们把蔬菜带入了这个精灵主宰的傈僳村寨，更把另一抹文化的颜色值入了傈僳人的心里。

里吾底与其它傈僳村寨一样，缺医少药，病痛到来时唯有求救于巫医，虽偶有见效，却常常无用，杨思慧夫妇的到来很大程度地改变了这个村寨的医疗状况。杨夫人常常送一些药物给向她求治的人们，她在收获感激的同时也收获了人们对上帝的敬仰。尤为重要的是，杨夫人能给傈僳妇女接生。无论在哪里，孩子都意味着希望，而在傈僳地区，这个希望往往伴随着惨痛的伤亡出现，杨夫人像她所讲述的天使一样降临到了这里，帮人们接收着希望，这是至今仍在里吾底村传唱的故事。"我就是阿姊达嬷嬷接生的，"福贡县的老县长史富相洋溢着感激地说，"我就出生在里吾底村，他们人很好，很和蔼，尤其是对我们这些孩子。小时候我说话不太清楚，阿姊达嬷嬷给我做了手术就好了。可惜他们后来还是走了。"

里吾底人很少有人叫得出牧师和夫人的英文或汉文姓名，他们用自己的语言，自己的感情，管牧师叫"阿夷达"，管夫人叫"阿姊达"。人们接受了他们更相信他们，爱戴他们，而阿夷达夫妇也将自己献给了这片土地：信仰、生活，以及他们的两个孩子大卫和约瑟也生于斯，长于斯（大卫夫妇于上世纪90年代后期带着孩子重回到福贡，参与了一个消除贫困的NGO组织）。

信仰基督，须读《圣经》，可里吾底的人们汉字都不识，如何懂得阅读《圣经》。阿夷达夫妇立下将整部《圣经》翻译成傈僳文的宏愿，可此时的他们连日常的傈僳话都不会说。于是，他们"不论遇到老人小孩，男人女人都用傈僳语对话，听不懂的词语一句也不放过，一问再问，然后用笔记本记下来，还特向民间艺人求教丰富多彩的词汇、词语。……那时在木城坡村有两个很会唱傈僳族调子的老妈妈，杨主动找上门请两位老妈妈唱傈僳调子，开始两位老人都很拘束，后来就壮着胆子唱了几天，杨思慧夫妇都一一做了记录。通过收集整理傈僳歌曲，杨思慧夫妇感到傈僳调中的语言对偶句式与《旧约全书》中'箴言录'和'大卫诗'的句式很相似，连打官司时也用对偶句来陈述和发问，这是最有特色的一种表达形式，是一种很珍贵的语言。杨思慧夫妇根据两位老人唱的对偶句式，修改整理了赞美诗歌集，还翻译完成了《旧约全书》中精选出来的一本小册了。"（引自《史富相文集》）

在他们的感召下，人们合力完成了一项怒江史无前例的豪举：亲手建起了怒江峡谷有史以来最宏大的一座建筑物——可容纳几百人活动的里吾底教堂。从此，精灵的子孙们开始了贡献上帝的仪式，齐声合唱的赞美诗取代了巫师的喃喃咒语。

经书翻译完了，巍峨的高黎贡山的一隅自有了那宏伟的里吾底教堂之后，又有了傈僳语言的圣言。

平和安详的生活

相较于其他地方的基督教，怒江傈僳区域的信徒表现出了极为突出的特性，甚至有别于隔山对望的另一个村。他们的基督教节日只有三个——圣诞、复活和感恩节，日期并不固定，通常会选择在该节庆日期前后的某个礼拜日，以符合自己的生产生活和信仰习惯；他们拒绝一切的宗教修饰，尤其是十字架装饰，除去信徒死后埋葬的坟墓，十字架无处可见，圣像、宗教画也无法藏身于此；至于一些禁忌的遵从则更为严格。这也使得人们在该区域很容易以"瓦库扒"（代指信奉基督的人）和"尼夏扒"（代指信奉"尼"的人）来认定各自的身份。

然而，潜藏在这显眼的分割线下的却是，社区内的人们对彼此生活的尊重，"尼夏扒"们忙碌于基督教节庆的准备，"瓦库扒"们则始终保持着对精灵的敬畏。刚唱完赞美诗的小伙子出了教堂毫不介怀地哼唱着傈僳的情歌小调，靠尼夏养家的巫师很自然的说耶稣的法力比我的大……

怒江傈僳社区有近70%的基督教信徒，近百年的基督教信仰传承，几代人的坚持使得福音不再被视为他者，相反，它已经融进了傈僳的民族文化，成为他们的文化因子。无论是构件整齐的机构，还是运行良好的系统，以及傈僳人对仪式和禁忌顽强的坚持，都深刻地呈现出一幅基督降临此地的图景。基督与"尼"原本是互相绝缘的两个领域，基督的信徒与"尼"的子民原本分居于各自的世界，安排着各自的生活。当下的这个傈僳村寨，信徒与子民却共居于一处，共耕于一地，共食于一釜，对立势必引发冲突，导致分裂，尊重才能和谐共处，于是，禁忌让位于规避，信仰托庇于生活。

寻根古巷数珠玑

文／梁文思（二〇〇七年二十三期）

这条1500多米长的古巷，承载着一部惊心动魄的岭南移民史。中原人因战祸南迁至此安居，当战火烧过南岭蔓延至粤北，人们又从珠玑巷再迁往岭南各地定居。在数百年前，珠玑巷就是广东150多个姓氏共同的故乡。

广东粤北韶关南雄，深藏着一条千年古巷：珠玑巷。

长久以来，这条1500多米的古巷，并不为世人所知。但你若有机会翻阅广东各乡那发黄的厚厚的族谱，或许能不时看到这个名字。因为，在数百年前，它是广东150多个姓氏共同的故乡，旅居海外的华人华侨，不少家族也把这里看作宗族发祥地。

珠玑巷，地处大庾岭交通要道，自唐代以来，便是一个繁华的驿道古镇。南宋以来，中原大地风雨飘渺，为躲避战火，人们扶老携幼，爬山涉水，来到这个山水优美的地方，用双手开拓出一个美丽的家园。定居这里的各种不同姓氏，后来举家向珠三角等地方迁徙，成为现在广府民系千万民众的祖先。

这是一部惊心动魄的岭南移民史。神州大地的血与火，反而成就了这条古巷的非同凡响。

南来车马北来船

近十多年来，随着珠玑巷寻根问祖热的兴起，每年来这里游客，达几十万人之众。珠玑巷所在的小村庄，四面筑起了围墙，绕着沙水湖，发展成一个旅游景点。湖的一边，林立着一间间新建的宏伟的祠堂，它们多具有岭南建筑风格，镬耳式封火山墙，瓦脊、屋檐布满精美的雕刻。另一边，灰瓦泥墙的旧民居中间，是那条饱经沧桑的千年古道，宽约四五米，鹅卵石打磨得发亮。

珠玑巷本来叫"敬宗巷"，后来改成珠玑巷。据清代屈大均所著《广东新语》记载："珠玑巷名，始于唐张昌。昌之先，为南雄敬宗巷孝义门人。其始祖辙，生子兴，七世同居。敬宗宝历元年，朝闻其孝义，赐与珠玑绦环以旌之，避敬宗庙讳，改所居为珠玑巷。"

古代珠玑巷，离县城约30里，离大庾岭约50里。珠玑巷北面的大庾道，自古是入粤要道，珠玑巷当年是古驿道的一段，夹道成镇，又称沙水。《广东通志》中说："沙水镇在保昌县东北三十里，宋嘉定中尝置沙水峄，后又转置沙角巡司于此。"

珠玑巷的兴起，与唐代名臣、韶关人张九龄奉诏开凿大庾道分不开。在开凿这条古道之前，这里的路十分崎岖，新道开凿后，面貌一下子改变了。人们走长江水系至南康上岸，走90里陆路，便可下浈水，正如余靖所言："马背九十里，坐而致万里"，大庾道成为南北交通最便捷的途径。

当时，从岭北南下者，由江西大余上梅关，再走50里到珠玑巷，正好一日脚程。按珠玑的地势，一片平坡，是最好的歇脚宿营之地。此处驿站，正为脚程而设。此处有巡司，恐怕也有关口盘查，必须歇脚。而北往者，自南雄起程，到此30里，也正需要休息。有此独特地理位置，珠玑巷夹道成镇，每天往来客商达千人。自北宋始及其后历朝历代，商运勃兴，仅盐运挑夫就需10万人次。至于其他南来北往的客商，海外使者，更是无法计数。

意大利人利玛窦在其所著《利玛窦中国札记》一书中，描述了万历二十三年（1595年）五月经过大庾岭时的所见所闻："旅客骑马或者乘轿越岭，商货用驮兽或挑夫运送。他们好像是不计其数，队伍每天不绝于途。"

因此，珠玑巷上的服务业和商业，热闹非凡。这里客栈林立，商家栉比，极盛时期店铺超过千家。沙水湖上，楼亭歌榭笙歌夜夜；珠玑巷里，车水马龙人声鼎沸。从盛唐开元而下，直到清末粤汉铁路修筑之前，珠玑巷兴旺了一千多年。所谓"南来车马北来船，十部梨园歌吹尽"，正是当年兴旺的实录。

张昌故居旁边有一侧门，推开它，只见几间民房井然矗立。这里的居民已开始了新一天的忙碌。笔者一问，方知他们都是张姓后人。他们告诉笔者，他们在这里世代生活，先祖的故居本已荒废，这十多年来，来自各地的人们，为了纪念他，在原址上进行了修葺重建，才有了今天所看到的面貌，而两边走廊的碑刻，都是当代书法家、名人雅士留下的。

千年珠玑巷，岁月洗刷着那曾经的悲喜哀愁。然而留心寻觅，依然可以感受得到那流动在古朴建筑里的淳朴孝德之风，它不但感染了栖居巷道的先民，而且绵延至今，泽被一代又一代的珠玑后人。

数百年前桑梓乡

珠玑巷的最令人瞩目之处，莫过于它是广府民系一百五十多个姓氏的根。除了新修的大宗祠，古巷道两旁的民居，不少大门的门额，都贴着书写各种姓氏"祖居"字样的红纸。《百家姓》列出的姓氏，基本上可在这里找到，在全国也并不多见。

珠玑巷这段独特的经历，与中原人南迁的历史息息相关。曾祥委、曾汉祥曾在他们编著的《南雄珠玑移民的历史与文化》一书中，描述了这条古巷自秦汉至明清两千多年来的移民史。

珠玑巷频繁且大规模的移民，主要出现在唐末开始的战乱、农民起义，以及后来的五代十国的纷扰时期。期间，不时有群雄并起，逐鹿中原，处于战乱中心的中原百姓只好落荒而逃，而偏远的粤北有幸成了他们逃难"避风港"。珠玑巷繁荣的商贸，沙水镇周围可开垦的荒地，像绿洲一样，吸纳着奔逃至此的难民。到南宋末年，大批难民扶老携幼，肩挑背负，从战火中狼奔豕突入迁南雄，珠玑巷的人数达到了高峰。

曾祥委等民俗专家认为，珠玑巷这个名称不单指巷内，也不单指巷中的店铺千家，它是一个标识，一个象征，代表着附近的牛田坊58村，代表着整个南雄盆地，就如同宁化石壁之所以成为客家故居的象征一样，因为珠玑巷是驿道上必经的一站，最重要的一站，是难民们入粤的第一站。因为有许多人日后实际上就居住在巷内和附近，所以珠玑巷就成为整个地域的象征。等到人们南迁在此安定后，这里就成了故乡的象征。因此，许多人都自称出于珠玑巷。

胡妃之祸与南迁

珠玑巷景区里，有一座古朴的双龙桥。若站在桥上张望，你的视线也许便会被湖边矗立的一尊白色雕塑吸引。那是一个风姿绰约的女子。她目光坚

广东南雄珠玑巷双龙桥

定，似在默默地守望着这条千年古道。这就是"胡妃像"。

胡妃，民间传说中的一名奇女子。据说南宋度宗咸淳年间，胡妃遭奸臣贾似道陷害，流落江湖，被珠玑巷富商黄贮万收留并带回巷内生活，虽改名换姓、隐瞒身份，但仍被黄贮万的家仆告发，朝廷便诏令"血洗珠玑巷"，捉拿胡妃问罪，众乡邻为逃胡妃之祸，大批南迁，胡妃为了不牵连四乡居民，于是深夜投井自尽。

为纪念胡妃，珠玑巷人在珠玑巷里建成了"贵妃塔"。我们在珠玑巷南街，看到了这座石塔。这座实心石塔，位于一座飞檐翘角的亭子里，叠于一口四方古井之上，共7层，通高3米多。据悬挂在亭子外面的牌匾介绍，这是广东省内现存唯一有确凿年代可考的元代石塔。除此之外，后人还在珠玑巷建了一座胡妃庙。

"胡妃之祸"的传说，虽然说法有出入，但广泛见于广府民系族谱。已无从考证其真实性，然而，它却引出了珠玑巷人南迁那段悲壮的集体记忆。

原来，随着社会发展和朝代的不断更迭，中原战乱的烽火越过长江，燃至岭南，曾经是"避风港"的珠玑巷，被卷入战争的旋涡。散居在珠玑巷周围的百姓，不得不为躲避战乱而再次举家南迁。他们扎竹排顺浈水而下，漂

广东南雄珠玑巷胡妃塔亭

入水网密布的珠三角等地区。仅自北宋末期至元代初期的200年间，大规模的南迁就有三次，陆续个别南迁则有130多次。

南宋末年，元军从大庾岭挺进广东，引发岭南有史以来最大规模的迁徙。珠玑巷学廪贡生罗贵，带领包括珠玑巷在内的牛田坊58村97户村民几乎倾巢南下，走避一空。他们扎竹排沿浈水一路南下，到清远直至三水等处上岸，继而通达南海、新会、中山等地。

据曾祥委等专家考证，在战乱南迁的人口中，珠玑巷交通要道一带的居民占有相当大的比例。仅宋代，直接由珠玑巷及附近58村迁出的人口将近10万。数十万人南迁，规模是空前的。最多时，仅水路一天就超过万人。人祸加上天灾，逃难的村民或打死，或饿死，或淹死，数不胜数，哭声震于野，景象极为悲惨。

因此，胡妃传说，承载的一段珠玑巷人南迁的惨痛记忆。弹指间，历史已过去千年。当年的血与火，悲伤与泪水，已然没入历史尘烟。

珠玑巷的重新发现

在20世纪90年代以前，珠玑巷只是一条残旧的乡村里巷，沉睡在粤北乡野之中。广东省珠江文化研究会会长、中山大学中文系教授黄伟宗，较早地对这条古巷的文化价值进行重新评估，把珠玑古巷带进人们的视线，在国内和海外华人华侨间，掀起了一股"寻根热"。

黄伟宗曾先后六次到珠玑巷，他笑说"每次都有新发现"，而对当年这条古巷重新发现的过程，他记忆犹新。

那时是1993年的夏天，他受聘为广东省人民政府参事不久，就和当时参事室文教组的参事到南雄市考察，发现与梅关古道紧接相连的珠玑巷，自古以来是中原人南迁的主要中转站，是中原文化南移岭南、并与本土百越文化及海外文化结合的桥头堡。

他敏锐地意识到，这是中华传统本根文化和后裔文化的典型体现，于是当即向当地政府提出：应该抓紧研究开发珠玑巷文化。他特别提出，要开辟寻根旅游，并立即进行珠玑巷人南迁后裔联谊活动，这个建议受到当地领导人的重视。

不久，香港知名人士霍英东和广州市市长黎子流，也来到了珠玑巷。他们对这个建议十分重视，当即带头捐款，并筹办"南雄珠玑巷人南迁后裔联谊会"。这个联谊会1995年正式成立时，黎子流任会长，会址设在南雄市政协内。联谊会迅速在华南各地、港澳台、新加坡、印尼以及美国等国家和地区中，联系上数以万计珠玑巷南迁后裔人，在全球掀起了一股"珠玑巷寻根问祖"热。

在短短一年时间内，联谊会收到来自世界各地多家姓氏后裔的捐款一亿多元。利用这些捐款，古巷风貌得到一定程度上的复现，当地政府还在巷道西侧辟建祖居纪念区，供各姓氏兴建纪念祠堂，形成了今天的面貌。

黄伟宗介绍，南迁的中原人到珠玑巷后，再迁往岭南各地定居，后又有相当多的后裔，向海外迁移发展。他在近年研究中发现，江门良溪，是南雄珠玑巷人南迁后的第一集散地和再迁海外各地的中转站，所以，在文化定位上，若把南雄珠玑巷称为"前珠玑巷"，那么江门良溪便是"后珠玑巷"。

"从历史上说，前珠玑巷南迁的历史，可以说是一部史诗的上卷，而后珠玑巷人再迁海外的篇章，可以说是下卷。从文化上说，如果说前珠玑巷人的南迁，意味着中原文化南移，而与岭南文化结合并融合；那么，后珠玑巷人再迁海外，则是将中原与岭南融合的文化，又与海外各国文化结合。"

"从水文化理论上说，前珠玑巷起到将黄河文化、长江文化与珠江文化对接的作用，后珠玑巷则有将中化江河文化、尤其是珠江文化与海洋文化交流融合的的功绩，对珠江文化具有江河一体及海洋性特强的特性形成，起重要作用。两者同属并共同构成为一种文化现象，即'珠玑巷文化'。"黄伟宗说。

老寨的故事

文/肖志欣（二〇〇八年〇一期）

> 这个大山深处的寨子从前只知有傣不知有汉，时代的巨浪冲刷进大山，把爱尼人从山里搬到山外。老寨在慢慢地变化，那些古老的仪式和歌谣也随着老一辈人的逝去消失在大山深处。

"为什么缓慢的乐趣消失了呢？以前那些闲逛的人们到那里去了？那些民谣小曲中所歌咏的漂泊的英雄，那些游荡于磨坊、风车之间，酣睡在星座之下的流浪者，他们到那里去了？他们随着乡间小路、随着草原和林中隙地、随着大自然消失了吗？"

——米兰·昆德拉《慢》

云南勐海县格朗和乡的水河老寨，是一个世外桃源般的地方：土地平旷，屋舍俨然，有良田美池桑竹之属。居所都是两层木楼，每个木楼顶角都有一个牛角形木质装饰，威严挺拔。阡陌交通，鸡犬相闻。这是方圆百里最老的爱尼村寨之一，六十多户人家。

人们清晨相约出工，上山采茶或放牛，带一包米饭中午就在田边生火烤热吃。傍晚时分，鸡栖于埘，牛羊下来，人们背回新鲜茶叶生火炒茶，室内街上清香漫溢。离乡上的集市也更近，更多人把当天采回的鲜叶直接卖给附近的茶厂。小伙子晚上骑摩托串寨子，喝酒唱歌搓麻，醉了会想起离去的女友；大部分人家有电视，晚上家人烤着塘火围在一起看，老人们听不懂汉语，慢慢瞌睡，沉入浮生旧梦。

没有公元的老寨

一千多年来，爱尼人的祖先从青藏高原出发沿怒江、金沙江、澜沧江一路迁徙南下。除了躲避战乱，爱尼人还渴望寻求温暖和梦想中的家园。

老寨到底有多少年了，这里岁数最大的老人也不记得。只记得人多了就要分出一些去另外立寨子，最晚分出的水河新寨都分出去六十多年了，附近的鱼塘寨、水河小寨都是更早分出去的。这样估算起来，老寨约摸有一百多年的历史了。

爱尼人没有公元纪年的概念。他们用的是"放牛归来以后"这种事件计时办法，大的历史时间也仅以自己的生命周期来记。77岁的加药爷爷说："十几岁的时候有汉族来，国民党。有枪，飞机飞，他们没吃得给吃，有猪杀猪，有鸡杀鸡，得给送，天天送都送不赢。后来就跑，背很多东西到处跑，都背不赢啊！帕沙中寨的房子烧完掉了，景洪、勐海、大勐龙都有人死有人伤，这里没有伤。"

1949年后，这里许多的爱尼村寨都住过工作队和知青。一些年纪大的老人回忆起当年要背毛主席语录的事时依然苦不堪言。爱尼人在收工的路上被人拦住，必须背语录。吃饭前也要背，"背不下来不能吃饭"。那时，没有几个爱尼人会说汉语。让他们背诵语录，其难度不亚于让没有学过英语的人背诵林肯的葛底斯堡演说。后来，爱尼人实在背不下来，就改成唱歌。直到现在逢年过节寨子的大喇叭里放的还是《边区太阳红又红》《北京的金山上》《太阳最红毛主席最亲》这些老歌。

水河老寨虽然没有住过工作队和知青，没有人被强迫背语录，但还是斗了地主。水河老寨的头人标干被划成地主，一家人受不了揪斗逃去缅甸，一去就将近二十年。"寨子没有头人不好啊，后来我们寨子派出人去把头人接回来的。"爱尼头人世袭，此时的头人干蒙是老头人的儿子。2003年举寨搬迁的时候，干蒙一家和另外几户没有搬下来。听说是干蒙不想再做头人了所以没搬，老头人去世时告诫儿子以后不要再做头人。我去过山上干蒙家，他们住着茅草披挂的木楼，用竹筒引山泉水喝，在山上自己开荒种田。他在阳台上晒茶，看见我来，转身回屋倒了一杯茶无声给我，生冷辟透，始终没说一句话。一个守拙园田的末世头人，只想看着荒草年复一年的重生，直到把附近拆迁后留下的杂物全部淹没，就像从不曾有一个村庄在这里存在过，家园何处？这没搬的三五户，就像爱尼大神不小心遗落在大山深处星星点点的幻梦，连他自己都快要遗忘了。

消逝的歌谣和仪式

75岁的谢娉奶奶年轻时代是伴着夜歌度过的。从前每个寨子边儿上都有一片平整的空地，夜晚生起篝火年轻人聚在一起唱歌跳舞，散开时和意中人相携而去。小伙子找姑娘约会，夜晚跑到姑娘家用细竹棍透过地缝捅姑娘躺着的地方，会心的姑娘就会悄悄跑出去，父母不会过问。情投意合的人会互相交换手镯、绣花包，感情笃定，小伙子再请家人去姑娘家提亲。"那时很害羞，恋爱不给别人知道，两个人白天见到都躲开呢，更不会去家里。提亲时父母才知道。"

打歌场就是很多人一生情爱的发源地。尽管饥饿、疾病、战争、天灾，这些挥之不去的梦魇像一匹骨骼嶙峋的瘦马一路伴随着爱尼人，但生命本身盛大的欢乐和延续的欲望让这个民族生生不息。

"后来有了小学，打歌场就没有了。"50年代之后的孩子们学说汉语、写汉字，歌谣中所唱的爱尼古话却听不懂了。如今谢娉奶奶的牙齿已快要掉光了，她说："不能唱歌啦"。爱尼人没有自己的文字，那些歌谣是口口相传、代代欢唱流传下来的。打歌场消失之后，歌谣也在慢慢地淡出爱尼人的生活。

同样慢慢消逝的还有爱尼人的仪式。爱尼人有自己的巫师，也是世袭。人们相信巫师是能通神的。他们给人看病，出现在婚娶丧葬等各种仪式上。

然而，现在老寨的人们已经不去请巫师了。因为现在的巫师，唱不来那些古老的词，虽然还有着"巫师"的称谓，却已泯然于众人矣。

水河老寨会唱词只有两位老人，加药爷爷和门香爷爷。加药爷爷今年去世之后，门香爷爷就是唯一会唱词的人。门香爷爷也有70多岁了，他身体单薄，面容木然苦涩，高高的颧骨衬着深陷的眼窝，眼神总是带着点儿歉意。他虽然会念词，不过牙齿掉光，说话含混不清，做礼时很少有人请他念了。寨子里的人说，门香爷爷家的神龛动得太多了，不好。门香爷爷有四个儿子，陆续成家后彼此不和，多有纠纷。爷爷在几家都住过，带着神龛随自己走。

爱尼人没有庙宇之类的专门祭祀场所，而是在每户女人住的一边放置神龛。神龛是用黑布包常年装着的一把小刀和竹篾编成的一尺见方的正方形盒子，里边放着每年秋收的新麦，每到节祭日都向神龛的方向贡献祭品。这神龛一家一个，儿子结婚分家后要重新给他编一个，最后守家的儿子当家了就用着父母留下的神龛。这神龛越老越好，最好少搬动。格朗和其他地区，"文革"时党员带头毁掉了寨门神龛，到现在都没有恢复，很多仪式随之消亡。只有水河老寨的没有毁。

爱尼有敬老的习俗，老人年纪大了，孩子要把亲戚都请来，杀猪给老人拴线祝福。传统社会里，年龄往往代表着经验和权威，在飞速的变化中，老人们的经验大半失去了效用，会念的唱词也不如从前重要。现在有些子女对失去劳动能力的老人不够好，那些没有孩子的老人在独自生活，遇到困难只能靠亲戚关照。

神明和生死

有一天，谢娉奶奶神秘地问我："毛主席死了？"我说是。"邓小平死了？"我说是。奶奶闭上眼睛说："我也会死。我死了，我儿子在；儿子死了，孙子在。"寨里的老人没有看过外面的世界，他们已无法想象未来是什么样子。然而无论如何生命都会延续。在这个寨子里至今仍然在自己家里接生，老人去世儿孙亲手清洗、砍棺、埋葬，长辈看着孩子出生，小辈送老人走最后一程，名是父子连名，生命的链条就这么环环相扣，不太神秘，也没有太多恐惧。

加药爷爷去世的时候，老人们说是"我们的神召唤加药爷爷去了"。加药会说汉语傣语，各种仪式上的唱词都会念，懂草药，给人看病不计报酬。寨子里的人喜欢这个爷爷，很多人为他送葬。

爱尼人敬自然神，自然死亡的人得到尊重。对于异死的，爱尼人不会在家里停尸，当天就上山砍树做棺下葬。年轻人的葬礼都由老人来办，同龄人不得参加，怕给鬼魂拐带走。

今年老寨里有一个20多岁的小伙子喝农药自杀了。对于早逝的生命，父母难过，别人似乎都不会有太过长久的关切，不会去问怎么了。过一段时间，寨子里的人似乎不太愿意提起他。谁也弄不清楚他为什么要自杀。"怎个知道？他觉得活着不好，我们这里不好，不想活了！"据说山上也有一个年轻的姑娘自杀了。在此之前，老人说寨子里从来没有人自杀过。这是个生死达观又看重此生的民族，对于生大逆不道的背叛，人们也用淡漠相待。

爱尼人相信生命是大神赐予的。60岁的别针伯伯说："神的脚边有条大河，他把小孩的种子放到河里顺水漂下，两个人运气不好，小孩的种子就没有得到。"哈尼话里没有孩子的人叫"凶别"，就像汉语里的"绝户"。

爱尼人觉得一次生一个孩子才是正常的，生了双胞胎就是灾祸。寨子里岁数最大的只波婆婆说，有以前寨子里有家生了双胞胎，按爱尼习俗，把双胞胎摔死，这家的房子家用都烧了，夫妻两个人的衣服也烧了，把他们光着身子赶出寨门。后来请巫师念词做法才让他们重回寨子，不过以后寨里任何宗教仪式他们都不得参加，作为人鬼分界线的寨门也要拆除重新立。

为什么生双胞胎不好呢？只波婆婆说："别人都生一个，跟别人不一样。人生两个不好，猪生一个不好。"以前，"双胞胎"这几个字是不能说的，那是大祸患。一个寨子里出了这样的事，别个寨子的人都不敢跟他们寨子的人说话。1949年后政府对此进行了干预。苏湖那边有一对双胞胎已经40多岁了，政府格外关照。帕真新寨也有一对17岁的双胞胎。

如今很少有巫师会在双胞胎仪式上念词作法。帕沙老寨有一位会念词的爷爷，他说在家里不能讲这些。多年以前有一个日本人类学家来到这里，走到荒郊野外，爷爷才念给他听。怎样才能使生过双胞胎的人得到净化，经过隔离之后重新加入世俗生活？爱尼人的念词必然包含着爱尼人的天人观念，这是构成爱尼传统观念体系中很重要的一环，可惜我们已经无法得知了。

现代冲击中的老寨

2003年国家启动扶贫搬迁项目，在三山环绕的平坝推出一片地基，把水河老寨从大山深处搬了下来。在山上时爱尼人依山建房，父母住大房子，周围环绕数间供儿子恋爱婚娶用的小房子，儿子分家后仍不搬离，在相对独立的地域内一个家族聚落成群。扶贫搬迁时统一规划地基，每户由抽签决定房屋位置，寨子里地域和家族相聚合的村落形态已经不复存在。

几年前，这里的农民主要靠种传统水稻为生，用脚碓磨出红色大米蒸着吃很香，不过产量很低，一些家庭还吃不饱饭。现在改种杂交水稻后，温饱问题得到了解决。近几年普洱名重，茶价看涨，又取消了农业税，水河老寨的物质条件好转了。到去年茶叶开始涨价前，240多人的村寨还只有两辆摩托车，到现在大多数家里都有了一到两辆摩托车。附近还新出现了两三个卡拉OK厅。

本地的姑娘们外出打工，很多都远嫁他乡。小伙子叹息说现在的姑娘爱钱，很多都嫁给内地人了，他们有钱。其实也有伦理观转型造成的冲突，以往爱尼伙子"钓姑娘"总会找很多，现在的姑娘如果知道自己的男友还和别人交往，就会伤心气恼之下外出打工了。水河老寨伙子有40多个，姑娘只有6个，附近寨子几乎都是这样的比例。这已成为格朗和乡最严重的社会问题。

这个沉默在大山深处与世无争的寨子从前只知有傣不知有汉，不知童年时身边有一个巨大帝国轰然倾毁，不知一伙汉族打跑另一伙汉族到底要干什么，不知护佑寨子的寨门和让生命安居的神祷为什么被称作"迷信"被废掉，不理解如今茶叶怎么就一天一个价涨得像神话了，不知远嫁他乡的姑娘在远方过着什么样的日子，只是在每一个有月亮的夜晚记起大山深处的青青麦田、篝火花香，在每一个日出的清晨，迎接集市上吹来的风，熙熙攘攘，地久天长。

写这篇文字的时候，我提醒自己不要让老寨故事成为对抗疯狂城市生活的致幻剂，写下那些生命与苦痛、迷惘，还有温情与希望。"生成无须洞察

／大地自己呈现／用幸福也用痛苦／来重建家乡的屋顶"。

　　爱尼人，哈尼族的一支。哈尼族是我国西南边疆历史悠久的山居民族之一，根据2000年第五次全国人口普查统计，总人口有125.4万多人，大部分集中在云南省南部红河与澜沧江的中间地带。自称阿卡，传说是古代羌人的后裔，自青藏高原迁徙南下，融合了南方稻作文化而形成。跨境而居，越南、老挝、缅甸、泰国都有分布。

保定，中国近代军校的起源

文／王残阳（二〇一六年〇二期）

  提起保定，映入笔者脑海的第一印象居然是"驴肉火烧"。隆冬时节，当笔者抵达这座位于河北省中部、拥有悠久历史的古城时，才知道自己的刻板印象是多么的肤浅。这座得名于"永保大都（即元大都北京）安定"之意的城市，很长一段历史时期内都是河北的政治、经济、文化中心。缘于保定重要的战略地位，以及历史人物的因缘际会，她得以在中国近代教育史上留下了浓墨重彩的印记，深深影响着清末民初的历史进程。

一个人与一所军校

  抵达保定的第一站，率先探访直隶总督署。这是目前国内保存最为完好的清代省级衙署，也是典型的北方衙署建筑。三开间的黑色大门上方，悬挂着"直隶总督部院"匾额，内分为东、中、西三路，透出十足的威严气势。

从清雍正八年（1730年）开始，到1912年2月清帝溥仪退位，182年间，驻守于保定的直隶总督共59人66任，但任期超过5年的只有方观承、李鸿章、袁世凯等10余人。原因就是直隶总督为"八督之首"，管辖京畿重地，位高权重，清皇室忌惮一旦其形成自己势力，就会出现拥兵自重、尾大不掉的不利局面，于是就上演频繁换将的戏码。

对保定军校影响最为深远的，莫过于担任过6年直隶总督的袁世凯。1901年11月，晚清重臣袁世凯如愿以偿地担任直隶总督兼北洋大臣，走上了他仕途的又一个高峰。可令人奇怪的是，袁世凯并没有在直隶总督署走马上任，而是在距离保定城三十多公里的高阳县城举行了拜印仪式，接过了他梦寐以求的直隶总督的官印。原来，在一年之前，英、德、俄、日、美、法、意、奥八国，以平定义和团运动为借口，发动了侵华战争。保定作为义和团的重要中心，是西方侵华势力围剿的重点区域。根据时任直隶总督李鸿章"以礼相待"的指令，留守的廷雍、沈家本等清朝官员命令守军撤离保定，任洋人烧杀掳掠。然而，他们的软弱退让，并没能换来洋人的谅解。1900年11月16日，英、法、德、意四国侵略者，在直隶总督署组成"国际法庭"，英军盖司礼少将宣判廷雍等5人死刑，并推出城外斩首示众。这样的审判，在清朝总督衙署的历史上是绝无仅有的，不得不说是一种莫大的屈辱。处于走马上任的喜庆时刻，袁世凯特意避开了总督署，或许就是因为阴影还未散去，内心的隐痛尚在。

新官上任的袁世凯，将他一手编练的新军，一起带到了保定。从1895年，袁世凯在天津小站编练新建陆军，逐步兴办并控制了晚清最为重要的军事力量——北洋新军。然而，在1900年签订《辛丑条约》后，驻扎天津的八国联军向清政府递交了一个蛮横无理的照会，严禁清政府在天津周围20华里和津唐铁路沿线驻扎军队，以免与联军"相撞滋事"。由此，距离北京距离适中、战略地位重要的保定，就成了新军驻守的大本营。

袁世凯在保定开始了其雄心勃勃的扩军计划后，越来越感受到缺乏适应近代战争要求、堪当指挥打仗重任将领的短板缺项，成为制约部队战斗力提升的"拦路石"。于是，他在保定相继创办了一批近代意义上的军校。

其实，早在袁世凯之前，出于图存救亡的目的，晚清的洋务派就开始了创办新式军队、兴建新式军校的努力。1866年，左宗棠在福州首开船政学堂。此后数十年间，北洋水师学堂、天津武备学堂、广东水师学堂、山海关随营学堂等一批军校相继创办。虽然这些军校积极吸取了西方先进的军事教育方法，但指导思想上依然是守旧的封建伦理，根本目的还是为了维护清政府的统治，所以还算不上近代军校。

1902年5月，袁世凯创办了北洋行营将弁学堂，员额定为120人，其中将领20名，哨官长40名，弁目60名，大部分是淮军的旧将领和中下级军官。袁世凯期望通过8个月的速成学习，让这些旧军官了解新军所崇尚的德系作战思想和训练方法，能够为其所用。参加学习的学员五花八门，年纪最大的有60多岁，武官官职最高的为提镇，文职最高的为道员，有的还带着侍卫前来读书，管理的难度极大。担任督办的冯国璋刚柔并济，苦心经营，让这些学员十分佩服。这个学堂共举办了4期，毕业学员总数为545人。这座学堂，被认为是中国近代军校的萌芽，1902年，也被史学界认定为保定军校的肇始之年。同一时期，还相继创办了北洋参谋学堂、北洋测绘学堂等短期培训性质的学堂。

笔者信步走进保定军校纪念馆，只见这座修复而成的建筑重檐飞脊，气势恢弘，堪与直隶总督署相媲美。学校四面有高大的围墙，墙外有护城河环绕，河道两岸种植着茂盛的垂柳。走进纪念馆，用作展厅的尚武堂，门口两侧写有"军魂"两个鎏金大字。教室、宿舍、检阅台等建筑，都是在遗址上修复的，其建筑格局模仿的是日本陆军士官学校。

这片建筑所在地，在清朝末年是一座拥有百间殿宇、千亩庙产的关帝庙，可惜在1900年八国联军侵华时付之一炬。1903年，袁世凯上书清廷，提出了借鉴西方军事教育经验，创办陆军小学堂、中学堂、大学堂，利用12年时间对学生进行系统军事教育的计划及试办章程，清廷当即奏准。由此，袁世凯投入大量人力、物力、财力，拉开了大办军事教育的帷幕。

在花费了22.3万白银、耗时1年零8个月之后，1905年3月，一所规模空前、设施齐全的"陆军武备学堂"（亦称北洋速成武备学堂、北洋武备学堂），在原保定关帝庙旧址宣告建成。这所军校占地1500亩，共有校舍573间，中轴线上为校门、尚武堂和大操场，东西两侧为校舍、马棚及靶场。在《北洋官报》上，它被称赞为"当今中国陆军的第一学府"。此外，袁世凯还相继在保定创办了北洋陆军示范学堂、军械学堂、军医学堂、马医学堂、经理学堂、宪兵学堂等一大批院校，培训了一大批急需的人才。

袁世凯长期霸占军事教育、使军官成为其附庸的情况，让满清权贵感受到了巨大的威胁。他们提出了两个对策，其一是创办满人控制的高等军事学堂，其二是坚持要求把最高军事学府陆军大学堂办在北京，以便于控制。但老奸巨猾的袁世凯绝不会甘心失败，拱手让出办学事务。1906年，他一边在原将弁学堂的旧址创办保定军官学堂，造成既有事实；一边又上书朝廷，提出军事大学堂"论其章程，仍应设于京师"，但考虑到"学堂次第设立，诚恐缓不济急"，以及"高等教习急切尚难多选，仍不能不借才异地，在京延订亦多未便"，提出"略事变通"，在保定设立军官学堂。清政府无可奈何地接受了他的要求，但提出一旦京师设立大学堂，保定军官学堂即行停办。从中，我们也能感受到袁世凯与满清集团之间的斗争十分的激烈。

1906年8月，北洋速成武备学堂停办，在其原址创办陆军速成学堂（又称通国陆军速成学堂、陆军协和速成学堂），为全国范围内的新军编练提供人才。这里还是清政府指定的派遣军事留学生专门培训机构，当时凡选派出国学习军事的学生，必须参加这个学堂的留学生速成班学习，方才取得留学资格。经过满清权贵的运作，新学堂转为隶属于由满人铁良担任尚书的陆军部，标志着清政府逐步收紧了对保定军校的控制权。

在剧烈的权力斗争中，1907年，袁世凯调任军机大臣兼外务部尚书，被免去了直隶总督一职，其所创办的一众军事学堂，也被清政府所掌管。然而，先前从这些学堂毕业的学员已经充斥至整个北洋军，成为忠诚于袁世凯的重要武装力量。

1912年，袁世凯窃取了辛亥革命的胜利果实，当上了中华民国临时大总统。当年7月，在保定正式开办陆军军官学校，直接隶属于陆军部军学司。保定陆军军官学校的校长、教育长大部分毕业于日本陆军士官学校，里面有很多教官来自于日本和德国。她是效仿日本、德国等西方列强的军事教育，为完成"军官养成教育"而开办的唯一一所全国陆军初级军官学校，是当时全国规模最大的一所军官学校，也是一所近代意义上的军校。保定陆军军官学校办学历时11年，培养步兵、炮兵、骑兵、工兵、辎重兵5个科目共6574人。1923年8月，随着第9期学员毕业离校，困于军阀混战、经费紧张、生源枯竭的保定军校黯然停办。保定军校自1902年开始，前后延续21

年的辉煌办学历程，也就此宣告终结。

一所军校与一群人

参观完保定军校旧址，笔者来到了军校广场。这是这座城市的"名片"，也是河北省最大的广场。隔着较远的距离，就能看到红橙黄绿蓝五种颜色组成的"五彩世纪门"，即使是轻度的雾霾也未能遮挡她绚丽的色彩，以一种奔放的姿态，迎接着每一位探访她历史的游客。

在历史文化广场，排列着10组城墙形状的文化墙，中间设有拱形门，左右两面雕着浮雕，全面反映了保定军校历史、培训的各式学员和保定古今的历史名人，显示出这座城市与众不同的历史底蕴。

在21年的办学历程中，保定军校先后培训了近2万名学员。这些学员，大部分是各个省市的优秀学生，经历了严苛的考核才能入学，具有较强的能力素质和民主意识，因此管理这些学员，就成了一项颇为头疼、考验校长和管理层功力的技术活。在保定军校的历史上，曾数次发生学潮。

第一次学潮爆发于1912年。彼时南北议和后，上海革命党人领导的学生军编为入伍生团，后经陆军部批准插入保定军校学习。但军校学员认为自己都是经陆军小学、陆军中学的正规渠道一路培养输送进保定军校的，而南方来的入伍生显然不够入学资格。两拨人互相看不起对方，数次发生激烈冲突，以至爆发械斗。最终由陆军总长段祺瑞做出决定，将入伍生先行送入陆军第一、第二预备学校学习，培训合格后再送入保定军校学习，这才平息了学潮。这次学潮表面看是学生之间的冲突，究其实质还是辛亥革命后南北两派政治立场、政治观点的直接碰撞。

1913年，发生了校长蒋方震自杀事件。蒋方震是保定陆军军官学校的第二任校长，他对军校实施了大刀阔斧的改革，大力推崇德国式教育方式，弃用了日式军事教育，全面整顿教育秩序，调整人事安排，受到了学生的欢迎。然而，他的改革却触动了"日本士官系"和"北洋速成系"（毕业于北洋速成武备学堂的军事派别）的利益，受到了他们的顽强抵制和造谣中伤。受到重重掣肘的蒋方震，陷入了痛苦与失落之中。1913年6月18日清晨，蒋方震在学生早操后进行了约50分钟训话，随后就回到办公室开枪自杀。袁世凯听闻消息后，专门协调日本使馆派出军医、护士，赴保定进行救治。在他们细心照顾下，蒋的病情大为好转。最终，心灰意冷的蒋方震辞去了校长一职。

1915年，袁世凯与日本签订丧权辱国的《二十一条》。消息传出后，举国哗然，保定军校的学员们也是群情激奋。袁世凯为了压制学生的政治热情，调整了校长人选，安排自己的爪牙王汝贤任校长。王为了控制学生思想，严禁他们阅读报纸，禁止讨论政治性问题。然而，还是有很多学生偷偷翻阅日本使馆编辑的《顺天时报》，了解袁世凯称帝的相关消息。有一次，学生方其道看报时被发现，王校长大发雷霆，责令痛打40军棍，把方打得血肉模糊。这个举动，点燃了学生的怒火，他们冲进了校长室，把里面的各类设施砸了个稀巴烂，就连门口台阶的砖块也砸了下来。王汝贤赶紧搬来救兵，让他的弟弟、时任保定第八师师长的王汝勤调兵遣将，震慑住学生，控制住局面，并将方其道开除。

1920年，处于直皖战争漩涡之中的保定军校，遭受了建校以来最大一次的洗劫。直系军阀曹锟获胜后，不但将保定军校内训练用的新式大炮全部掠走，还将皖系降军15师收容在军校校舍，压扣官兵的粮饷，企图迫使他们加入直军。然而，15师的官兵发生哗变，将校舍内洗劫一空后四散而出。直军以镇压兵变为由占领军校，又掠去了2000多支步枪、300多匹骡马。受此变故，保定军校停办了有一年多时间。复校无门的军校学员张煦光，身着军官制服，在北京街头拉人力车，成为轰动一时的新闻。

在保定军校广场的文化墙上，有几面将军墙，雕刻着成为将军的保定学子头像。仔细一看介绍才知道，在先后毕业的2万名学员中，有2000多人获得少将以上军衔或身居政坛要职，遍布旧军阀军队、国民党军和共产党军队之中，人才辈出，将星闪耀，"中国将军的摇篮"的美誉也算是实至名归。他们广泛参与了军阀混战、北伐战争、抗日战争和解放战争，在20世纪上半叶中国军事史上写下了绚丽多彩的一笔，发挥着重要的影响力。

许多雄踞一方的军阀，都有在保定军校读书、培训、工作的经历。例如直系军阀冯国璋是北洋行营将弁学堂的总办（相当于校长），皖系军阀段祺瑞曾担任过陆军参谋学堂、测绘学堂等多所保定军校的总办。直系军阀吴佩孚1904年1月以总分第一名毕业于保定陆军测绘学堂第一期，是第一个登上

《时代》周刊封面的中国人，孙传芳是北洋速成武备学堂第一期学员，他们俩在北伐战争中，被大量充斥在北伐军中的保定军校师弟们所打败。

保定军校名声在外，就连奉系军阀、"东北王"张作霖都对她青睐有加，安排自己的儿子张学良于1918年报考保定军校。当时已经过了考试期，但是在时任京畿警备总司令、陆军总长段芝贵的特别推荐下，校方为这位尊贵的少帅考生安排了专门的考场，不但把参考书与试题摆放在一起，还放置了水果、点心等，不知道的还以为是请他来参加品茶会。无奈张学良还是不会做数学题目，考官只得找人代答，最终其被顺利录取。但是张学良后来并未入读保定军校，而是进入了东北讲武堂学习。

保定军校走出的最为显赫、影响中国近现代史时间最长的历史人物，莫过于蒋介石。1906年4月，蒋介石立志报考日本的陆军士官学校，但到了东京才知道，只有清政府陆军部保送的学员才可报考，最终悻悻而归。无奈之下，蒋介石只得"曲线救国"，先行报考具有派遣军事留学生资格的保定陆军速成学堂。1906年底，他从1000余名考生中脱颖而出，顺利拿到了当年向浙江平民家庭开放的14个入学名额，成为了速成学堂第一期炮兵科学员。据《蒋介石日记》记载，1907年初，他从浙江溪口出发，足足步行了整整一个月时间，才来到保定报到。刚入学时，因为蒋介石没有长辫子，一时间成为大家眼中的"异物"，好在他能言善辩，精通于察言观色，很快在教官与学生之中左右逢源，还敢于站出来与侮辱中国学生的日本教官做针锋相对的斗争，成为一时间的风云人物。1907年冬，清政府陆军部从保定军校选派赴日军事留学生，蒋介石在考试前一天深夜才拿到了准许考试的通知，最终成为65名幸运儿之一。1908年春节过后，蒋介石启程前往东京，进入士官预备学校，终于实现了他的留学梦。

而在蒋介石所依仗的国军"八大金刚"中，就有6人出自保定军校。陈诚于1918年参加保定军校第8期录取考试时，考试成绩并不理想，在其父亲想方设法疏通下，才列为备选第一名。不曾想，当时排名第一的考生刘亦琨因故退学，陈诚才侥幸入学，真可谓是天随人愿。最终，陈诚官至国军陆军一级上将、参谋总长、"副总统"，成为仅次于蒋介石的二号人物。其外还有顾祝同，国军陆军一级上将，保定军校第六期步兵科毕业；刘峙，国军陆军二级上将，保定军校第二期步兵科毕业；张治中，国军陆军二级上将，保定军校第三期步兵科毕业；钱大钧，国军陆军中将，保定军校第五期炮兵科毕业；陈继承，国军陆军中将，保定军校第二期步兵科毕业。细看这"八大金刚"的履历，要么是保定军校毕业，要么是日本陆军士官学校毕业，在讲究出身与血统的国军中，就此拥有了先天性的优势，逐步成为了蒋介石的嫡系与心腹爱将，袍泽之情甚深。抗战后期，在国军将领中，保定军校培养的战区正、副司令长官共18人，占同级别将领总数50%，集团军正副司令36人，占38%，在所有军校中独占鳌头。

在20世纪上半叶历史的风云际会中，保定军校的毕业生们面对着不同的人生抉择，秉承着不同的理想信念，走上了不同的理想道路。他们中，也有很大一批人加入了共产党的队伍，比较著名的人物有叶挺、赵博生、董振堂、张克侠、何基沣。1917年，叶挺在保定军校读书期间，与邓演达、严重交往甚密，他们时常指点江山、针砭时弊，彼此志同道合，于是成立了"断金会"，取义"兄弟齐心，其利断金"。后来，这个秘密组织不断发展壮大，吸引了很多人加入。1924年，叶挺加入了共产党。1926年，在北伐战争中，他率领第四军独立团作战勇猛，屡获战功，被誉为"北伐名将"。抗日战争爆发后，担任新四军军长，"皖南事变"后被国民党关押，1946年被释放后死于空难。而赵博生、董振堂，于1931年12月14日发动了著名的"宁都起义"，率领1.7万名官兵、携带2万多件武器装备加入红军，极大地壮大了红军力量，对巩固和发展中央革命根据地起到了重要作用。此外，还有一大批毕业于保定军校的国军将领，在解放战争中或起义，或投诚，选择留在了新中国，比较有名的有张治中、陶峙岳。

保定军校何以走出这么多著名将领，以至于如此深刻地影响着中国近现代军事史？学者研究指出，其一是除了达官贵人之外，普通学员的入学考试极为严格，保证了生源质量；其二是借鉴了外国先进办学思想，课程丰富，教学严谨，保证了人才培养质量；其三是崇尚尚武精神，锻造学员过硬的战斗意志；其四是中央政府办学的举国体制，保证了优厚的办学条件和保障水平；其五是保定军校毕业学员遍布全军，很多发展成为独霸一方的军政要员，为后来毕业的师弟们成长进步给予了极大帮衬。

一所军校与另一所军校

告别保定，笔者一路南下来到广州。对比于北方的凛冽寒风，这里气候更加适宜温暖。在广州黄埔，笔者拜访了著名的黄埔军校。在那所不大的、汉白玉制成的校门上，悬挂着白底黑字的校名——"陆军军官学校"。细心的参观者能够很快看出，这个校名，与保定军校的名称是完全一样的。这也从一个侧面，说明了黄埔军校与保定军校之间深厚的历史渊源。

实际上，孙中山在创办黄埔军校时，主要的管理者和教官，大部分来自保定军校。当时孙中山在屡战屡败的教训中，充分认识到创办自己的军事院校、培养一支忠诚于自己的军官队伍的极端重要性。然而，在黄埔军校校长人选上，孙中山在陈潜、蒋介石二人之间，颇费了一番思量。陈潜是同盟会元老，毕业于日本陆军士官学校，跟随孙中山多年，又有创办广州讲武堂的丰富经历，应该说是一个合适人选。但是权衡利弊，孙中山最终将天平偏向了具有保定军校和日本陆军士官学校双重求学经历的蒋介石。孙中山的选择，固然有蒋介石玩弄权术、搞假辞职"以退为进"等原因，迫使其选择了蒋。但孙中山也有一个重要考量，认为启用蒋介石，有利于笼络"保定系"和"日本士官学校系"这两个主要派系的丰富人脉，可以让黄埔军校发展跨入快车道。

孙中山还安排邓演达等人，专程到上海与保定军校校友会、同学会联系，发动一大批毕业于保定军校人士南下广州，投入到黄埔军校初创的各项工作之中。据统计，民国时期，先后在黄埔军校本部及其各分校担任教官（队官）的保定军校生，累计有861名，这个数字远远高出了其他任何一所军校培养出的人才。

1924年6月16日，黄埔军校举行开学典礼。孙中山在演说中讲到："保定陆军军官学校成立的时间很久，人数很多，器材又完全，我们这个学校所处的种种地位，都比他们差很远。"后来，孙中山在视察黄埔军校时，由衷地说："感谢来自保定军校和其他学校的同志为培养革命者做的贡献。保定军校了不起！"

黄埔军校是第一次国共合作的产物，其办学体制、领导设置等方面，主要参考借鉴了苏联伏龙芝军事学院的模式；但由于管理层和教官队伍大部分来自保定军校，所以在教学方法、培训模式等很多方面，极大地沿袭了保定军校。比如说，当时他们使用的许多教材，都是在保定军校教材的基础上修订形成的。黄埔军校在全国各地共设立九所分校，"保定系"同样在这些分校中占据了主导地位。在黄埔军校中，知名的"保定系"教官有邓演达、严重、刘尧宸、张治中。在他们的言传身教之下，保定军校的风骨，在一茬茬黄埔师生中得以薪火相传、生生不息。

参考资料

王福友编：《保定军校》

河北省政协文史资料研究会：《保定陆军军官学校》《蒋介石日记》

崇武古城：流动的历史

文／何书彬（二〇〇八年〇九期）

从明初起，崇武城就是我国沿海的海防重镇之一。北起山东的登莱、南至广东的崖海，明王朝在万里海疆设置了六十多座卫所城堡。如今，崇武古城的海防功能已淡化，只有遗留的古城和民俗依然活在当下。

在福建的泉州湾和湄洲湾之间，惠安县崇武半岛延伸入海而成岬角，崇武古城就坐落在半岛中部，负山控海。当地人说，这个位置落在一个"三腿蟾蜍"风水穴。蟾蜍的头是北城门外的大石坛，尾巴是南城门外的海门深处岩群，东澳内湾和西沙银蛇海滩是两条后腿，一条前腿是"后海沙湾"，另一条不知是什么原因被老天爷砍断扔了，应是隔着五峰山的"乍口沙湾"。

从明初起，崇武城就是我国沿海的海防重镇之一。如今六百年的光阴过去了，滨海的古代卫所城堡都已先后湮没，唯有崇武古城完好地雄峙东溟，成为我国至今保存完好的唯一名副其实的石头城堡。

"百家姓，万人丁"

中国是一个防御型的国家，这一点在明代体现得更为突出，为防蒙元势力卷土重来，明廷对北方边境线上的长城进行了大规模整修。一道完备的"海上长城"防御体系也是从明初起营建，崇武古城就是其中的一个重要环节。北起山东的登莱、南至广东的崖海，明王朝在万里海疆设置了六十多座卫所城堡。但显然的是，不管在当时，还是在现在，这道"海上长城"都远不如前者那么突出。

在这道"海上长城"中，单是福建省就有5卫13所，崇武所城是13座所城里最大的一座，仅稍次于永宁（地处今福建省石狮市）等5座卫城。如今我们看到的崇武古城是在明清两代屡次整修后的规模：城墙周长2567米、南北长500米、东西宽300米、基宽5米、墙高7米；有窝铺26座、城堞1304个、箭窗1300个。四面设城门，内门每扇高3.2米，宽1.3米；前门每扇高2.6米，宽0.9米；东、西、北三座城门相似，各有城门两道，城门上各设烽火台一座；南城门外加设一照墙。城墙上设烽火台、瞭望台，城墙内设二至三层跑马道。城四周还各建有一潭、一井和通向城外的涵沟；城内的十字大街相接四个城门，城内莲花山制高点还设了望台，城内还建有捍寨、墩台、馆驿、军营、演武厅等。

这样就形成了一道完备的古代战略防御工程体系，明人曾有诗句赞道："孤城三面鱼龙窟，大岞双峰虎豹关"。如今在现代战争背景下，崇武古城本身连同它的使命都已成为历史，不再有海防功能，今天的人们来到崇武古城，则是为其美感所吸引。

古城三面环海，南门外是临海的大片岩群，"海门深处"4个大字镌刻其中，雄浑沧桑。古城东西两侧，则是沙质细腻，海水清澈的柔美海湾，都呈半月形延伸达数公里，是公认的中国最美海岸之一。

最突出的是古城的建筑方式。崇武半岛盛产花岗岩石，崇武古城即用此建成，城墙外壁用条石垒砌，内壁则以不规则的石块、鹅卵石花砌，中间用土夯实为跑马道。作为军事建筑物，除了城门的拱顶有精细雕琢，其他地方都只做简单整形。站在一边看古城，它粗糙的外观营造出一种雄浑的气势，比起砖块垒砌或泥土夯筑的城墙，更有一种坚实的美感。

城中民居也多用地产花岗岩砌城，在这里广泛流传着"百家姓，万人丁"以及"三千军，七户民"的说法，即经过元末战乱，这里只剩下7户人家，建城后，明王朝从全国各地按籍抽兵驻扎城中，经过几代人的繁衍，城中又开始人丁兴旺。地方民俗学者蒋维新说，历经人口迁徙，如今城内还生活着98姓近两万人，他们大多是当年驻军的后裔。

石艺之乡

如今崇武古城作为一个景区，是和城墙下各式各样的石雕联系在一起的。高大的戚继光石像，千姿百态的花鸟动物雕刻还有一些神话人物的雕刻等，都在展示着崇武作为"石艺之乡"的角色。

今天的崇武是著名的建筑之乡，石艺则是崇武人最拿手的手艺。史料显示，在宋元时期，崇武即有零星的建筑石雕工匠，半岛上遍布着花岗岩山丘，为石艺提供了丰富的材料，而在明清两代，崇武古城在始建之后，又经历了18次修葺增筑，如此则为形成稳定的工匠队伍创造了有利条件。据明万历年间的《惠安政书》载，在"二十七都"（包括今崇武镇及其附近一部分区域）的总人口里，匠户占23.7％。到了清代，崇武城西郊的五峰、溪底、官住等村都形成了工匠专业村，并涌现出一大批名匠。

历史上的崇武工匠即常常外出谋生，并多有代表作。1925年，中山陵在南京修建，其规模庞大又做工精细的地铺和台阶石料都出自崇武工匠之手。蒋仁文是当时的崇武名匠，他为中山陵制作的高大华表、光华亭的八角金鱼缸以及石狮等，工艺都十分精巧。陵园建成后，这些工匠都获得了国民政府重奖。

此外，还有泉州的洛阳桥（北宋）和开元寺东西塔（南宋），台湾鹿港龙山寺（明代），北京毛主席纪念堂，广州玄武塔等诸多优秀建筑里都有着崇武工匠的雕刻。一年又一年，不断有人面对这些精美的石艺发出赞叹之声，但是在漫长的历史中，工匠们不过都是一些"名不见经传"的小人物，在辉煌的建筑史里，他们注定要成为被忽略的部分。

今天，石材产业依旧是崇武的支柱产业，在海关的年出口统计报表上，崇武石材一年的交货量超过30亿元，如今大规模的产业必需机械化的支撑，这也使得传统工艺有失传的危险。历史上，工艺石雕的"捏"（打坯样）、"雕"（按图形剔去外部多余的石料）只能由被称为"师傅"的艺匠操作，现在具有这个能力的"师傅"已经不多。从20世纪80年代以来，自己进行创作设计的艺匠已很少，多数新产品都是由工艺美术专家进行设计，工厂根据模型加工，成批生产。

　　包括今天崇武古城外设置的现代石雕在内，如今的工艺品总给人一种感觉，就是机械有余而艺术不足。我在看了崇武古城和古城内的古代石雕，又看了城外的现代石雕后，这一感受更加明显，但又一时找不出合适的解释。在去崇武西沙湾的路上，我看到一名年轻工匠正拿着电刨轰隆隆地加工一个石柱，粉尘飞扬，声音刺耳，就突然明白为什么当今的艺术品生硬而缺乏美感了，用闽南人林语堂的话来说就是"大自然的精神已经和现代的文明人脱离"——他曾津津乐道于如何鉴石。

　　以前的崇武工匠是如何雕刻出好作品的？1992年的一件事情可以为证。当年冬天，浙江美术学院教授洪世清带领5名崇武石工在古城滨海处进行"鱼龙窟"岩雕创作，他们是按照古法的，特点是：礁石的的自然形态占1/3，艺术加工占1/3，剩下1/3让时间去冲刷风化，抹去人工味，还其原始野趣，以达到真正的艺术升华。所谓"巧夺天工"，就是这个道理，审美要合乎自然之道。

满天神佛

　　崇武古城不大，总面积约0.5平方公里，大小相当于70个足球场，可以说是一个"弹丸之城"，城内却分布着20多座面积多数在500平方米以上，建筑各居特色的寺庙庵堂，崇武镇（面积19.6平方公里）全境内的庙宇总数则超过50处，其占地面积大者可达几千平方米。在民俗学者们看来，这和一代又一代崇武人的生活环境有着密切关系，他们是武士的后裔和渔人的子孙，经历的战火和恶浪都不在少数，一方面，这养成了崇武人勇猛粗犷甚至有点野蛮的性格，以至于被人称为"海牛"，另一方面，也需要崇武人从宗教信仰中寻求精神安慰。

"崇武有个特别现象，看不到男人出家当和尚的，但女子出家持斋念佛而不落发者很多"，蒋维新说，在本地话里，她们被称为"菜姑"，其生活的庵堂被称为"菜堂"，在崇武城内，"菜堂"就有10处，全镇则有10多处。

从崇武古城的南门一进去，正对面就是关帝庙，城里还有东岳庙、三官宫、文庙、土地祠和县城里才有的城隍庙，都是香火旺盛。可以看出，这些庙堂也是居民平时的公共活动场所。城隍庙里，有几名老人正在打牌，在其他很多庙宇里，也都摆着两排椅子，老人们坐在上面聊天。

更有地方特色的则是地方人物信仰和对鬼魂的奉祀。前者有诚应庙、崇山宫、崇报祠、黄吾野祠等，后者则有无祀宫、十二爷宫、廿七大人宫等。其中，又被称为"解放军庙"的廿七大人宫最让外来游人感到好奇。

"解放军庙"位于崇武西沙湾，建于1996年秋天。筹资建庙者是一名叫作曾恨的老阿婆。1949年9月17日，曾恨在沙滩上看解放军战士训练，此时国民党方面前来空袭，5名解放军战士以肉体当掩体保护了当年才13岁的曾恨，他们因此牺牲。改革开放后，不再"破四旧"，曾恨就将一生积蓄加上募来的钱，盖了这座"天下第一奇庙"，奉祀死于空袭的27位解放军烈士。庙中神龛正上方挂着"英烈廿七君"大横匾，二十七君塑像的姿态、动作各异，庙外是烈士纪念碑。

紧靠着"解放军庙"的是和寮宫，该庙里奉祀的是戚继光、俞大猷在崇武剿灭倭寇时阵亡的将士。

无祀宫、十二爷宫里奉祀的也是抗倭牺牲的勇士。崇武民间广泛流传着《铜身铁骨十二爷》这个传说：这十二位骁勇的武士都是崇武人，他们年幼时即为倭寇常来犯境而痛心，从而外出拜师，学得一身好功夫，回乡后杀灭大批倭寇，力战身亡。崇武人感念十二勇士的功绩，就在他们牺牲的地方建成庙宇，画身像敬奉。时间久了，人们习惯把这处海滩也称为"十二爷"，甚至把城里通往海滩的路也称为"十二爷路"。

"人类学宝库"

除古城外，崇武一带最惹人注意的就是"惠东女"服饰了。她们的穿着和汉族大不一样，而是看起来像少数民族，但和少数民族又不尽相同。

典型的"惠东女"服饰是：头戴黄斗笠、花头巾，身船露肚脐的蓝短衫和宽如灯笼的黑绸大折裤，腰间缠一条银裤链。这使得不少学者为其族属而争论，有的说，她们当然都是汉人，有的则信誓旦旦地认为她们是黎族成员。

当地人风趣地把这种服饰的特点概括为"封建头、民主肚；节约衫、浪费裤"，其特有的风情也不断吸引着摄影家和画家前来。老是在无意间被人拍下，然后登上各处的画面，这让"惠东女"们都很害羞了，现在若有人在她们面前举起相机，她们会很警惕："不要拍"。

"惠东女"服饰是惠安县东部几个乡镇妇女的特有服饰，此外她们还有着"长住娘家"等特有的风俗。这些都吸引了中外许多人类学家、民俗学者的浓厚兴趣，从而让惠东一带也被称为"人类学宝库"。

但是，与此形成鲜明对比的是，崇武镇城区（古城内和古城外的西华村）则没有长住娘家风俗和"惠东女"的特别服饰。城区人的装束和外界一样，都是穿"时装"（崇武人对现代服装的统称）。

因为"长住娘家"等风俗的存在，崇武一带也流传着许多与之有关的笑话。其一为：崇武古城外西门街是镇上传统商业街，大家都到这里做生意、买东西。一天，一个后生兴冲冲来买甘蔗，却为了斤两和卖甘蔗的年轻女子吵了起来，女子被气哭了。看热闹的人们围了一圈，一位阿婆也过来看："这不是俺儿媳吗？谁欺侮你？"说着回头寻找欺侮儿媳的人，结果让阿婆火冒三丈："你这个夭寿仔，她就是你的某（妻子）啊！"众人听得哈哈大笑，后生渔民羞愧难当，抱头鼠窜离开人群。

为什么小俩口不认识？原因就在于，按本地民俗，惠女出嫁三天后要回到娘家去住。平时就住在娘家，只有过年过节才到夫家住一两天，到夫家时是夜间相会，天不亮又离开，故常不相识。这样要一直等到怀孕生子后，方可长住夫家。

如今这些风俗都像古城一样，正渐渐成为历史。惠东年轻女子里已经有越来越多人改穿"时装"了，惠东的青年男子也觉得家乡女子这样穿着土里土气，不经看，认为"以后恐怕没人再穿了"。一些小夫妻在结婚后不再遵循"长住娘家"风俗，父母和邻居也装作不问不闻了。

千年兴废于一城：荆州古城墙

文／何贝莉（二〇〇八年十四期）

荆州境内河流纵横交错，湖泊星罗棋布。它把持着交通要道，坐拥着丰饶物产，历代强者在此筑城，退可守，进可攻，是绝妙的兵家必争之地，却也是让百姓备受战乱的不宁之地。荆州古城墙也由此经历着不断被建造、损毁、重建的命运。

荆州，上古大禹治水时"割地布九州"的九州之一，因当时境内的荆山而得名。春秋战国时期，荆州是楚国都城"郢"所在地，历经20个楚王，长达411年。公元前206年，项羽建临江国，都荆州。汉初复置南郡。汉武帝元封五年（公元前106年），将全国分为十三州，设刺史部，荆州刺史部为十三州之一。

而有史可考的荆州古城墙，最早修建于两千六百多年前的周厉王时期。它是我国延续时代最长、跨越朝代最多、由土城发展演变而来的唯一古城垣。这或许是得益于荆州所在的地理位置太过重要的缘故，它地处长江中游和汉水下游的江汉平原腹地，东连武汉，西接三峡，南跨长江，北临汉水，是连东西、跨南北的交通要道和物资集散地，长江边的重要港口；所以，又称江陵。荆州境内河流纵横交错，湖泊星罗棋布。它把持着交通要道，坐拥着丰饶物产，历代强者在此筑城，退可守，进可攻，是绝妙的兵家必争之地，却也是让百姓备受战乱的不宁之地，荆州古城墙也由此经历着不断被建造、损毁、重建的命运。

千年建城记

虽然荆州古城墙的建造可上溯至两千多年前，但大多数人则是得益于《三国志》中，关羽与荆州的不解之缘，才知道有这座古城的；人们熟悉关羽大意失荆州的典故，却未必知道还有关羽与仙女比赛建城的传说。相传关公镇守荆州，忽遇九位仙女下凡，传王母娘娘旨意，说荆州战火连连，民不聊生，欲收回置于神地，不准凡人争夺。关公因忠于其兄刘备，不让荆州，于是想出一条妙策，说，你们在西北，我在东南，各建一城，城周五千步，天黑始，鸡鸣止，谁先筑好，谁就管理这个地方。众仙女心想凡人岂能敌过神仙，便答应了。于是，一边是仙女们的漫不经心，一边是关公的大部队砍伐芦苇筑城墙。天亮之前，关公便盖好了芦苇城，而九仙女的城池差一隅。他立刻振动鸡笼芦席，使公鸡啼鸣。九仙女见势，只好羞愧躲到了天上。这些固然是杜撰，但关公为了防范东吴，在汉代的旧城旁确实筑过一座新城。

随着人事更迭，荆州古城墙还在不断扩大。从东晋至隋唐时，城墙依然是夯土垒实，但却比如今所见的规模要大得多。晋桓温所营筑，是将荆州的旧城墟与关羽所筑之城合二为一，但并不是将两者简单相连。由于两城既呈东、西错落；桓温营筑，势必要进行补缀，即史籍所谓在平面上的"增修之"，意为扩大面积；在立面上的"增修之"，则是加高培厚城垣。

古城墙建筑材质的革新，发生在五代至北宋末期。据《荆州府志》记载："后梁乾化二年（912年），（南平王）高季兴大筑重城，复建雄楚楼，望沙楼为扞蔽，执畚锸者十数万人，将校宾友皆负土相助。"如今的考古发掘进一步佐证：除荆州城南垣望江楼西侧、卸甲山西侧外，荆州城北坦俗呼新北门，在破口时，也发现了五代时期砖城垣。砖基之上有用碎砖间粘土夯筑而成的砖土混合墙，下部与砖基同宽，上部与五代土城垣同高。砌墙所用的砖，均为东汉至隋唐时期的墓砖。五代砖墙的发现，使荆州城修建砖墙的历史提前了四百多年。

但在元世祖十二年（1275年），元军攻占荆州城。次年，诏令毁城。那时，荆州城垣虽未完全被夷为平地，但却遭到严重破坏。如今，我们所见到的荆州古城墙，大抵已是明清时期的作品了。

城墙、城门与城楼

现伫立在人们眼前的雄伟砖城，为明清两代所修造。砖城逶迤挺拔、完整而又坚固，是我国府城中保存最为完好的古城垣，素有"江南完璧"之美誉。砖城厚约1米，墙内垣用土夯筑，墙体外用条石和城砖砌筑。砖城墙体用特制青砖加石灰糯米浆砌筑。特制大青砖每块重约4公斤，有的烧制有文字。文字砖的发现，恰是给我们一本关于古城墙历史的档案字书，因为这上面记载了操办城砖的官府、官员和时间。从文字砖记载的产地得知，城砖非只出自原荆州地域，产地涵盖汉江流域和长江中游地区二十多个州县。

在十多年前，那时旅游热潮还未如今天这样喧嚣热闹。城墙上荒草丛生，大树成荫，青砖被藤蔓包裹，各类昆虫忙碌往来，鸟雀飞腾嬉叫个不停，那是动植物的家园，却人迹罕至。有些上城墙的古道长年被铁门紧锁，荒草掩没了过道，显得神秘而荒凉。只有寅宾门（俗谓大东门）整修的最好。因为它是迎接朝廷来使和宾客的城门，因此，门楼壮观，瓮城最大。它也是最早作为旅游景点加以开发利用的。墙体光鲜，地砖排列整齐，还插着颜色鲜艳的彩旗。

荆州古城墙自乾隆五十四年至五十七年两次大修之后，保存有六座城门。这贯通里外的六座城门都有与这里的地理、历史和习俗联系的名称。东门名寅宾门，南为南纪门，西门称安澜门，北门为拱极门，小北门位于东北，名远安门，小东门位于东南，名公安门（这是唯一一座水门）。公安门以往没有陆路与外界相通，进出全凭舟楫。其他五座城门外，均增筑有曲城，各个曲城模样并不雷同，皆因地就势，形似半环状将主城门围定，曲城前再开一门，与主城门一起形成二重城门。曲城的建造与主城完全不同，曲城内外均为城砖垒砌，两侧都筑有城垛。城门洞和城门框均用条石、城砖砌成圆顶。二重城门各设一合木质对开门，木门内还有一道10厘米厚的闸板，既御强敌，又防水患。这样便形成了双重城门，四重门防。双重城门之间称瓮城。

说城池攻防，城门算是最薄弱的一个环节，无论外敌强攻或巧设诈术，还是内奸反叛，皆通过城门得手。而瓮城的建造则一举将薄弱环节变为易守难攻之地。战时兵马出城，须经双重验关；如来援军，可不分真伪，先放进瓮城验证。瓮城最奥妙之处是可以实施积极防御，敞开瓮城，诱敌深入，四面围攻，一举歼之。六座城门的设计，无一不精心构造，可见当年护城卫家之辛劳。但在和平年代，这双重城门和弯弯绕的道路，反而是妨碍了进出城的便利，便又新开了几处城门，没有瓮城也没有双重城门，但古城墙却是无论如何不会决断的。

提起城门，就不能不说城门上的城楼。城楼是全城最高的地方，往外可俯视一望无际的田野河池，往内能看延绵不绝的街巷民宅。在明洪武年间，这六座城楼都有属于自己的名字：东门楼为寅宾楼（后为宾阳楼），小东门楼为楚望楼，南门楼为曲江楼，西门楼为九阳楼，大北门楼为朝宗楼，小北门楼为景龙楼。现在，朝宗楼尚存、寅宾楼重建，其余门楼已毁。原有的格局是：城楼前修有垛墙，后面修有宇墙或石栏，地面城砖铺漫，砖梯分上下两重，并有马道。这六座城楼之中，朝宗楼保存得最好，曲江楼最享盛名。

除城楼之外，古城墙还设有敌楼。与城楼的张显阔绰不同，敌楼建于城防的薄弱部位，战时屯兵，平时作为庆典、娱乐和宴饮的场所。据《荆州府志》云："宋经靖康之难，雉堞圮毁，隍亦多淤塞。淳熙间，安抚使赵雄奏请筑城，始于十二年（1185年）九月，越明年七月乃成，为砖城二十一里，营敌楼战屋一千余间"，目前有史料记载的敌楼大致有雄楚楼、明月楼、仲宣楼、南楼。如今，这些点点滴滴都被作为旅游资讯的重要内容，而被重新挖掘出来。

古城墙下的日子

虽近代以来，古城墙的大格局不再发生变化，但围绕着它的生活却在渐渐发生改变。记得高中时，我住的地方和学校仅是一墙之隔，却要每天进出老南门，往返于两者之间。老南门，是我们对南门的称呼，因为后开有新南门，以作区别。在我的印象里，它是五座城门中最为繁华的一处了。无论何时经过那里，都是人车混杂，出城的与进城的挤作一团。偏偏还有喜欢热闹的小商贩，在这里扎堆做生意。算命的爷爷奶奶们沿着城墙根儿一字排开；卖鱼的老汉硬是在人群脚下支了一个小摊；平价剃头铺子，靠着里墙边儿摆开躺椅；擦鞋的女子们在瓮城里展开集团作业；时常还能见到一个中年人摆旧书摊，算是最安静的一个地摊儿了。城下的热闹，城上也不亦乐乎。成群结伴的外乡人看风景的，三三两两的学生来写生的，小年轻搞对象谈恋爱的，偶尔也有些老太来烧纸焚香的。被污染的护城河散发着浓郁水腥味儿，远处教堂的唱诵声总是按时响起。现在回想起来，环境似乎是恶劣一点，但却总是感觉很实在：擦肩而过的人，最纯正的乡音，家长里短的日子……

　　这些年，随着旅游开发，古城墙也作为重点项目加以整修。护城河水渐渐变得清澈起来；几近坍塌的墙体则被重新补正；围绕着城墙的外围，新修有一条步行街，以往做生意的小贩少了，却有周边的不少居民来散步，偶尔还有载着游人的大马车叮当而过。昔日多少显得有些荒凉阴郁的古城墙，静立于安稳的现世，再也无需神经紧张时时戒备；伴随着花坛和植被的铺设，古城墙更像是一座亲民的环城大公园。

　　然而遗憾的是，荆州的古城墙始终没有成为引人瞩目的旅游热点，也许是它的山水城池无法满足游客的猎奇心，也许是它的文化古韵跟不上社会浮华的快节奏。城墙失去了原有的军事意义，要赋予其新的价值，多少显得有些艰难。但无论如何，只要它存在着，便会给荆州人无限的安全感。这或许就是城墙之所以存在的本意吧。

旅顺口：风云变幻六十年

文／王残阳（二○一六年○三期）

旅顺口，这个位于辽东半岛最南端的军事重镇，是中国近代史上侵略者觊觎的"肥肉"，也是近代中国积贫积弱、屡遭欺凌的缩影。这里曾被日军屠城，先后驻扎过俄国、日本的军队，五百多平方公里的陆域上留下了众多的战争遗迹和历史遗址。

南子弹库——晚清奋起图强的决心

从旅顺口黄金山浴场出发，很快就来到了南子弹库遗址，很多来此游玩的旅客，饶有兴致地在"旅顺口清代南子弹库"石碑、威武的古炮、哨所里"站岗"的假人等景点拍照留念。远远看去，子弹库只是一栋不大的普通庭院，掩藏在茂盛的树林之中，并不显眼，刻在牌匾上的"南子弹库"四个字已经有些模糊，两边墙面上还镶有"虎踞""龙盘"刻石。但是穿过圆形的拱门，走进库房深处，就会有豁然开朗、别有洞天的感受。这是一个半地穴式洞库，东西长55米，南北宽23米，高6米，内有通道、暗道和支道，可以通往岸边各炮台，还可前往隐藏于海岸边的地下观察哨，士兵透过哨眼即可看到海面很远的距离，设计十分巧妙。这所保存完好的弹药库，目前陈设着铸铁古炮和中、俄各个历史时期不同型号的火炮及炮弹。

南子弹库，是洋务运动时期李鸿章全力兴建北洋海军的时代遗迹之一。旅顺口与威海卫隔海相望，扼守着渤海湾口，是拱卫京畿的海上门户。从地形上看，旅顺口军港三面环山，黄金山、老虎尾半岛、老铁山形成了天然屏障，仅有一个出海口，如同雄狮张开血盆大口、吞噬一切敢于来犯之敌，这也是"旅顺口"原名"狮子口"的缘故；从气候上看，旅顺口温度适宜，即使寒冬也不冻不淤，是世界上著名的不冻港之一。李鸿章在勘察北洋海军基地建设选址时，曾率众人亲赴旅顺口，现场考察了地形地貌后十分欣喜，认为旅顺口居北洋要隘、京畿门户，为奉直两省海防之关键，"盖咽喉要地，势在必争"。于是，从1881年开始，清政府投入大量资金，建设旅顺口军港、弹药库、炮台等军事设施，逐步将这里变成军事要塞。

旅顺口军港历时10年建成，累计消耗白银139.35万两。工程前期建设由旅顺口工程局总办袁保龄负责，另聘任少数外国技术专家，其余参与人员

旅顺清代南子弹库旧址

均为中国人。袁保龄在建设军港中的表现得到了李鸿章的高度认可，他举荐的侄子袁世凯也被李鸿章重用，为其日后平步青云奠定了重要基础。1886年，长期勤奋敬业的袁保龄积劳成疾，改由津海关道周馥接替主持军港建设。由于面临的技术难题越来越多，港口后期建设交由法国制造公司承包。1890年11月10日，旅顺口军港正式交付北洋海军使用，建成的设施包括船坞、防波堤、库房、停舰码头、铁路等。这是晚清时期我国兴建的一座近代化军港，被誉为"远东第一军港"。从此，北洋海军的军舰损坏后，不必再借助其他地方的船坞，而是可以就近在旅顺口修理，大大节省了维修成本，也提高了作战能力。

考虑到"非炮台蚊船不能立足"，与旅顺口军港建设同步提上议事日程的，还有海防和陆防炮台的兴建，以此护卫军港安全。在军港周边9公里的海防线上，六千多名劳工日夜辛劳，先后建成了黄金山、老虎尾、摸珠礁、城头山等14座炮台，架设着德国克虏伯公司生产的百余门240毫米口径重型海岸炮，这是当时世界上口径最大、射程最远的火炮之一，黝黑的炮管日夜对准浩瀚的海面，防范海上来敌。在军港北部的陆路防线上，修筑有大坡山、小坡山、椅子山等十余个炮台，架设各类火炮53门，构成了拱卫军港后路的半月形防线，防止敌人从陆地上发起进攻。

为存储舰艇和炮台弹药，北洋海军在旅顺口共修建了四座弹药库。其一是军械总库——武库，位于白玉山东北侧山脚下的平坦处，里面存放有定远、镇远舰使用的炮弹272发，枪炮数十支，还有引信等器材。由于甲午战争结束太快，加之北洋海军为保存实力，出海作战的舰艇并未带足弹药，导致武库内大部分弹药还未消耗就被日军占为己有，就连刻有李鸿章手书"武库"的石头也被日本挖下，现存放于东京的博物馆。其二为舰炮弹药库——西子弹库，位于白玉山西侧，用青砖、石块砌墙，共有库房14间，主要存放舰炮使用的炮弹和引信。其三为海岸炮台弹药库，即前文提及的南子弹库，可库存弹药14种，火药、弹头分库存放，共计1200吨。其四为陆防炮台弹药库——东子弹库，位于旅顺口东部的老头山，里面存放的炮弹头、炸药、拉火等器材，大部分是天津机器局制造的。

在李鸿章苦心经营之下，旅顺口军港"糜巨金数千万，船坞、炮台、军储冠北洋"，被誉为"固若金汤、万无一失""亚洲第一要塞""远东的直布罗陀"。然而，这强壮终究是虚张声势、徒有其表的，在中日甲午战争中，被日军的刺刀一下子挑破了华丽的外衣，露出了满是脓疮的内里。

万忠墓纪念馆——惨绝人寰的屠城

1894年，在旅顺口发生了日军屠城的惨案，这也是中国近代历史上首个外敌入侵制造的大惨案。由于日本长期以来的封锁、造谣和诡辩，在很长一段时间内，这件惨案的真相都被遮蔽了。

走进位于白玉山东麓的万忠墓纪念馆，顿时感觉气氛萧杀悲凉。汉白玉制成的"万忠墓"墓碑，无言诉说着中华民族曾经遭受的屈辱。展馆内陈列的北洋海军战舰主炮、舷窗、罗盘、炮弹壳等遗物，以及一座座雕塑、一幅幅图片、一件件实物，把参观者一步步带回1894年的历史现场。

1894年，中日甲午战争爆发后，战场从朝鲜、黄海一步步向陆地延伸。10月24日晨，日军第二军从花园口（今大连市庄河市明阳镇花园口村）登陆。在长达14天的时间里，日军2.4万名兵力、2740匹战马以及大批军用物资陆续踏上辽东半岛，竟然没有遭遇到任何抵抗。

此时，旅顺口城内驻军，加之金州、大连湾溃逃的残部，合计有近1.5万人，占据着险要的地形，拥有着坚固的炮台和威猛的重炮，应该说具备一定的防卫能力。但驻守旅顺口的部队共有8位统领，各自互不隶属，而且兵员以未受训练的新兵为主，在日军逐步形成包围圈、旅顺口成为孤岛的情况下，已经出现人心浮动的局面。

11月18日，在旅顺口北部约10公里的交通要道土城子，清军与日军发生了激战。在正定镇总兵徐邦道等将领的指挥下，清军成功设伏，合计打死打伤日军46人，取得了自甲午战争爆发以来的第一次胜利。

11月21日，日军发动对旅顺口的总攻。上午，日军相继攻陷旅顺口陆路西线的椅子山、案子山等炮台，到中午已全面占领旅顺口陆路炮台，断了清军的后路。

21日下午，日军占领黄金山炮台后，其余炮台的官兵"均骇而奔"，使得日军轻而易举地占据了这些海防炮台。在摸珠礁炮台，日军因时间仓促未携带日本国旗，竟斩杀清军士兵，用鲜血现场做了一面日本国旗，悬挂在炮台上。

就这样，李鸿章苦心经营十多年的旅顺口军港要塞，竟然在一日之内即宣告全部陷落。

从11月21日开始，日军兽性大发，在旅顺口展开了4天3夜的野蛮屠杀，累计有2万人死于日军的屠刀之下。日本人井上晴树撰写的《旅顺口虐杀事件》，亲历屠杀的英国海员艾伦撰写的《龙旗翻卷之下》等书，向世人讲述了屠杀时的惨状：日本兵追逐逃难的百姓，用枪杆和刺刀对付所有的人，对跌倒的人更是凶猛地乱刺；日军用刺刀穿透妇女的胸膛，将不满两岁的幼儿串起来，让人观看；日军还对妇女进行了灭绝人性的奸淫，许多妇女被施暴后又遭杀害……一时间，旅顺口的大街小巷，到处都是残肢断臂，其惨状让人不敢直视。

为了毁灭屠杀证据，日军将尸体进行集中焚烧。焦黑的浓烟遮天蔽日，尸体被焚烧的恶臭味经久不散。后来，骨灰被装进了几口大棺材，葬于白玉山东麓。日军为遮人耳目，在此立碑为"清军将士战亡之所"。整个旅顺口，最后仅有负责处理尸体的36人得以幸免于难。

日本为掩盖屠杀罪行，对随军记者的采访报道活动进行了严格的新闻管制。然而，毕竟纸包不住火，发生在旅顺口的暴行，陆续被《泰晤士报》《标准报》《世界报》等国际媒体详细披露，引起各国舆论一片哗然。对此，日军以土城子之战中，己方阵亡士兵的尸体遭受清军凌辱为由予以搪塞。

1894年11月下旬，日军第二军在旅顺口设立军事殖民机构军政厅，军港由日本海军联合舰队管理。12月13日，日军第二军发布《旅顺口行政区管理规则》，规定旅顺口的管辖区域为后革镇堡、泡子崖、沙家子、杨树沟以西地区，以日本货币为通货本位，给"良民"发放通行证。自此开始，日军在旅顺口开始了长达一年时间的殖民统治。

西炮台——清政府可耻的"局外中立"

登上位于旅顺口西南方向、海拔197米的西炮台，眼前是当年俄国精心构筑、规模庞大的阵地，6门150毫米加农炮和2门57毫米速射炮的炮身满是铁锈，炮口剑指前方海面，衬托出紧张的氛围。登上设于山顶的观景台，一旁赫然矗立着一座紧握的拳头雕塑，上面偾张的血管清晰可见，寓意着这里是海防铁拳。登台远眺，整个旅顺口的美丽景色尽收眼底。

1895年，中日签订《马关条约》，约定清政府赔偿二亿两白银，割让辽东半岛、台湾岛及其附属岛屿、澎湖列岛给日本。俄国、德国、法国三国为了自身利益，以提供"友善劝告"为借口，迫使日本将辽东半岛归还给中国，中国以三千万两白银"赎回"辽东半岛。当年11月，清政府开始与日军交接金州、旅顺口等地区。至12月21日，旅顺口接收工作全部完成。

然而，仅仅两年之后，在西方列强掀起的新一轮瓜分中国的"竞赛"之中，旅顺口就落入到俄国的血盆大口之中。1897年11月14日，德国以传教士被杀为借口强占了山东胶州湾。俄国不甘落后，打着"保护中国"的幌子，于1897年12月15日强行驶入旅顺口军港。此后，俄国为稳固其在旅顺口的利益，与西方列强展开了一系列的明争暗斗和私相授受，并持续给清政府施加压力。1898年3月27日，中俄在北京签订《中俄旅大租地条约》，旅顺口、大连湾、辽东半岛陆地及其附近海面正式租给了俄国，租期25年。条约签订仅一天后，3月28日，俄国即全面接管旅顺口的炮台工事，军舰和岸上炮台一起鸣炮，庆贺胜利的到来。

俄国占据旅顺口后，大张旗鼓地进行军事基地建设，大肆扩充驻军力量。1899年，俄国政府通过了旅顺口防御工程计划十年预算，列编经费892万卢布，计划修建各式炮台54座、堡垒14座，安装各式大炮542门。1903年，中东铁路的哈尔滨到旅顺口的支线竣工后，俄国把建设重点投入到港口、船坞、军用道路和其他建筑物之上，一步步把旅顺口改造成铜墙铁壁、坚不可摧的军事要塞。工程建设动用了6万名劳工，工程量相当于俄国内最大军事要塞的6倍。西炮台，正是这一时期留下的产物。

对于日本来说，被迫吐出辽东半岛这块"肥肉"，一直被他们视为莫大的耻辱。而俄国不断扩充在东北的军事存在、攫取大量军事政治经济利益，也让日本感受到巨大的威胁，日俄之间为侵略中国而产生的矛盾越发尖锐。

1904年2月8日，日本联合舰队司令官东乡平八郎海军大将，指挥舰队发动了对驻扎旅顺口军港的俄军太平洋分舰队的偷袭，重伤其3艘军舰，由此初步取得了制海权。此时，俄军舰队的高级军官正在聚会，庆祝舰队司令夫人的生日，他们被忽如其来的爆炸声弄得莫名其妙，询问下属却得到了举行实弹演习的答复，于是大家继续花天酒地，直到第二天黎明看到军舰残骸，这才如梦初醒。面对咄咄逼人的日军，俄军为保存实力，采取了较为保守的作战方案，军舰绝大部分时间龟缩在军港内，主要依靠布设水雷来保障自身安全。

2月9日，俄罗斯沙皇下诏宣战；2月10日，日本明治天皇睦仁同样下诏宣战，日俄战争就此在中国辽东半岛爆发。此时，出现了一个奇怪的局面：作为这片战场的主人，清政府居然于2月12日无耻宣布"局外中立"，给日俄双方划定作战地区，并要求东北地方长官对人民群众"加意严防""切实弹压"。原因无他，日俄两方都是清政府惹不起的野心狼，为避免押错宝带来大麻烦，干脆采取"鸵鸟政策"，双方都不得罪。

日俄战争持续了1年零7个月时间之久，双方作战最激烈、伤亡最惨重的一个重要地区，就是旅顺口要塞。1904年2月至5月，日本试图3次发动商船堵塞旅顺口军港的出海口，但是在海防炮台的猛烈袭击下，只是堵塞了部分航道，但也造成了俄军大型船只较难出入军港。与此同时，日本也从陆路登陆，完成了对旅顺口的立体包围。继一系列外围作战之后，8月7日，日军发动了对旅顺口大孤山、小孤山的进攻，在4天的激战之后，这两个据点落入日军之手。8月10日，俄罗斯太平洋分舰队试图发动突围，但是遭到了日军的打击而基本失去战斗力。8月19日，日军发动了对旅顺口的第一次总攻，平均向每个堡垒发射60～70吨的炮弹，然而在经过6个昼夜作战、死伤1.86万人之后，日军只取得了有限的战果。此后，日俄双方进行了一个月时间的休整，双方不断加固阵地，调集人员，准备弹药，迎接接下来的恶战。

9月19日至22日，日军发动了对旅顺口的第二次总攻，只占领了3个阵地，最重要的203高地依然在俄军手中。10月26日至31日，日军发动了第三次总攻，在损失1.45万人之后，依然收获不大。此时，由俄罗斯波罗的海舰队与黑海舰队组成的太平洋第二分舰队，正在驶近远东地区，意图解除旅顺口的围困，这让日本当局焦虑万分。在进一步调兵遣将之后，11月26日，日本发动了对旅顺口的第四次总攻，主要目标是可以俯览整个军港的203高地。在堪称"绞肉机"的激烈作战中，两军展开了7次争夺，双方战士的尸体堆积了四五层，把工事都填满了，血水染红了水域。日军于12月6日凌晨攻占203高地。

占领203高地后，战争的天平开始向日军倾斜。他们利用这里可以俯瞰整个旅顺口的优势，迅速建立起了炮兵观察哨，指挥重炮精确地射向俄军的堡垒。日俄双方的拉锯战一直持续到1903年1月2日，历时329天的旅顺口攻防战，以俄军的投降而告终。据俄国统计，日军累计伤亡11万人，15艘战舰被击沉，16艘战舰重伤；俄军则伤亡近2万人，3.2万人被俘虏，俄军太平洋分舰队几乎全军覆没。列宁评价说，"旅顺口的投降是沙皇制度投降的前奏。"

走到旅顺口水师营会见所旧址，看到这是一所普通的辽东农村院落，外面是石头垒成的院墙，房屋的地面还是泥地，简陋的屋顶上长出了几株野草。这所普通的民居，见证了当年俄军投降。1903年1月2日中午，旅顺口俄守军将领斯特塞尔，与日军将领乃木希典在这里共进午餐，随后签署降书。

一座王府——日据40年的遗迹

日据旅顺口40年间，大量扶持前清遗老和汉奸走狗，为他们侵略东北服务。走进旅顺口新华大街9号，这栋红色外墙的俄式风格2层小楼，已经有一百多年历史。虽然看起来并不怎么起眼，但是它却是一座王府，曾经的主人都是近代史上赫赫有名的人物。

1912年，末代皇帝溥仪发布退位诏书，要求诸位亲王在上面签字，只有第十代肃亲王善耆没有签字，而是躲到了旅顺口，在日本人设立的亲王府内做起满清复国的美梦。在日本军人的大力支持下，他变卖家产，积极招兵买马、购置武器，两次策动"满蒙独立运动"，但均告失败。1922年，善耆郁郁而终，终年57岁。他的葬礼十分隆重，数十人追随者把他的棺木从旅顺口一路抬到了大连，然后运回北京落葬。

王府的第二个有名的主人是川岛芳子，她本是善耆的女儿，却为了肃亲王的"理想"，自小被送到了日本，成为川岛速浪的义女。1922年，在父亲重病期间，川岛芳子回到旅顺口，并于1927年在这所王府内嫁给了一位蒙古王爷的后代。然而，在发现丈夫并没有能力帮助她的"事业"后，她很快就摆脱了这段婚姻。后来，川岛芳子在"皇姑屯事件""九一八事变"中发挥了重要作用，是恶贯满盈的间谍头目。

在川岛芳子的穿针引线下，1931年，末代皇帝溥仪和皇后婉容在这里度过了几个月的团聚时光，这所王府一度成为了他们的"行宫"。在这里，溥仪还穿着龙袍过了一个生日，接受前朝遗老的跪拜，然后在楼前合影留念。但日本人很快就得知消息，前来没收了底片，训斥他们不得冲洗照片。这充分说明了，这些日本人豢养的寄生虫的真实身份地位。

胜利塔——苏联的印记

大连旅顺胜利塔建于1955年

还未走近旅顺口胜利塔，远远地就能看到那醒目的金色塔尖，以及稻穗环绕着的五角金星。这座塔的底座使用青灰色的花岗岩砌成，基座是一个五角形的环廊，上面镶嵌着一块铜板，用俄文和中文两种语言，记录了苏联红军解放中国东北的事。这座纪念碑建成于1955年，是苏联军队从旅顺口撤走前兴建的。

1945年2月，美英苏三国签署的《雅尔塔协议》中专门论述了旅（顺）大（连）的地位问题，作为苏联出兵中国东北、消灭关东军的一个重要条件。协议规定："大连商港须国际化，苏联在该港的优越权益须予保证，苏联之租用旅顺口港为海军基地也须予恢复。"1945年8月9日凌晨，苏联150万大军从三个方向同时向关东军发起猛攻。8月14日，国民党政府和苏联签署相关文件，确认了《雅尔塔协议》相关内容，明确苏联使用旅顺口军港30年时间。8月22日，苏军占领旅大地区，解除日军武装。

中华人民共和国成立以后，1954年10月，中苏正式发表公报，明确于1955年5月31日前，苏联军队撤出旅顺口。5月26日，最后一批苏军撤离旅顺口。

从1955年开始，旅顺口一直是人民海军的重要基地，知名的军旅歌曲《军港之夜》正是以这座军港为原型创作出来的。由于其重要的战略地位，直到1996年，旅顺口北部区域才对外开放。2009年11月21日，国务院、中央军委批准旅顺口全面对外开放。历经百年沧桑的这个渤海门户，自此踏上了崭新的发展历程，迎来了一个新的时代。

参考资料

周爱民：《旅顺口北洋水师弹药库考》

杨忠义：《苏联专家与中国海军航空兵》

董志正、田久川、关捷：《日俄战争始末》

〔日〕井上晴树：《旅顺大屠杀》

关捷、郭铁桩、王维远等：《旅顺大屠杀研究》

王家俭：《洋员与北洋海防建设》

何明、罗锋：《中苏关系重大事件述实》

杨祖荣、牛辉、王兴伟：《旅顺口：耻痛激发澎湃的力量》

暖泉的古堡生活

文/马永春（二〇〇八年〇三期）

　　这是一个长城沿线典型的军事城堡群，坚实的堡墙和高大的堡门告诉你这里曾是杀声震天的古代战场，这里的人们总是在战争中首当其冲。但只有遭受了苦难才更珍惜生活的美好，才会安享和平的乐趣。

　　中国的辽阔国土上有一条非常著名的地理分界线——400毫米等降水量线，它分开了中国的干旱区和湿润区。正是由于这种降水量的区别，两种截然不同的生产方式产生了：畜牧与农耕。在中国古代历史上，这条分界线以北的游牧民族由于生产力的不稳定和军事力量的强大，曾经屡屡南下侵扰分界线以南的中原农耕民族，掠夺财富和人口，中原王朝则不断进行反击。

　　这种掠夺与反掠夺几乎贯穿了中国整个封建社会史。中原王朝出于安全考虑，不断在这条等降水量线附近修建防御工事。假如坐飞机在这一带的上空兜一圈，你一定会看到大地被分成一条条、一格格的，条条的是历代修建的长城，方格的则是城堡，都是防御工事。

在北京正西200公里处的一个小盆地中，这种方格显得异常密集，相传这里有"八百庄堡"，"逢村便是堡"。这个1000多平方公里的小盆地叫壶流河盆地，位于河北省蔚县境内。据蔚县1985年进行的文物普查数据，当时县域内保存的古堡近300座。由于自然和人为破坏，目前这一数量已经减少到150座左右。

至于这些古堡的修建时间，正史中并未明确记载，蔚县文物部门的说法是明代。蔚县明代时称蔚州，从《蔚州志》《宣化府志》等地方志中屡屡出现的"民堡土筑"等字眼中推测，明代一说站得住脚。

在这数量众多的古堡中，蔚县暖泉镇的西古堡可算首屈一指，它也是目前少数被保护的古堡之一。在暖泉市镇的弹丸之地上，依次排开三座古堡。数百年来，暖泉的人民便是在这三座古堡内外繁衍生息。这些古堡是当年边地人民与强敌作战的产物，它凝聚的是鲜血和杀气。但是当你今日走进这古堡之中，感受到的却分明是安闲与自在，宁静的古堡中人们慢慢地去担水，慢慢地去逛街，或是干脆在堡门口坐下享受阳光，强悍的城堡只是安闲生活的一个反衬。

河北蔚县暖泉镇西古堡

暖泉三堡

明代北京西北方用于抵御蒙古侵扰的长城有内外两层，紫荆、倒马是都是内长城关隘，蔚州位于二关之西北，是二关的屏障。在明代，如果说京师之安危系于紫荆、倒马二关，那么紫荆、倒马二关之安危系于蔚州，而蔚州之安危则与暖泉古镇紧密相连。

蔚县的地形分为南、中、北三部分，南部和北部都是山区，是山西恒山向西延伸的余脉，中部是由壶流河冲积成的盆地，两条山脉在盆地西部逐渐合拢成一道狭隘的山口，暖泉古镇就坐落在这个山口上，从这个山口向西就是雁北高原，游牧民族的无数次侵扰都是最先由雁北开始的。而蒙古骑兵一旦从暖泉这个山口突破，就会一举通过壶流河盆地进击紫荆关。

暖泉有"三堡六巷十八庄"之称，三堡指的是西古堡、中小堡和北官堡，三个堡互成犄角之势，西古堡在西南，中小堡在西古堡之东，北官堡则在另两堡东北，一旦战事爆发，三堡可互相支援、配合作战。三堡构成了古镇的骨架，而它们也正建筑在从雁北通往壶流河盆地乃至华北平原的古道之上。可见，这些古堡的建设完全是为军事之用。

三堡中西古堡与北官堡规模较大，均呈200多米的正方形，堡内有居民200户左右。中小堡规模较小，呈一南北长约150米、东西宽约50米的矩形，堡内居民不到100户。

当地人普遍的看法是，北官堡在三堡中建成年代最早。目前北官堡的堡墙已经损毁不少，东西两侧均损毁大半，只有东北角保存较完整，从这里可以看到，堡墙的宽度有二三米。其堡门在"文革"中遭到过破坏，幸主体未遭毁坏，后重修补过，但效果并不好。北官堡只有这一个堡门，位于堡南，高10米左右，宽12米左右。小小的堡有这样厚实的城墙和高大的堡门，也能反映出当时军事斗争的残酷。这个堡门最吸引人的是其上的歇山顶城楼，歇山顶中国建筑屋顶的一种形式，在等级森严的中国古代社会，该形式仅次于建造皇家建筑的庑殿顶，可见该堡的规格比较高。确实，从其名字中可知该堡为政府所管的官堡，以区别于民堡。

西古堡和中小堡都是民堡。中小堡规模较小，其内也无引人注目的建筑和工程等，目前该堡堡墙损毁很严重，大半已荡然无存，只留一较小的堡门

河北蔚县暖泉镇西古堡

比较完整。而西古堡除东堡墙损坏外，基本主体结构较完整。

西古堡可以说是蔚县境内最有代表性的古堡，其集"古城堡、古寺庙、古戏楼、古民居"为一体。城堡的堡墙和堡门比起北官堡来毫不逊色。该堡有南北两门，两门外各有一个瓮城，体现出对该堡的军事防御功能。但军事斗争的残酷不代表人民生活只围绕军事而转，南瓮城小小一块地方集中了地藏寺、戏楼、马神庙、三义庙、观音店、广慈庵，北瓮城原有九天阁、钟鼓楼、真武庙（均在"文革"中遭到了破坏）。另外，堡内有大量的古民居。2006年，西古堡正式成为全国文物保护单位。

古堡生活

自明朝以将，暖泉人民便生活在这古堡内外，从基本的吃住到繁荣的商贸、祭祀等活动，无一不与这古堡相联系。上文说过，军事斗争的残酷并不代表人民生活只围绕军事而转，人民总是寻求着自己的世俗和精神生活，一旦战事停止，人们就会安闲的享受和平。从清朝开始，蔚县和附近地区已经不再是边境，而是内地，地域角色的变化使得这里的人民越来越注重自己的生活。

暖泉古人对住房非常讲究，三个堡内满是四合院和套院，院内正房、偏房均为砖木结构。房屋青砖坚实平整、勾缝细腻，屋顶拱圆、青瓦密合，整座房屋坚实如一座堡垒。格窗全为木制，以油料彩绘，不少屋顶栋梁还绘有精致的图案。院内以条石做台阶，以青砖铺地，那些断裂的青砖和条石上深深的印痕显示着这院落经历过不知多少代人。即使在一些被废弃的房子中，你仍能看到油绘的栋梁依然有亮泽，可见古房先人的用心。

三堡中的民居以西古堡最为有名，据当地文物部门资料显示，堡内有传统民居180所，其中"九连环"套院3所，四合院49所，有观赏价值的民房246间。这其中，属董家的东西两所四进院落和张家的"九连环"套院最为有名。所谓"九连环"就是由9个相对独立的小院落互相连接组成一个大院落，形如九宫格。

不过，目前这些多进院和套院均被分拆开，成为独户，分开的小院落由原大家族中的小家庭和外人分别居住。如董家的东院落只有第一和第二进小院通过东西耳房相通，第三和第四进则另开院门。院中的许多小家庭并不知道这房子的历史，更不清楚由谁人所建。

堡内是住人的，堡外的街道则布满了作坊和小店铺，人们的日用生活品多由这里购得。暖泉的商业区呈一个西窄东宽的三角形，在古代从西边的雁北高原下来，便走到了西古堡北瓮城外的古道上，从这里沿路向东走就会遇到一个岔路口，分开的两条路一条叫上街，它向东延伸，另一条叫下街，它向东北延伸，两条路最后都延伸到一条叫"大街"的路上，"大街"基本由北向南延伸。这个三角形则构成了暖泉古镇的主要商业区。

走在上街和下街上，你会看到古道旁的店铺一家挨着一家，油坊、豆腐坊、小卖店……这些店铺都置身于老房子中，有的老房子已经显出疲态，有的则依然坚如磐石。走在这样的街道上，时间仿佛回溯了几百年。上街和下街的尽头是"大街"，"大街"其实不只是一条街，它的旁边还有一个广场，这个广场是目前整个暖泉市镇的中心。每到集市，"大街"两旁和广场上就摆满了小摊，附近的居民蜂拥到这里，来挑选便宜的和少见的货物。

说到这个广场，就不能不提暖泉的小吃。广场上摆的小摊主要是小吃摊，这里有极具地方特色的粉坨、豆腐干、辣椒油、烂大豆、烂豌豆等等。暖泉人乃至蔚县人都无不对这些食品着迷，广场上的小摊旁，一群群人坐在小凳子上，头碰头的低头吸溜着碗里的粉坨，大口嚼着豆腐干。

蔚县的粉陀有豆面粉、土豆粉等，这里的粉与别处不同，用豆面或土豆面加水在火上熬熟，然后盛在碗里或盆里，待其自然冷却后便凝结成坨，用刀划成条状加汤水就可以吃了。汤水是用冷水制成的，水里加醋、酱油、盐、花椒水、辣椒油等，辣椒油是最重要的。辣椒油的制作简直成了工艺，将油倒锅里加热，待到一定程度迅速加入辣椒粉。加热油和放辣椒粉的时机把握非常重要，这直接关系到辣椒油质量的好坏。好的辣椒油颜色通红，油体纯净无杂质，入口是香醇的干辣。

在全蔚县，最好的粉坨和辣椒油都出在暖泉，所以县城乃至各大镇的粉坨摊前多打的是"暖泉粉坨"的招牌。最好的豆腐干、烂大豆、烂豌豆也同样出在暖泉。

每当夜幕刚刚降临，暖泉古堡内外的大街小巷上便会穿来悠长的叫卖声，"豆腐干子嘹——""烂大豆烂豌豆——"，这时孩童们便会央求了大人买，大人们则板起面孔说道，"天天都要吃？"，手却伸进衣兜找零钱。孩子自然吃大半，大人们也会吃一点，放进嘴里细细的尝了然后发表评论，无非是张家的好吃李家的不好吃，但即使是天天评论，也毫不感到厌烦。

对暖泉人来说，吃是一大主题，喝也是一大主题。暖泉地处贫水区，开凿深井打上来的也往往是苦水，不能饮用，只能洗衣喂牲畜，但暖泉人从来不缺水喝，原因就是这里有两眼温泉，泉水甘甜醇美，在暖泉通自来水之前，这是暖泉人主要的饮水来源，直到现在依然有不少人家依赖该泉。暖泉之所以得名，就是因为有这温泉。

其中的一眼温泉在"大街"的西侧，这里有一县级文物保护单位——王敏书院，传说这书院为一元代名叫王敏的工部尚书所建。书院中有一水池叫"逢源池"，温泉便由这水池底部冒出，水池由围墙所挡，以彻底根除污染。书院中还有一魁星楼，俗称凉亭。据说古代读书人考试前都要到这里祭拜，以求一跃龙门。凉亭名副其实，六月夏天进入其中，立刻会感到沁人心脾的凉快。亭子有三层，第一层为砖石建筑，第二三层为木构建筑。

逢源池的水分三股外流，一股向东流向北关堡，一股向西暗流100多米后冒出地面——这个水眼叫西龙口，不少人家依然依赖此水，这甚至发展出一个职业——有人专门为别家送水取得收入，取水点就在西龙口。以前在王敏书院以东还有东龙口，目前已被堵住成为地下暗河。还有一股通过凉亭地下流到一个八角形的井里，再通过八角井向外流，这一景观被称为"水过凉亭八角井"。

温泉除供人饮用还承担了灌溉的任务，暖泉市镇外围的大量田地因有一泉水而旱涝保收。这样，饮用、灌溉乃至在其源头修建魁星楼，都说明了一眼泉水完全融入人民的生产生活当中，乃至产生了传说故事。

故事是这么讲的：相传这里有一个神奇的水源，这里的人们便赖此生活。一天夜里，缺水的南蛮子悄悄的将水源偷走，却不小心惊动了当地人，人们纷纷追打南蛮子。南蛮子跑得很快，最终摆脱追打盗得水源，于是南方现在有丰富的水。而南蛮子在逃跑过程中不小心将水源洒出一滴，这一滴落地后立刻变成一个汩汩的泉眼，便是书院中的这一眼。

暖泉人民在意识领域的生活不止有这样的传说故事，从现存的一些建筑遗迹看，这里的宗教和民间信仰是很丰富的。

这些遗迹主要集中在两个地方。一个是西古堡的两个瓮城，如上文所讲，两块巴掌大的地方上集中了数个祭祀场所，既有属于民间信仰的地藏寺、马神庙等，又有受政府推崇的真武庙，还有佛教的广慈庵。到如今，几乎再没人来这里祭拜菩萨、大帝，但一些佛门俗家弟子还是天天在这里念经。在地藏寺院落的偏房内，每天傍晚都有几个佛门俗家弟子朗诵经文。

另一个建筑遗迹集中地是商业三角地，王敏书院的魁星楼自然是一个，上街下街交界处的关帝庙、"大街"附近的奶奶庙和财神庙、被拆掉的龙王庙等等都是人们的精神寄托处。

信仰属于意识领域，但中国人的信仰又具有很强的功利性，给哪个神建庙就要向哪个神索取，需要索取的方面多，建的庙宇就多。反过来也可以说，庙宇越多说明当地人对自己生活的考虑很多。暖泉的情况也是这样，暖泉的祭祀场所基本在清朝修建，长期的军事对峙已经结束，和平环境下的人们便开始经营起自己的日常生活来，他们期望着神的庇护会给他们带来更好的生活。

2005年，由建设部和国家文物局公布的第二批中国历史文化名镇中，暖泉名列榜首，这得益于其典型的古建筑和质朴的古风。

和平年代的暖泉，它的每一天都在安闲中开场谢幕，人们似乎并不急于去干大事业，而是满足于自在之中安享生活。如火如荼的现代化似乎只存在于外面的世界，而这里的人却习惯住在堡垒似的古屋里，喜欢喝西龙口吐出的泉水，上街吸溜一碗盛满辣椒油的粉坨，天黑了就买一纸包烂大豆，一边吃一边给孩子讲那从前的故事。

这是一个长城沿线典型的军事城堡群，坚实的堡墙和高大的堡门告诉你这里曾是杀声震天的古代战场，这里的人民总是在战争中首当其冲。但只有遭受了苦难才更珍惜生活的美好，才会安享和平的乐趣。

青岛：三座建筑
和一部城市殖民史

文／李明（二〇〇八年十七期）

常州路25号欧人监狱、德县路2号法院、湖北路29号警察局，仅仅是青岛殖民史和城市开拓史上可以作为标志记忆的文化遗存的一部分。100年中间，它们见证了"种族隔离"，也见证了这种隔离的最终消亡。与此同时，它也为新的公平和公正的城市文明，奠定了基础。在不停止的文化冲突和调和中，城市成长了起来。

一部青岛殖民史，其实同时也是一部青岛城市化开拓史，一部现代司法文明的孕育、冲突和裂变史。在整个中国近代城市成长史中，非典型的青岛城市化进程，以一种设计特征明显的秩序轨迹，给20世纪此起彼伏的城市经验，增添了许多独特的新鲜内容。在这其中，自然包括了制度、规范、标准、法律的建立，和始终没有停止的适应、调整、修正。走在青岛的大街上，看着阳光下面正在老去的法院、警局、监狱建筑，仿佛可以听闻世纪边缘影影绰绰的法制步伐。100年里，这些脚步声，传出很远，很远。

常州路25号：欧人监狱

在青岛，如果要找一个和德国人的殖民统治联系最密切的建筑，常州路25号的欧人监狱无疑合适。这间专门羁押欧洲犯人的监狱，是德国管理当局在青岛建造的司法建筑物中最早完成的一栋。

这座监狱"在实施惩罚的过程中"，连"种族隔离也被想到了"。与它连带的司法系统，曾经引起了孙中山的注意。作为中国人事务专员，在青岛开发过程中发挥有重要作用的单维廉曾经强调，殖民地中的所有设施，警察局和监狱、植树造林和地面绿化、学校、铁路及其附设工厂、造船厂和船坞，都应具有树立模范和榜样的考虑。因为整个殖民地的设施，到处都充斥着对中国人施加积极影响的思想。而后来，孙中山关注青岛的核心，也恰恰在这里。

从可以搜集到的史料上看，欧人监狱建成的时间，要明显早于青岛的帝国法院以及警察公署和地方法庭。在它建成后的好多年里，它的所有者帝国法院，一直在附近的原清军总兵衙门临时办公。它如同一个最容易检索的标

青岛德国监狱旧址博物馆

志，构成了一个不断调整的殖民地司法系统中间的重要环节。

判断监狱大楼建成的时间，并不困难。1900年11月19日出版的《伦敦和中国电讯增刊》，在一篇很长的介绍青岛的报道中，提到了监狱大楼的建筑情形。该报记者8月份从采访地发出的目击消息说，青岛已建起了一座新的壮观的监狱。从上面的记载可以断定，监狱大楼的出现，应该在1900年8月之前。而更清晰地进入记录的，则是这个大楼执行使命的时间。1900年11月1日，欧洲人监狱开始投入使用。

天后宫东侧的监狱建设时，已被命名为威廉皇帝海岸的今太平路一带尚未进入大规模的开发，管理当局仅在原清军首领章高元的总兵衙门后，建起了一个临时性的邮政代理处，以便于数百名占领军士兵和最早到来的一批商人们的通信。实质上，后来成为欧人区行政边缘区域的青岛山涧河入海口附近，原为华人集中区，围绕总兵衙门已形成小规模的市镇中心，但随着欧人监狱的建成，这一传统格局被改变了。

建筑风格的融合

不论是和始建于1879年的汉堡郊区重刑犯监狱，还是和后来的德国青岛帝国法院以及警察公署和地方法庭大楼进行比较，欧人监狱都不是一座大规模建筑。两层的监狱大楼设计时目的明确。匆忙完成的建筑用砖砌外墙，仅在主体的边角和窗户的顶端赋予简单的装饰，以免得使整个建筑显得过于简陋和沉重。两层楼房之间的外墙上，被饰以凸起的装饰线条，环绕整栋建筑。边饰、窗饰和水平墙饰，这就是我们看到的整个建筑外观最"繁琐"的部分了。

与主体相连的圆形塔楼，是这个监狱建筑最具有识别性的地方。由于塔楼设置在建筑的一端，这使建筑的重心明显地向这一方向倾斜。尽管我们相信这个塔楼对监狱有实际的作用，但这一设计依然像是为了打破建筑的对称格局而加上去的，显得有些生硬和比例失调。塔楼有规律地交错开有若干小型窗洞，内有47级螺旋楼梯，上覆坡度很大的尖顶，顶盖与塔楼上部中间饰有砖砌装饰。

不论是为了打破对称或者仅仅是出于习惯，欧人监狱的塔楼都是个具有鲜明象征意味的标志。在新城市东部的海岸上，这个塔楼如同一个嘹亮的法律旗帜，不加掩饰地传递出了关于殖民地秩序的信息。沿着螺旋楼梯进入到塔楼，整个青岛前海可以一览无余。

也许，大楼的设计者为了使监狱建筑与周边的中式天后宫及总兵衙门相协调，戏剧性地在屋顶的飞檐上引入了闽南民居的上翘式，使大楼平添了一丝温暖的情趣。遗憾的是，这是一幕看不见高潮的营建戏剧，当我们试图在这个轨道上寻找更多的样本时，却发现，线索中断了。试图与东方文化交融的努力，随后就在德国设计师建造的大量城市建筑中消失了。青岛城市建筑的精神方向，完全进入到德国传统文化的氛围之中，难以看见偏差。究其原因，似乎不难找到解释，一是设计师数量的增加和建筑工程的繁多，使设计者无暇再去寻找这种和陌生的本土符号的联系；再者就是随着统治的稳定，使德意志精神难以阻挡地成为了青岛建筑文化的主流。

从现存照片上可以看出，建成时的欧人监狱还没有围以高墙，仅建有低矮的护栏。看上去像一栋德国乡间的大磨坊。然而，这间磨坊里存的却不是谷物，而是些对帝国法律时有不敬的旅者。1900年至1901年度的政府备忘录有记载说，监狱还建筑有一特别通到海里的临时下水道，而法院的下水道，也与它相通。

监狱建成前，天后宫和总兵衙门是海湾东部最为触目的两个建筑群，但监狱楼的出现，则打破了这一稳定的布局。与楼体相连的塔楼的尖顶锐利地刺向天空，迅速使其成为城区东部的新标志。然而，在1900年的夏天，《伦敦和中国电讯增刊》的记者显然对监狱大楼的选址表现出了困惑，在那篇《重游远东：青岛》的报道中，他毫不避讳地批评说："它设在这座城市看起来怎么都不和谐，而应设在一个更隔离的地方，无论从何种观点看，这都更可取。"

有资料显示，1912年的青岛之行，使得孙中山对德国在青岛的"成效卓著"的社会管理表示出了浓厚的兴趣。孙在青岛的学校、野战医院、监狱和法院中，孙中山看到了一种可能的"驯化机制"，并被这种纪律化社会的技术和潜力所吸引。一些德国学者研究得出结论是，教育学、包括监狱在内的法律和医学，对于孙中山来说主要不是什么启蒙工具，而是驯化和操纵平民为国家效力的工具。在这个意义上，殖民地青岛已经真正成了一个可供观察的切面，经过它的现代驯化技术，可以与中国的现代化结合起来。在1912年，后者显然是共和制度的缔造者所关心的。

然而，在以后的90年里，孙中山对青岛监狱的观点和看法被屏蔽了。没有人知道，在1912年的时候，这个眼光远大的革命者，却同时是殖民司法和社会管理机制的一个赞同者。当然，这种赞同仅仅是在技术层面。

1914年日本取代德国侵占青岛后，将原欧人监狱改称日本青岛守备军司令部囚禁场，用于关押等待审判和已被判处较短刑期的人犯。1922年12月10日，中国政府收回青岛主权，青岛监狱由胶澳地方检察厅接管，改为地方检察厅看守所，之后又改为青岛地方法院看守所。1925年7月，职业革命者李慰农和报人胡信之被张宗昌逮捕，就曾关押在这里。

1920年代和1930年代，看守所多次扩建，在原欧人监狱东侧建设了四座二层楼的监房、一座监狱工厂以及办公室等，四周建起高墙，大院内建有多重内院，形成了拥有五座监房及办公楼、看守室、监狱工场、职员宿舍的较大规模的监狱。五座监狱楼房分别被命名为仁字号、义字号、礼字号、智字号和信字号。新建筑强化了监狱符号，给人以更加森严和封闭的感觉。

1938年1月，日本第二次侵占青岛后，再次将青岛看守所设为日本海军囚禁场。1945年日本投降后，这个延续使用的监狱仍称为青岛地方法院看守所。1949年夏天后改称青岛市公安局看守所，1990年代中期搬迁停用，完成了它作为监狱的使命。

德县路2号：帝国法院

在整个德意志帝国发生于青岛殖民地的司法事件中，这样的经历无疑是非典型的：一个帝国法院建筑，却几乎和所有的司法活动无关。到1914年4月，这个标志着德意志帝国殖民地"良好和公平"秩序的法院办公大楼，还没有建设完成。实质上，随着这个司法大楼的建成，一部德意志帝国的青岛殖民地司法史，也就临近结束了。

就一种司法制度而言，以军事形式进入的德意志人，带给青岛这块几乎被大清王朝遗忘了的海湾的记忆异常深刻。尽管大陆法在青岛这个德国保护区仅仅实行了十余年，但其复杂的构造和存在的意义，至今仍时常为中国司法界论及。制度和程序本身的先进性，使得昙花一现的青岛法律给缺少现代司法观念的末代清王朝提供了一种可能性。尽管，这种可能性在100年后，依然仅仅是一种可能性。

在一种特定的历史境遇之下，青岛帝国法院这栋德意志精神色彩浓郁的建筑和其所承载的司法制度，以一种不文明的方式开端，最后也不曾把司法文明书写完成。这就像一个人的奔跑，姿势正确，速度很快，并且也符合规程，但是，方向却错了。在方向错误的奔跑中，奔跑者从一开始就失去了拯救的可能。但是，在开始甚至是整个过程的进行中，殖民法律的制定和执行者，显然不曾预见这个方向性错误的结局。至少，他们没有想到这个"缺少崇高感"的终结会在1914年的秋天，这样迅速地出现。从时间上看，这个标志着殖民地最高司法秩序的法院建筑，在完成后不到半年，德意志帝国在青岛的整个统治体系，就突然崩溃了。仿佛是一夜之间，帝国法院大楼和它所代表的所有内容，烟消云散。

然而，在梦结束之前，所有的设计却都是经过仔细考虑的。在选址上，青岛帝国法院代表的恰恰是一种新兴的政治与法律文明格局：面对开阔的总督广场，具有适当的开放视野，北面和南面，则分别是霍恩洛厄路与伊雷

山东青岛胶州帝国法院旧址，现为青岛市南区检察院办公楼

妮大街的各种楼房。而背后，则是整个欧洲特权地区的商业精华部分。实质上，法院面对的，是已经形成了的以总督广场为核心的行政中心，这里包括了总督办公大楼、政府图书馆、海军营部、外交机构、监狱和总督府各主要部门官员的官邸，同时，这里还计划建设一个博物馆。在法院大楼开始建设的前3年，设置在总督官署大楼里面的政府图书馆，已经拥有了超过11200册的图书。

建筑师汉斯·费特考尔应该很清楚这个帝国法院的地位。一方面，它代表了帝国法律，另外一方面，它又受到帝国青岛总督的节制。在总体上，它需要维护帝国在青岛的利益。所以，在最后完成的设计中，两层的法院建筑水平视觉上明显低于总督官署。从建筑面积看也不及青岛总督官署大楼的一半。

孤独的大楼

法院的主入口设于立面的南半边，为一拱形大门。主立面与北侧面转角处有一设计独特的角便门。北侧面延续有一大坡面屋顶的两层建筑，与建筑南部构成完整的"E"形平面。一如同期的许多建筑，法院大楼亦为红瓦蒙莎屋顶，黄色拉毛墙面附浅壁柱，蘑菇石勒脚。建筑的东向正立面开敞，辟有敞亮窗户。立面的窗体深入墙体50厘米左右，并用花岗石做走向，间或做横向分割，构成良好的遮阳设施。很多人相信，这种处理手法赋予整个立面以立体感和生动性。

汉斯·费特考尔给法院内部布置了31个大小不同的房间，并设计有地下室和阁楼。引人注目的是，室内使用了大块的毛面花岗岩装饰门框，这样的做法，在本地很少见。在走廊上，可以强烈地感受到那些石头的力量。后来在进入现场考察时人们发现，通往二层楼梯口的墙体上，嵌有一块黑色的大理石板，但上面的文字，已经不知在什么时间被抹掉了。

作为德国人在青岛完成的最后一批建筑之一，汉斯·费特考尔在设计建造青岛帝国法院的同时，还担任了胶海关的房建总监。后者也在1914年4月完成建设。在经过了17年的适应和调整之后，这栋试图建立起一种稳定的法律秩序的建筑刚刚诞生不久，德国人就连同其法律一起，回家了。留下的，仅仅是这栋孤独的，始终朝向东方的大楼。

很快，日本人成为了这栋孤独大楼的主人。

1914年11月，日本占领青岛后，废除了实施了十余年的德国法律，在原青岛帝国法院设立了青岛军政署，实施军事统治。1916年，日本当局设立守备军法院，审理刑事、民事案件。1917年1月，军政署撤销，设立以秋山雅之介为民政长的青岛民政署，但刑事案件和较大的民事案件，仍由设置在德县路2号的日本守备军法院审理。

1922年12月北京政府接收青岛主权后，在这里成立了胶澳商埠青岛地方审判厅。1929年4月南京国民政府接收青岛，审判庭改称青岛地方法院，1935年分为山东高等法院第二分院和青岛地方法院。1938年1月，日本再次占领青岛，这幢大楼又沦陷入日本人手中，于12月成立青岛地方法院和青岛高等法院。

日本战败后，南京国民政府在1946年1月恢复了山东高等法院第二分院和青岛地方法院。1948年1月，山东高等法院第二分院改山东高等法院青岛分院。1950年7月11日，青岛市人民法院正式成立，直到20世纪的末尾，一直在这里办公。

湖北路29号：警察公署和地方法庭

几乎没有人知道，火车站东北方向警察公署塔楼上的时钟，是什么时候停止运转的。也没有多少人知道，在时钟正常工作的日子里，这个塔楼的下面，曾经发生过什么。对普通人来说，湖北路和蒙沂路口的这个被围合起的院子，一直是个禁区。100年中，青岛的许多老建筑已经被不止一次地改变了用途，唯独这里却依然面无表情地始终延续了本来的功能，尽管，它也经历了三番五次的政权变更。或许，这仅仅是由于一种惯性的作用，但恰恰是这个惯性，保持了这里的一贯沉默。

在1914年之前的青岛，由警察机构、法院、监狱以及地区行政长官、律师和公证人构成的司法管理系统中，作为地方治安事宜的先头环节出现的警察部队，无疑举足轻重。1898年10月，柏林海军方面完成了青岛总督府的设置，这个殖民权力机构下设了参事会和军政、民政、经理、工务四部，警察机构隶属民政部。

初期，临时的巡捕机构暂由第三海军营的一名军官统领，代理行使职权的一些海军士兵和被招募的28名华人巡捕，组成了本地最早的警察部队，负责青岛、李村两区的治安管理。在1898年和1899年，除了各地段的日常事务外，警察们主要进行了建筑和卫生方面的治安工作。随后，1899年的一份官方报告说，班疹伤寒的出现使警察们大大忙碌了一阵子，在控制与制止传染性疾病的关键时刻，政府"又向警察局援派了一批富有牺牲精神的军队下级军官和士兵"。

从政府文件上看，早期警察机构在预防传染病方面的工作，得到了充分的渲染。但是，这个机构的更真实的一面，被政府的文件小心掩盖了。1901年3月21日，柏林的德国国务秘书蒂尔皮茨在致青岛总督府的信中，曾阻止公布警察局上报的刑事犯罪材料，他非常明确地写道："如果这些报道按照我身旁的样稿发表出去的话，肯定会在公众舆论当中造成严重的、有损殖民地形象的结果，也会间接地在经济界中造成不可避免的不良后果。"

同样被掩盖的，还有另外的东西，比如妓女。在1899年1月19日生效的警察条例中，有这样的规定："所有从事卖淫活动的人"都必须到警察局登记注册。妓女应当每星期六到德国医生那里进行一次检查，查看是否患有传染病。每次检查都记录在案，妓女们人手一册，随身携带。一旦发现某妓女染上了性病，就要把她强制性地送到专门为妓女开设的医院中接受治疗。但是，这个警察条例，也没有以总督命令的方式颁布，因为一旦颁布，就必须在政府官报上刊登，这样"只会引起人们对殖民地卖淫业不必要的关注，导致报界展开我们不愿见到的讨论"。

城市新地标

在1905年11月新的警察公署大楼完成建设前，警察局一直在临时的清军兵营办公。这里有一些德国海军士兵向新建兵营搬迁而腾空的海滩营房，经过改建也被分别用做了华人监狱，警察看守所和区公所。1900年至1901年的政府备忘录有记载说，在海滩地带为华人修建的一个临时性的监狱中，犯人被用来进行了一些所谓"有益的"劳动，如担任大部分的清扫工作等。

同时，总督府还在海滩棚屋中设立了一个警察局的事故伤残救护站，那里的日常救护，则由教会的医生负责照料。

从1904年开始，新的警署在一片引人注目的八边形土地上着手建造。这里原是清军的一座兵营，位于城内欧洲区和华人贸易商业区的交界处，距火车站很近。一年多以后，这个特征鲜明的大楼完成了建设。

按1900年的规划，这里为一片方格街坊，警署的建造，则改变了原有方案。警署及其附属建筑构成了一个纵长的六边形街坊，正中并开辟了一条道路，直通主楼。警署主楼高16.5米，塔楼则高达30米。

因此，警署大楼犹如异峰突起，远远高出周围的二层建筑。它上覆高大陡直的尖顶，花岗石与红砖纵横相间，砌出巨大山墙的半木构图案，砌体高出山墙，呈方尖塔状。对这个"楼内设青岛地方法庭、警察公署和一所监狱"的建筑，1913年法兰克福出版的一本书中曾经这样描述：警察公署大楼属新纽伦堡派风格，其塔楼与山墙气势宏伟。作者阿尔丰斯·派克韦特说，"它与东洋停车场所构成的画面，使人联想起家乡的市政厅"。

而这个貌似"市政厅"的建筑的灵魂，正居于慕尼黑路轴线上的警署塔楼，无可争议地成为了一个新的城市地标。

也许，今天依然存在着的湖北路29号大院，在以后的某个日子可以获得开放，到了那时候，不管那里还保存下了什么，一定会有许多的人，希望进去看看。当然，人们可能会有发现，或者，更多的可能是，人们什么真相也看不到了。

上海江湾机场：六十年风云沧桑

文／应民吾（二○一五年○八期）

在1945年9月4日夜，一架美军C-54运输机降落在上海江湾机场。这架飞机上的主要人物是中国军队第三方面军的两位副总司令张雪中和郑洞国。他们前来接收被日军占领了8年的上海。

27岁的上尉参谋黄仁宇和其他24名军官士兵也在这架飞机上。黄仁宇后来在《黄河青山》《大历史不会萎缩》等书中回忆这一刻时写道："我们的C-54下降时，看到边缘尚有20多架驱逐机一线排列整齐，机翼、机腹上的红圆徽令人触目惊心。""前来迎接我们飞机的日本陆军及海军军官，一点没有我们预期的不快或反抗态度。他们举止体贴有礼，甚至显得快活。"

这是1937年11月上海全境沦陷以来，中国正规军军官第一次踏上上海的土地。1945年8月15日，日本天皇裕仁通过广播发表《停战诏书》，宣布无条件投降。9月2日，日本外相重光葵在美国军舰密苏里号上签署投降书。

黄仁宇也许不知道，他当年踏足的江湾机场，在8年前淞沪会战时并非机场，而是一个水乡小镇。

江湾机场

两次淞沪会战

江湾机场所在地，原来叫殷行镇，又名殷家行，得名于明朝人殷清。殷清是松江府上海县人，明正德年间任上林苑录事，后抛下这个从九品的小官返乡从商，在宝山县虬江（今上海杨浦区内的一条河流）一带开店。此地因而慢慢形成集镇，称为殷行。

殷清经商后富甲一方，但乐善好施。嘉靖年间，殷行地区两度遭受灾害，殷清均出银出粮，赈济灾民。他对村民说：有能够挑土来堆在我屋后的，我拿粮食换。灾民知他不愿给人以施舍的感觉，遂纷纷肩挑送土而来。两度赈灾之后，其屋后有了一座土山，灾民还为土山砌石、植树、修筑亭阁。宝山境内仅两座山，一座是宝山，一座就是这座"依仁山"。殷清去世后，葬于依仁山。

到了清代，殷行镇最盛时，东西向的镇街有三里长，附近形成了二十多个自然村。镇上庙宇林立，人烟稠密。光绪十年（1884年），殷行还开办了宝山（当时属于江苏）境内最早也是上海最早的牧场陈森记。

到了民国年间，由于殷行与繁华的虹口、航运枢纽吴淞、工业区杨树浦等地邻近，此地开始城市化，道路、电厂、实业先后兴建办起。1928年，殷行从宝山县划归上海特别市，称殷行区，面积30.27平方公里。

此时的上海，刚刚进入民国"黄金十年"（从国民政府1927年4月18日定都南京，到1937年11月20日迁都重庆）的大建设时期。政府欲在其无权管辖的租界之外，建设一个文明程度足与匹敌的新上海。殷行距政府的"大上海计划"拟建的新市中心——五角场不远，前景正是一片看好之时。

然而，很快就发生了1932年的"一·二八"事变，中日在上海首次交战。这场战役期间，殷行处于日军驻军（虹口、杨树浦）和增兵（吴淞）的地点附近，成为中日军队拉锯战涉及的区域。时任第八十七师第二六一旅旅长的黄埔一期生宋希濂后来在其回忆录《鹰犬将军》中提及了两军在殷行附近的部署与交战："本旅接防后，积极增修工事，并派出少数搜索部队渡过河去，施行威力侦察，与日军警戒部队常有小接触，在殷家行附近的日军炮兵，常不断向我射击。""而我左翼部队的绕袭，更使在殷行镇附近的敌军炮兵阵地感到威胁。"

不过，"一·二八"之战被双方控制在一定规模内。当年3月，中日停战。此战似乎对殷行镇破坏不大。

1937年8月13日，第二次淞沪会战开始。在此次战役前期，殷行北面的吴淞是日军的主要登陆点，到了9月6日，日军在离殷行更近的虬江码头登陆后，殷行南边不远的复旦大学、江湾镇成为中国军队"以血肉作长城"的又一阵地。历史在此处有一个巧合：在这一区域作战的中国主力部队——36师的师长，正是宋希濂。这次其部队的战区，与1932年时相去不远，多有重叠。36师血战两个多月，部队多次补充新兵（如第212团原有2000多人，迭次补充的新兵也达2000多人），阵地巍然不动。直到11月5日，日军在金山卫登陆后，36师才随全军撤退。

此次战役中，殷行北面的吴淞、宝山、罗店，西面的大场，西南的江湾、南面的杨树浦等地，都打得天地变色，死伤枕藉。而殷行居于腹地，并非要冲，故而未见有重要的战斗载于史志。

日军在华最大机场

殷行镇的灭顶之灾出现于日军占领上海之后。1939年，日军强行驱逐殷行古镇和周围几十个村的村民，将这个有400多年历史的古镇付之一炬，圈地7000亩建造军用机场，两年后完成，称为江湾机场。

据统计，1933年，殷行镇有正户3629户、附户3425户，共42229人。到了1940年，居民减为4130户，共20114人。人口的锐减，是日军杀戮和驱逐村民所致。

江湾机场成为当时远东最大的军用机场，有4个指挥台，其跑道长1500

米，用三合土与沥青混合浇铸而成。多条跑道组成"米"字形，飞机可以从各个方向起降。

对于日军在上海的5个机场，当时的中国空军尚无力远道前去奔袭。但1941年12月珍珠港事变之后，美国卷入战争，情况就不同了。在原先美国航空志愿队（飞虎队）部分人员的基础上组建了美国驻华航空特遣队，1943年3月升格为美国陆军第14航空队，陈纳德任少将司令。

太平洋战争期间，日军在中国大陆沿海及中国台湾的机场，对美军构成了威胁。1944年7月8日，美军飞机首次空袭上海的日军。11月10日，美军飞机对日军进行大规模轰炸，主要空袭江湾机场、龙华机场和停泊在黄浦江中的日军军舰等。日军只进行了零星高射炮射击，未升空应战。

1945年初，美军侦察机的照片显示日军正在上海郊区扩建机场。情报人员认为，扩建机场的目的是将菲律宾的日机转移过来，以防它们在那儿被美军被摧毁或缴获。

日军的扩建之举得到了史料的印证。上海市民陆金生2012年在报纸上撰文说："而1944年，也是我们陆家难以忘怀的一年。这一年是离日本战败日子不远了。然而日本侵略军为了作垂死挣扎，原本占据了大量江湾乡农民的土地已建造了江湾飞机场（江湾机场最初强占的土地除殷行镇之外，还包括江湾等附近乡镇的一部分——笔者注），现在又要扩建江湾机场。我们陆家宅位于淞沪路桥西首，也未能幸免于难。日本侵略者把我们陆家同其他附近村的农民从家园上赶走。手无寸铁的普通农民有什么办法呢……"

1月17日，陈纳德麾下第14航空队第23战斗机大队的20架"野马"P-51战斗机从位于江西赣州和遂川的基地奔袭而来，轰炸了大场、虹桥、龙华这三个日军机场，共有73架日机在地面和空中被摧毁，成为第23战斗机大队历史上最成功的一次攻击行动。

3天后，第23战斗机大队再度飞临上海上空，这次把江湾机场和丁家桥机场也纳入了攻击目标，但上海上空的大量烟尘造成的低能见度阻碍了攻击的顺利展开，结果战绩非常不理想。

美军飞机成了上海日军的噩梦。据上海地方志记载，从1944年7月起的一年间，美军至少12次轰炸上海的日军目标，其中多次针对包括江湾机场在内的5个机场。

其实不止美军飞机，当时中美两国空军组建了一个混合团（中美空军联队），中国空军史上的传奇人物——击落过日军和美军飞机、在开国大典上第一个驾机飞越天安门上空受阅的邢海帆，作为该混合团第三大队第二十八中队分队长，就曾奔袭过江湾机场。

1945年4月上旬，日军频频从上海出动轰炸机和自杀敢死队性质的"神风"攻击机，轰炸在琉球群岛登陆的美国海军舰艇和登陆部队。为配合美军作战，4月1日7时，邢海帆率队驾驶40多架刚换装的P-51"野马"战斗机，从陕西安康基地起飞，经湖北、安徽、江苏，历时4个小时飞临上海上空。邢海帆率队冲向江湾机场，发现一架日机正在跑道上强行起飞。他立即瞄准攻击，日机中弹起火，坠地爆炸。邢海帆及其战友拉起飞机后又与日机进行空中格斗，击落多架日机。此次行动持续了3天。

鼎革前后

1946年3月，黄仁宇随调任东北保安副司令长官的郑洞国前往锦州。大约两个月后，国民党军宪兵六团从南京来到上海，等待去东北的船。这个团中有个叫王鼎钧的21岁新兵，是前一年10月初中毕业、投笔从戎的。他在江湾机场看到，机场在遭受多次轰炸后尚未修复，仍由日俘继续施工。这时的江湾、杨浦一带，原先日军的军事设施尽被中国军队接收，日俘也主要关押在江湾的集中营。

1945年和1946年的江湾机场，见证过陈纳德、陈香梅的小别重逢，还迎来过蒋介石。1946年5月，蒋介石的专机"美龄号"载着蒋介石视察南京、上海和北平。所经之处，迎接的人流如潮。一次在上海，大场机场因欢迎的人太多，专机只能改降江湾机场。

光复之后，江湾机场驻扎过国民党空军的第二地区司令部和多个大队。1947年底之前，美国空军也曾驻扎在这儿。

这个机场还送走过到东京参加远东国际军事法庭、对日本战犯进行公审的中国驻日军事代表团。1946年5月27日晨7时，代表团一行15人来到江湾机场，乘坐中国空军第8大队派出的B-24轰炸机飞赴日本。

在机场，有记者问代表团团长、陆军中将朱世明，为何不坐客机而坐军用轰炸机？朱世明答道：我们是以战胜国的姿态去的，我们乘坐的B-24轰炸机除不携带炸弹外，机关炮是不能拆卸的，以示我们进出日本，显示国威军威。

时间很快走到了鼎革之时。1949年的一天，国民党空军从江湾机场、南京明故宫机场空运55.4万两黄金到台北松山机场，并入蒋介石秘密运往中国台湾的400多万两黄金之中。5月16日上午，蒋经国坐专机离开江湾机场，前往浙江定海向蒋介石汇报上海军情。当他5月22日乘飞机想降落在江湾机场时，接到了地面指挥部的紧急报告：江湾机场已经落下解放军的炮弹，不可降落。飞机只好折回中国台湾嘉义机场。这成为蒋经国与上海的最后告别。

在解放上海之前，中共地下组织曾有策反国民党上海驻军起义、实现和平解放的计划，其中江湾机场就是重要的一环。当时，国民党军队第四兵团中将副司令兼参谋长，曾任蒋介石侍从的中共地下党员陈尔晋有一整套方案：策动驻在江湾一线的装甲部队，在适当时机开进江湾机场，截断空中退路，策动第四兵团、第五十四军等守军，在解放军接近上海时停止抵抗。但1949年5月，地下党内出现叛徒，向上海警察局长毛森交代了陈尔晋策动起义的计划。陈尔晋夫妇被捕后于19日就义。

5月24日，国民党军队撤离上海，炸毁了江湾机场的油库。王鼎钧在其回忆录《关山夺路》中说："通往吴淞口的公路上……一路上右方和后方远处几处火头，后来知道国民党烧毁了汽车千辆和机场仓库里的物资。"

王鼎钧爬上一条意外而至的运兵船，仓皇而去，后来成为中国台湾著名的散文家。而黄仁宇则在那个月从香港前往横滨，加入中国驻日代表团，两年后赴美读书，后成为历史学家。

江湾机场后归解放军空军第四军使用，1994年6月起停飞（3年后机场用地交还上海市政府）。因多年来一直是机场，这块近9000亩的土地上植被繁茂，河泾自流，加上此后近10年的荒废，居然恢复到了400多年前殷清来到此地时的面貌，成为上海市区最大的一片湿地。直到2003年，推土机隆隆而至，此地开始兴修基础设施、大规模开发房地产，这个区域，现在称为"新江湾城"。

香港抗日保卫战：七十四年前的战争遗迹

文／王残阳（二〇一五年十期）

在中国香港，关于香港保卫战有两个专有名词：一个是"十八日战事"，即1941年12月8日至25日，日军在18天时间内打败驻港部队、占领香港；另一个是"三年零八个月"，即1941年12月至1945年8月，香港在日本铁蹄下经历了3年零8个月的黑色统治，港人经历了刻苦铭心的牺牲与痛苦。

时光吹散了战争的硝烟，岁月湮灭了曾经坚固的工事，今日的中国香港街头，除了海防博物馆的展览和各类工地不时挖掘出的战争遗留炮弹外，已经很难寻觅当年香港保卫战的遗迹。然而，人们没有忘记战争带来的创伤，没有遗忘包括华籍英军、义勇军和东江纵队在内所有香港同胞的奋力抗争和不屈灵魂。走在中国香港的街头，探访散落在僻静山野的各处香港保卫战遗存，还能感受到74年前日本侵略者发起的那场残酷的战争。

广福桥：日军铁骑的震颤

在香港新界，大埔林村河之上，有一条红柱绿瓦的行人桥，老人们悠闲地坐在桥栏上，听着粤剧，品着香茗，惬意地享受着午后的悠闲时光。与行人道平行的单车道上，不时有锻炼的骑行者穿梭而过，带来一阵疾风。桥下的河道里，停泊着几艘小船，随着河水轻轻荡漾。

这道行人桥重建于20世纪80年代，看起来丝毫没有历史的沧桑感。只是走近桥身，才能看到上面安装着旧桥拆卸而来的石栏杆，桥头石上"广福桥"三个字清晰可见。

这里，本应是驻港英军抵抗日军的第一道防线，却成了任凭日军长驱直入、纵横驰骋的通途。

1941年12月6日至7日，即香港保卫战爆发前的那个周末，港督杨慕琦还在出席半岛酒店举办的慈善舞会，政府机关和商行照例休假，驻港英军的乐队为赛马会演奏助兴，部分官兵在球会畅玩橄榄球，很多市民忙于圣诞节前的采购，战争阴云笼罩之下的香港依然是一片歌舞升平的景象。

即将爆发的大战，是一场实力对比悬殊的战争。战争的一方，日本人已经在深圳河沿线严阵以待，如虎狼之师随时准备扑向香港这块他们觊觎已久的"肥肉"。日军兵力包括华南派遣军（第23军）指挥官酒井隆中将、第38师团师团长佐野忠义中将麾下的三大联队：228、229、230联队，以及北岛冀子雄炮兵团、第一炮兵队、第一飞行师团第45战队，还有新见政一海军中将指挥的第二遣华舰队，合计约4万人，构成了陆海空联合打击力量。

英军的实力则相对较弱，驻港英军三军司令莫德庇少将指挥的陆军主力为由英军和印度籍士兵组成的4个营，包括皇家苏格兰步兵团第2营、米杜息士团第1营、第7拉吉普团第5营、第14旁遮普团第2营和炮兵、工兵部队，共约11000人；为应对战事，英军从香港本地招募平民组成义勇军，主要由英国人、印度人和华人组成，人数为1387人；海军主力为3艘1916年S级驱逐舰、4艘浅水炮舰和部分炮艇；空军仅有5架老旧的战斗机可以投入战斗，分别为3架没有鱼雷挂架的角羚式鱼雷轰炸机、2架海象式水上侦察机。

能够让莫德庇少将稍感安慰的是，在其前任驻港英军司令贾乃锡少将向英国政府极力游说争取下，战前不足一个月内，英联邦国家加拿大派遣了来自温尼伯榴弹兵营及皇家来福枪营，共2个营1975人的援军抵达香港，使莫德庇能够指挥的陆军主力达到6个营。然而，这些加拿大士兵大多数为新兵，很多人第一次摸枪，缺乏战斗经验，对香港地形地貌一无所知，他们尚未做好准备来面对一场惨烈的战争。

12月8日，在发动对美国珍珠港海军基地偷袭行动的同时，日军开始对香港实施行动。凌晨，日本大本营向酒井隆中将发出"花开、花开"的暗号，命令其向香港发动进攻。作战从8日上午的空袭开始，来自广州的日军战机轰炸了香港，停放在启德机场的5架英军战机相继起火爆炸，一艘停泊在港湾的驱逐舰被击沉。

与此同时，日军兵分3路跨过深圳河，快速向香港新界地区进军。驻港英军按照战前拟定的作战计划，直接放弃了深港一线前沿阵地，派出工兵四处破坏大埔公路和九广铁路，并动用蝉号炮舰对岸轰击，企图延滞日军的进军速度。但是由于日军发起突袭，包括广福桥在内的部分桥梁并没有被摧毁，至8日黄昏时日军已占领新界大埔和沙田一带。

20世纪40年代，广福桥还是一道可容一辆大车经过的行车桥梁，日军的军马拖着山炮在桥面上轰隆驶过，留下让历史颤抖的回响。

城门碉堡："东方马奇诺防线"的倒塌

在山清水秀、鸟语花香的香港城门郊野公园，有一条著名的徒步线路——麦理浩径横穿于此，是远足爱好者向往的人间胜境。

走近麦里浩径六段M124标距柱，细心的探访者就会发现"荒废战壕、切勿内进"的警示标语。经过一番仔细寻找，笔者找到了掩藏在青草丛中的台阶，拾级而下来到一处宽阔的大厅，设有密集的机枪眼、小口径炮的炮座和通风口，周边有四通八达、纵横交错的交通壕。交通壕的入口处，刻有"摄政街""牛津街"等伦敦街名，铭刻着那些曾经驻守在此的英军对故土的眷念。在一处墙壁上，"若林队占领"的刻字触目惊心。

这里就是城门碉堡的遗迹，是当年驻港英军苦心经营的"醉酒湾防线"的核心组成部分，也是固守九龙半岛最重要的屏障。1934年至1938年，英军修建了横跨九龙半岛北部的大型防御工事"醉酒湾防线"，以西部的葵涌醉酒湾为起点，穿过金山、城门水库、毕架山、狮子山、大老山，直至东部西贡牛尾海，全长约18公里，沿线遍布地堡、机枪阵地、战壕、水泥掩体等防御工事。因充分利用山峰等有利地形、易守难攻，英国人得意地称之为"东方马奇诺防线"，声称至少可以坚守半年时间。

1938年，英军决定把香港防卫重心退回港岛，并且把"醉酒湾防线"的用途更改为拖延日军推进，不再用以死守，防线因此而停工。直至1941年11月中旬，随着形势趋于紧张，驻港英军才陆续重返"醉酒湾防线"，继续修整工事，熟悉地形，进行备战。英军苏格兰营、旁遮普营和拉吉普营分别驻守防线的左翼、中段和右翼。

1941年12月9日晚，日军228联队抵达位于"醉酒湾防线"左翼中段的城门碉堡前沿。这时，日军收买的当地线人提供了一个绝密情报：本应由120人组成的苏格兰营A连驻守的城门碉堡，当晚只有30多人驻守，防卫较为薄弱。228联队队长土井定七大佐喜出望外，擅自改变作战计划，连夜发动对城门碉堡的偷袭。日军从碉堡上方的通气口向下投掷手榴弹，把很多英军炸死在碉堡内。经过一番激战，日军以较小的代价歼灭守军，至10日凌晨占据阵地。

虽然土井大佐作战有功，但因打乱了日军进攻部署，受到了日酋酒井隆中将的严厉斥责。228联队下属的第10中队指挥官若林东一中尉因率先攻克城门碉堡观测站，部队自身损伤又较其他中队要少，因此攻占城门碉堡的战功便记在了他身上，被树立为日军攻占香港的功臣。1943年，若林东一战死于太平洋战场上。

74年之后，再观"若林队占领"，依然让人感到阵阵悲痛。这几个字，见证着"东方马奇诺防线"的轰然倒塌。

昂船洲炮台：香港义勇军的悲壮

夏日的傍晚，穿过一条劈山而建的登山小道，来到了昂船洲西炮台遗址。昔日的威武重炮已经难觅痕迹，只剩下一个圆形的混凝土基座，周围长满了茂盛的杂草，透露出几许孤寂、荒凉的意味。极目远眺，近处维多利亚港两岸繁华、远处九龙和新界的靓丽风景尽收眼底。

扼守维港西面进出口的昂船洲，是驻港英军苦心经营的军事重地。从1881年至1905年，英国军队相继在此兴建了东炮台、中炮台、南岸炮台、西炮台、亚比安炮台及百夫长炮台共6座炮台。到1912年，除西炮台外，其他炮台均遭废弃。1935年英军调整布防，西炮台共设有3门重炮，但1937年有2门转移至其他炮台。香港保卫战期间，整个昂船洲只剩下西炮台的一门6英寸口径的海防炮，应付凶猛来袭的日军。

负责操作昂船洲炮台的，是刚刚从平民中征召入伍的香港义勇军，而不是训练有素的职业军人。1941年12月10日，当英军指挥官得知城门碉堡失守后，命令昂船洲炮台向城门碉堡开炮，企图压制日军的攻势。然而，义勇军忙中出错，部分炮弹打入了在碉堡南侧金山的英军阵地。此时，占据城门碉堡的日军趁机架设山炮，一并轰向了金山守军，导致金山守军遭遇较大伤亡。

12月11日中午，英军司令莫德庇少将下令驻守"醉酒湾防线"和九龙半岛的部队全部撤离，固守香港岛。由于英军此前已制定了完善的方案，撤退过程大致顺利，在撤走途中还破坏了各类工事和油库、仓库等重要目标。昂船洲炮台继续发炮，掩护英军的撤离，在与日军激烈交火中，大部分炮台设施遭到摧毁。11日下午，香港义勇军破坏了炮台后，乘船横渡维港，安全抵达香港岛。至12日，日军占据九龙和新界的绝大部分地区。

至此，英军原本希望固守半年的"醉酒湾防线"，在交战仅2天后，就连同整个九龙半岛一并落入日军手中。而昂船洲沦陷之后，日军在此扩建海军基地，建立无线电接收侦听设备，原本威武的西炮台阵地，因为地势高、地盘大、风景好，成为日军休闲娱乐、开展运动的处所。

奥斯本塑像：缅怀一个英勇的灵魂

位于香港中环的香港公园，环境幽静，绿树成荫，是一个闹中取静的地方。这里原本是英军占领香港后，最早的兵营所在地。目前的茶具博物馆，是旧驻港英军三军司令官邸。在公园内，还可以找到旧兵营的界石。

在旧三军司令官邸前侧，树立着一尊持枪的英军士兵塑像。这尊塑像原本安放于原驻港英军奥斯本营区，主要用于纪念在香港保卫战中，为救战友英勇牺牲的加拿大温尼伯榴弹兵营准尉约翰·奥斯本。香港回归祖国之前，这尊塑像搬移至现址。

时光回溯至74年前。随着九龙半岛的英军全部撤回香港岛，战事延伸至英军固守香港的第三道、也是最后一道防线（第一道防线为港深边境；第二道防线为"醉酒湾防线"；第三道防线为香港岛）。作为重点防守的要塞，英军沿着香港岛海岸线，构筑了一圈包括摩星岭炮台、白沙湾炮台、西湾炮台、歌连臣炮台、赤柱炮台等在内的密集工事。驻港英军回撤港岛后，莫德庇少将将守军重新编成东旅、西旅两个旅，负责港岛东部、西部的守卫任务。每个旅下辖英军、加军和印度籍士兵各一个营，进入沿岸工事，投入对日军作战。

从1941年12月12日开始，日军和英军隔着维多利亚港，进行激烈的炮战。期间，日军数次派出特使劝英军投降，遭到港督杨慕琦拒绝。日军还安排了两次试探性的登陆行动，也被英军顺利击退，战事进入短暂的胶着阶段。

12月18日，日军第二遣华舰队在港岛南面出现，佯装从南侧登陆，干扰英军判断。而日军主力则于12月18日晚选择从香港岛北岸的太古、北角等地登陆，向守军实力较弱的印度籍拉吉普营发起猛攻，香港保卫战进入决战阶段。在当夜的激战中，日军相继占领鲤鱼门要塞、西湾炮台，并向南大潭及浅水湾推进。拉吉普营营长卢连臣中校率领印军沿柏架山道撤退。

12月19日，占领登陆阵地的日军源源不断地向港岛调兵遣将，占领了港岛东部沿海阵地和三座山头，英军东旅向南撤退，旅部迁至香港岛最南端的赤柱。

此时，日军集结优势兵力，向侧翼暴露、防线出现漏洞的英军西旅发起猛攻，进攻目标是黄泥涌峡。这里是西旅旅部所在地，一旦失守，英军西旅将陷入群龙无首的境地。

英日双方爆发了激烈的争夺，最终于19日上午10时左右，日军230联队占领了西旅指挥所。在旅长罗逊准将率领下，包括秘书和厨师在内的20余人均拿枪应战、向外突围，不幸全部阵亡。加拿大援军最高指挥官罗逊准将，成为在香港保卫战中牺牲的职级最高的指挥官，也是加拿大在二战中阵亡的最高将领。日军为其英勇抗争的精神所折服，在指挥部前为罗逊准将举行了安葬立碑仪式。战后，港英政府拆掉了这座坟墓，迁葬至西湾坟场。

19日下午3时左右，加拿大温尼伯榴弹兵营A连在毕拿山与日军激战，奥斯本准尉在战斗中数次将日军投掷的手榴弹掷回敌军阵地，作战十分勇猛。但当他捡起最后一枚手榴弹时，即将爆炸的手榴弹已经来不及抛出去了，奥斯本毫不犹豫，一下子扑在手榴弹上面，用自己的生命换来了至少6名战友的安全。英国政府向他追授代表最高军事荣誉的"维多利亚十字勋章"，成为香港保卫战中唯一一位获此殊荣的军人；港英当局还将九龙塘兵房命名为"奥斯本军营"，以资纪念。

赤柱炮台：驻港英军最后的抵抗

在香港岛最南端的赤柱半岛，临海而建的赤柱炮台气势磅礴，居高临下扼守着东博寮海峡，直面辽阔的南中国海。登上一号炮床，规模宏大的战备工事可藏纳百余名官兵同时作战；远望二、三号炮床，曾经的防卫工事已经改为卫星通讯站，设有成群的卫星通讯天线，是港岛对外联络的通信枢纽。

赤柱炮台兴建于1937年，主要用于防范日军从香港岛南段大规模登陆，3个炮床上各放置一座9.2英寸口径的重炮。这里是香港岛南段防卫的要塞，在港岛防卫作战中，西旅指挥部即在此开设。

1941年12月20日至25日，日军与驻港英军在港岛进行了激烈争夺，英军节节败退，相继丢失炮台山、金马伦峡、马己仙峡、礼顿山等防线，兵力基本龟缩至太平山部分阵地和赤柱半岛一带。最为致命的是12月23日，日军攻陷港岛最大的水库即大潭水库，守卫水库的义勇军第三连全部战死；25日，日军攻陷英军守卫的最后一个水库黄泥涌水库，彻底切断了英军东旅和西旅。此时，城内水源、煤气、电力全部中断，卫生环境日差，传染病横行，日空军不时轰炸，不少市民死亡。

1941年12月25日，这一天在香港被称为"黑色圣诞节"。25日下午，在日军前锋部队抵达港督府前的花园道时，港督杨慕琦宣布英军投降。傍晚，港督杨慕琦、驻港英军三军司令莫德庇少将等港英当局高官乘坐天星小轮横渡维港，来到设在九龙半岛酒店的日军指挥部。酒店因为盟军的空袭而停电，在336房间，烛光映照着杨慕琦惨白的脸色。他成为1781年英军将领康沃利斯向美军投降以来，英国160年历史中首位因失守殖民地而投降的官员。这些港英高官当即被软禁在半岛酒店，后来被关押至多个不同监狱。直到二战结束，解放中国东北的苏联军队，无意中在沈阳战俘营发现了杨慕琦，他才得以恢复自由。1946年，杨慕琦复任港督。

在港督下达投降命令后，绝大部分英军放弃了抵抗。驻守赤柱的东旅指挥官华里士准将虽然接到了投降命令，但是他却不敢相信，因为此前，他对港英高官反复宣称的"英军会战斗到最后一个人、最后一颗子弹"深信不疑。他要求进一步确认消息，但是通讯已经中断，华里士准将便继续指挥赤柱炮台的3座9.2英寸口径大炮猛烈轰击日军229联队，造成了日军较大伤亡。直到26日凌晨，华里士的副官将投降手令带回，东旅才宣布投降，并交出了所有的武器。

至此，香港保卫战全部结束。为期18天的战事中，英军共计有1679人死亡，1042人失踪，10818人被俘；日军则有692人死亡，1662人受伤。英军司令莫德庇受到了日军指挥官酒井隆的鄙夷和嘲讽，因为日军认为，近八成的部队放弃抵抗、向敌军投降，是一个军队指挥官的耻辱。

战争中及战后，日军相继发动了西湾炮台屠杀、慈幼修道院屠杀、赤柱炮台屠杀等惨案，并对香港平民进行了残酷的烧杀抢掠。投降的英军被关押在赤柱、深水埗等战俘营，数百名战俘受虐致死。此外，运送1816名英军

中国香港赤柱炮台遗址

战俘前往日本的"里斯本丸号"被美军鱼雷击沉，1000余名战俘丧生。

香港大会堂纪念花园：东江纵队的传奇

在香港大会堂纪念花园，有一座十二边形的纪念龛，里面存放着为保卫香港而阵亡人员的名册和铸刻阵亡队伍名称的木匾，墙上镶有"英灵不灭、浩气长存"八个醒目大字。

香港抵抗日军侵略的历史，凝聚着华人的不懈抗争，流淌着华人不屈的鲜血。香港同胞以高度的爱国热情和强烈的民族感情，与全体中华儿女一道救亡图存、投身抗战，为赢得抗日战争胜利以及世界反法西斯战争胜利做出了重要的不可磨灭的历史性贡献。

历史不会忘记，在整个民族抗战过程中，香港同胞积极参加抗日救亡运动，踊跃为国内的抗争捐款捐物，积极转运战备物资，组成回乡服务团投入抗战，作出了巨大的牺牲。

历史不会忘记，千余名华人加入了英军和义勇军，英勇地参加香港保卫战。在英军战败投降前，近1000名华人及混血儿士兵被要求脱去军装、混入平民，避免不必要的伤亡。随后，他们有的加入英军服务团，有的还参与中国远征军赴缅甸作战。

历史更不会忘记，在香港沦陷后，东江纵队港九独立大队这一支唯一的抗日武装，继续在此坚持敌后游击战争。他们捡起英军遗留的武器，先后参与大小战斗上百场，伺机袭击日军据点，夜袭启德机场、炸毁市区4号铁路桥、破坏沙田铁路隧道，截击日军运输队，伏击汉奸、特务，成为让日本侵略者胆寒的一支重要武装力量。

在此期间，港九大队克服重重困难，从香港营救出何香凝、柳亚子、茅盾、邹韬奋等700多名知识分子。此外，他们还向盟军提供军事情报，营救了8名因日军击落其飞机而跳伞到九龙的美国飞行员，长期支援英军服务团进入香港建立情报系统，营救了包括赖廉士爵士、祈德尊爵士在内的多名英军战俘，还有荷兰、比利时、印度等国的人士近百人，在国内外影响很大，对促进抗日民族统一战线和国际反法西斯统一战线的工作，起到了积极的作用。

参考资料

刘深：《香港大沦陷》

高添强：《香港战地指南1941》和《野外战地遗迹》

高马可：《香港简史：从殖民地至特别行政区》

叶榕：《香港行山全攻略：军事遗迹探究（新界及港岛篇）》

一座刘公岛，
见证半部海军沧桑史

文／王残阳（二〇一六年〇一期）

初冬，抵达威海的当晚，入住一座超过百年历史的德式两层小洋楼。早晨起床后，在阳台上惬意地伸个懒腰，无意识地向外看去，立刻被眼前这片海所吸引——海水深蓝，格外宁静，看不到一丝波澜，如同一块上等的蓝宝石，向海天之间蔓延开去，那种震慑灵魂的美，令人久久难以忘怀。

我们就在幕天席地的蓝宝石的怀抱里扬帆起航，向着2.1海里外的刘公岛驶去，怀着朝圣的心态，去触摸、感怀近代百年中国海军的沧桑历史。

百年铁码头：见证晚清海军"大跨越"

海上的航程不过十多分钟，刘公岛就慢慢地在众人面前显露出真容。远远看去，这座岛就像一只展翅翱翔的鲲鹏，中间的高地，是她高高昂起的头和强壮的身躯，两侧向大海延伸开去的，就是她一对有力的翅膀。

刘公岛位于威海东部，面对黄海，背接威海湾，地理位置极为重要，是扼守渤海、拱卫京畿的门户，素有"东偶屏藩""海上桃源"和"不沉的战舰"之美誉。地形北陡南缓，面积3.15平方公里，被2000多亩茂盛的黑松所覆盖，郁郁葱葱，格外赏心悦目。

靠近刘公岛，第一眼看到的就是铁码头。它由道员龚照玙主持设计建造，1891年竣工。码头长205米，宽6.9米，水深7米，长长的栈桥就像一只粗壮的臂膀远远地伸入海中。桥墩用厚铁板钉成方柱，每块宽约2米、长近20米，中间灌入德国水泥，凝结如石，直入海底。陆上通往码头的道路中间修有两对铁轨，为的是能够快速从库房内运送旧式军舰所使用的煤炭、器械和弹药到码头，节约装填时间。

这座铁码头，见证了晚清海军的"大跨越"。从第一次鸦片战争开始，西方列强的坚船利炮，轰开了大清帝国闭关锁国的大门，边疆危机四伏，封建统治摇摇欲坠。为了维持统治，修补破碎的海上防线，晚晴政府开始了兴建近代化海军的努力，着力建构北洋、南洋、粤洋"三洋海军"，重点发展北洋海军。而北洋海军投入力量建设旅顺、威海、大沽三个海军基地，形成三角防御体系，以横扼渤海咽喉，内卫京师，外御侵略。

清朝北洋水师海军公所

从1887年开始，清政府在刘公岛开始了热火朝天的建设，相继建成北洋海军提督署、炮台、铁码头、船坞、弹药库等重要军事设施和大批营房，开办威海水师学堂。北洋海军提督署又称"水师衙门"，是北洋海军的指挥中心，占地17000平方米，设礼仪厅、议事厅、祭祀厅、演武厅，大门上悬挂李鸿章亲笔所题"海军公所"匾额。岛上共有6座清代炮台，均由德国人汉纳根设计和主持修建，还建有与之配套的地下通道、兵舍、弹药库等，并相互贯通，其工程之浩大、结构之牢固，现在看来仍令人叹服不已。

北洋海军确立了定期阅操制度，每3年由海军衙门请示特派大臣会同北洋大臣出海校阅一次。1891年4月，直隶总督兼北洋大臣李鸿章亲赴刘公岛，首度组织阅操。看到铁码头上泊满了铁甲舰、炮舰等各式威武战舰，在海上排列出森严的阵列，各炮射击"灵准非常"，舰队登礁"快利无前"，各局仿造之大炮、弹药"实为前此中国所未有"，让老人家欣慰不已，顿觉"就渤海门户而论，已有深固不摇之势"。

重炮无言：北洋海军的悲壮一页

来到刘公岛，最重要的行程就是探访甲午战争博物馆。远远望去，纪念馆主建筑形状就是一艘北洋海军的威武战舰，城墙上北洋海军提督邓世昌身

中国甲午战争博物馆镇馆之宝——北洋水师济远舰前双主炮

着战袍、高举望远镜凝望黄海的形象，与整个建筑连为一体，历史的厚重感扑面而来。

走进馆内，一张张图片，一件件历史文物，辅以现代化的声光电技术，真实地还原了当时战况的惨烈，以及那些不甘屈辱、血战到底的海军官兵的高贵灵魂。来到室外展区，济远舰前双主炮黯然指向苍穹。这种德国制克虏伯大炮，每座炮长7.4米，口径210毫米，重量达20多吨，有效射程5千米，代表着当时世界海军装备的先进水平。本应在战场上奋勇杀敌的威猛重炮，却在海底沉睡80年后，以满身的锈迹，与刘公岛山顶上耸立的利剑形状的忠魂碑遥相呼应，默默诉说着悲凉。

遥想当年北洋海军创建时期，李鸿章利用自己掌握的权力，向西方列强大量购买舰船，优先扩充北洋海军。1888年12月17日，北洋海军正式成军，当时有主力军舰25艘，辅助船只近百艘，官兵4千人。其中，定远号、镇远号均为德国定制巨型铁甲舰，排水量7335吨，配备双联装305毫米口径巨炮等武器；来远号、经远号为装甲防护巡洋舰，排水量2900吨；致远号、济远号等为穿甲防护巡洋舰，排水量2300吨。北洋海军总计排水量达3.62万吨，当时堪称亚洲第一大海军。

北洋海军的快速发展，引起了邻国日本的高度警惕和巨大心理震撼，促使其加快了扩军备战的步伐。1887年7月，日本天皇带头从内库中提取30万元资助国库，带动全国华族和富豪争相为海防建设捐款，不到3个月时间就收到款项达103.8万元之多。至1894年，日本经过多轮海军扩张案，共拥有大小军舰33艘，鱼雷艇37艘，总计排水量达到6.3万吨。特别是日军从英国新购的吉野舰，排水量4160吨，速度23节，配备多门火炮，是当时世界上航速最快的巡洋舰。

相比之下，北洋海军如同一个快速奔驰的骏马，猛然裹足不前，不但领先优势消耗殆尽，还眼睁睁地看着后来者呼啸而过。1888年成军后，北洋海军几年时间内只添置了一艘国产巡洋舰平选号，难以筹集购买外舰、更新速射炮等先进装备的钱款。短短几年间，北洋海军舰艇性能已经落后，且指导理念守旧、贪污腐败横行、训练松懈军纪松弛、装备保障较差，战斗力总体水平不高。北洋海军的钱都到哪里去了？原来是军费都被挪作修建颐和园等地，为慈禧太后的60岁大寿大操大办。1894年5月，李鸿章第二次到北洋海军阅操之际，仔细察看英法俄诸国的铁甲舰，特别是对比日军海军发展后，发出了"窃虑后患为继"的哀叹。

不久之后，李鸿章的忧虑，就变成了血淋淋的现实。1894年7月25日凌晨，丰岛海面响起隆隆炮声，日本海军向清军的运兵船和北洋海军护航舰发起偷袭，酝酿已久的侵略战争就此打响。直至8月1日，中日双方才正式宣战。9月17日，中日海军在黄海大东沟爆发激战，日舰依靠战术先进、机动性能好、速射炮火力猛的优势占据了主动权。经过4小时40分钟的鏖战，日军伤亡300余人，5舰重伤，而北洋海军提督丁汝昌重伤，阵亡致远号管带邓世昌等600多名官兵，致远、经远等5舰沉没。

黄海海战之后，北洋海军虽然遭受重创，但实力尚存。然而，李鸿章秉持"避战保舰"政策，命令北洋海军躲进刘公岛，不得出海御敌，把制海权拱手让给了日本。日军陆军趁机在胶东半岛登陆，抄袭威海后路，计划从陆上和海上进行联合夹击，彻底绞杀北洋海军。

1895年2月3日，日本联合舰队和日军陆军，从陆海两路同时向刘公岛发起了大规模进攻。丁汝昌英勇无惧，指挥海军舰炮和岸上炮台向日军发起猛烈炮战，使日舰未能靠近刘公岛。正面进攻失利后，日军连续数夜派出鱼雷艇，付出极大的代价后击伤定远舰，击沉来远、威远等舰。

2月7日，日本联合舰队出动所有战舰，会同日本陆军又一次发起猛攻。北洋海军经过奋力苦战，虽然打退了日舰的进攻，但也丢失了极其重要的日岛炮台。10艘鱼雷艇、2艘汽船在弃战逃跑途中，仅有1艘鱼雷艇逃到烟台，其余均为日舰击沉或俘虏。9日，北洋海军最后一艘主力舰靖远舰，被日军占领的鹿角嘴炮台发射的炮弹命中，搁浅在岸边，而后被丁汝昌下令炸沉。

在连续几日的激战中，北洋海军舰只所剩无几，同时粮食、弹药极为短缺，援军遥遥无望，官兵士气低落，要求投降的声音渐起。2月12日，陷入绝望之中的丁汝昌自杀殉国。14日夜，北洋海军残部向日军投降。17日，日军联合舰队耀武扬威地开进刘公岛，靠泊铁码头上的镇远、济远、平远、广丙等4艘战舰和镇东、镇西等6艘炮舰，全部成了日军的战利品。而被日军击沉的定远、来远、威远等舰，尚可看到残骸在海面上浮荡，其情状甚是凄惨。只有练习舰康济舰依然悬挂着北洋海军的黄龙旗，运载丁汝昌等人的灵枢，以及北洋海军雇佣的洋员离开刘公岛，缓缓驶向烟台。由此，李鸿章苦心经营的北洋海军，宣告全军覆没。

世界上每一场大海战都将决定两个国家的命运。甲午海战之后，李鸿章与日本首相伊藤博文签订《马关条约》，包括承认朝鲜独立，割让台湾及其附属岛屿、澎湖列岛、辽东半岛，赔偿2亿两白银等屈辱条款。后在列强干涉下，中国以3000万两白银"赎回"辽东半岛。这一条约，使得日本获得了巨大利益，进一步扩充其实力，刺激其侵略野心；而中国半殖民地半封建化程度大大加深，民族危机空前严重。

济远舰被日军俘虏后，于1895年3月16日加入日本海军，1898年列为三等海防舰。在日俄战争期间，1904年11月30日，济远舰奉命支援进攻旅顺的作战，结果触发水雷后沉没。1986年，济远舰前双主炮被打捞出水，成为目前全世界仅存的19世纪80年代造克虏伯重炮。而在2015年底，考古学家通过大量出海文物，查明了一艘黄海沉船"丹东一号"的真实身份，它就是济远舰的姊妹舰——致远舰。随着更多的沉船及文物陆续出海，北洋海军的历史将会更加真实、全面地展现在我们的面前。

蒸馏塔：英据42年的痕迹

漫步在刘公岛上，引人注目的有康来饭店、西摩尔街、医官长官邸、英国皇家海军远东舰队司令避暑官邸等数目众多的欧式建筑。石头砌起的墙面，斜坡的屋顶，宽阔的走廊，建筑主体带有明显的欧式风格，但四方烟囱、挑角脊顶、屋檐上的飞禽走兽等细节，又带有威海本地民居特色，是中西文化交流融合的典型产物。

笔者信步走进了铁码头旁的蒸馏塔参观。这里，原本是英国兴建的公用事业，主要用于淡化海水，供岛上军民使用，现如今被改造成为中国刻字艺术馆。馆内空间比较开阔，在饱满的历史现场感衬托之下，文字艺术的价值得到了极大的张扬，颇具视觉冲击力和艺术感染力。

让我们重新回到历史现场。1895年日军占领刘公岛后，在此盘踞了3年之久。《马关条约》签署后，西方列强看透了清政府的软弱可欺，便趁火打劫，进一步掀起了瓜分中国、抢占租界的狂潮。其中，德国强占胶州湾，沙俄强租旅顺口、大连湾及其附属海面，英国以与沙俄保持渤海湾上的均势为借口，强租威海及其附属岛屿、海面。

1898年5月24日，正值英国伊莉莎白女王生日。中午时分，英国皇家海军舰队的礼炮声、奏乐声在刘公岛上空盘旋，水兵们排着整齐的队列登上了刘公岛，升起了英国旗帜，唱起了赞美女王的歌曲。8月，中英双方在刘公岛西侧的黄岛上举行租借仪式，标志着威海正式成为英国的租借地。

英租初期，为加强对北京的军事威胁，应对沙俄在旅顺口的势力扩张，英国兴建了炮台、兵营、码头、医院等一大批军事设施。至1905年日俄战争结束后，来自北方的军事威胁降低，英国将刘公岛改为海军训练和疗养基地，每年4月份至10月底，英国海军远东舰队的大批战舰来此靠泊，组织海上和登陆训练、演习。特别是上个世纪30年代，最多得时侯有四五十艘军舰靠泊，包括霍梅斯、伊戈楼号航母，康上尾、沙夫等巡洋舰和驱逐舰，近万名海军官兵携带家眷在此训练及疗养。

刘公岛美丽的景色、宜人的气候，让英国人流连忘返，乐此不彼。聚集的人群带来了宝贵的商机，大批英国商人尾随而来，在岛上大兴土木，兴建饭店、商业街、酒馆、网球场、打靶场等设施，供英国人消遣娱乐。

英国驻守威海的行政长官，有一个共同的特点，那就是爱好中国文化，其中最后一任行政长官最为厉害，是末代皇帝溥仪的老师庄士敦，也是唯一一位具有"帝师"头衔的外国人。这些行政长官在任上，对推动中英文化交流发挥了一定的作用，那些中英合璧的建筑风格，也是在他们的推动之下形成的。

由于刘公岛重要的战略地位，1930年国民政府收回威海后，英国政府继续霸占刘公岛，续租期为10年。1933年，国民党海军第三舰队进驻威海，司令部设在刘公岛，同期进驻的还有海军教导队第一六队。

抗日战争爆发后，1938年3月7日，日本军舰开进刘公岛，驻守于此的国民党陆海军人员丧胆鼠窜，溜之大吉。此时，岛上的英军除了少数勤杂人员外，大部分撤离香港。1940年11月，10年续租到期，英军全部撤离刘公岛。至此，英国强租刘公岛42年的历史方才宣告结束。

1925年，闻一多先生创作了组诗《七子之歌》，其中一首就是《威海卫》（即威海）。诗中写道："母亲，莫忘了我是防海的健将，我有一座刘公岛作我的盾牌。快救我回来呀，时期已经到了。我背后葬的尽是圣人的遗骸！"通过这些浸满爱国主义情感的诗句，我们能够充分感受到诗人对帝国主义野蛮侵略行径的愤慨与控诉，以及对收回被占国土、一雪民族耻辱的迫切期盼。

练兵营旧址：汪伪海军起义策动地

在铁码头附近，有一栋英国风格的旧式平房，墙面被粉刷成淡蓝色，屋顶上孤零零地竖着一个烟囱，门洞呈独特的圆拱形。知情人士告诉笔者，这里就是汪伪海军华北要港司令部下辖的练兵营，也是当年汪伪海军起义的策动地。

1940年，汪伪政权在南京粉墨登场后，设立了海军部，下辖华南、华中、华北3个海军要港司令部。华北要港在三支海军中实力最为强劲，司令部设在刘公岛，下辖威海、烟台、连云港三个基地司令部及其所属派遣队和练兵营，编配有海祥号军舰，同春号运输舰，海和、民德、日生利、东海炮艇及两条内火艇。

练兵营主要担负着为汪伪海军训练新兵的任务，从1938年至1944年，先后训练了9期新兵，每期半年时间。第九期新兵于1944年6、7两个月入伍，共200人。这些新兵大部分是被汪伪海军欺骗过来的失学失业青年，具有一定的文化程度和民主诉求。然而，他们入营后，却遭受了汪伪海军的严苛管理和层层盘剥，吃不饱饭饿肚子是经常的事，稍有不顺从就会被打得头破血流。

1944年下半年，八路军在胶东地区发起了局部反攻，先锋部队逼近威海、烟台等城市。饱受压迫欺凌的新兵们，感到汪伪政权的末日即将到来。在卫兵队少尉队长郑道济的带领下，新兵们于11月5日发动了武装起义。他们利用日伪军官当日乘船外出去威海市区游玩的机会，先将留守在要港司令部的日伪军官击毙，尔后在铁码头附近布好埋伏，待外出游玩的日伪军官回岛后，将他们全部击毙，而起义士兵无一伤亡。

6日凌晨，起义官兵共600人乘坐军舰离开了刘公岛，弃船登陆威海双岛港。八路军得知这一消息后，主动派人与他们联系，极力劝说他们加入。

后来，这支部队被编为山东胶东军区海军支队，郑道济任支队长，下辖4个中队，这也是我们党领导的第一支海军部队。虽说是海军，但由于没有军舰，他们主要跟着大部队在岸上作战。

解放战争中，海军支队的官兵有的参加了东北作战，《林海雪原》中的英雄人物原型，就是来自这支部队；有的回到山东组建海军教导队，编有海鹰、海燕两艘炮艇，培训学员数百名。解放军海军部队成立后，原海军支队的人员陆续调回，成为建设新海军的重要基础力量。

军歌嘹亮：人民海军向前进

在刘公岛上，经常可以看到排着整齐队列的解放军海军官兵，唱着嘹亮的军歌，踏着整齐的队列，行走在有着百余年历史的街道上。他们挺拔的身姿，和远处军港内靠泊的军舰，都在提示着我们——今日的刘公岛，依然是人民海军的一个重要军事基地。

1949年4月23日下午，华东军区海军在江苏泰州白马庙宣告成立，这一天也成为海军成立纪念日。然而，创业初期的海军，面对着有名无实的窘境，因为那时的解放军没有一条军舰。

1950年，首任海军司令员肖劲光赴刘公岛视察，由于没有军舰，只得向当地的渔民租了一条渔船。当渔民听说眼前的这位领导是海军司令时，说啥也不相信自己的耳朵。肖劲光神情凝重，对随行人员说："记下来，1950年3月17日，海军司令员肖劲光乘渔船视察刘公岛！"

建国以后，人民海军迎来了宝贵的机遇，进入了发展的快车道。1952年，刘公岛成为海军军港和新兵训练基地。这一战略要地作为军事禁区一直持续到1985年，从那年起刘公岛部分区域开始向社会公众开放，成为闻名全国的爱国主义教育基地。

横卧在海面上的铁码头，虽然经过了1915年、1953年两次重修，怎奈一百多年风吹浪打，桥身早已锈迹斑斑，现已无法为军舰提供服务。1971年，在原来的基础上增建了突堤"丁"字形引桥。经过40多年建设，特别是接通海底供水管道之后，新建码头已经发展成为一座通水通电通油、保障能力强的现代化军港，每年累计靠泊海军部队的各式军舰上百艘。

海军北海舰队有这样一个传统，新兵入伍后都要到刘公岛接受历史教育。穿着崭新水兵服的年轻士兵们认真地听着讲解，用心去感受和触摸这一段属于中国海军的屈辱历史，激发了精练本领、保卫海防的使命感和责任感。在甲午海战爆发纪念日，驻岛海军还要举办鸣响汽笛、瞻仰北洋海军忠魂碑、组织签名活动等仪式，以此悼念先烈、勉励后人。

虽然只在刘公岛度过短短一天时间，但我却仿佛一头钻进了时光隧道，得以用心感知近代以来中国海军走过的艰辛、曲折历程。乘坐在回威海的轮渡上，望着渐行渐远的海岛，在落日余晖的沐浴下，呈现出别致的美感。此时此刻，我只有一个心愿——愿在日益强大的人民海军佑护下，战争再也不要发生，这一刻的美丽，能够天长地久。

参考资料

董进一、戚俊杰：《北洋海军与刘公岛》，海洋出版社2002年第1版

田荣：《威海军事史（1200–1949.10）》，山东大学出版社2005年第1版

郭金炎：《黎明前的海啸》，解放军出版社2009年第1版

耿楠、岳丹：《褪尽繁华的刘公岛英租建筑》，《威海晚报》2009年11月29日